LÉGISLATION ORIENTALE.

LÉGISLATION ORIENTALE,

OUVRAGE DANS LEQUEL, EN MONTRANT QUELS SONT EN TURQUIE, EN PERSE ET DANS L'INDOUSTAN, LES PRINCIPES FONDAMENTAUX DU GOUVERNEMENT, ON PROUVE,

I. *Que la maniere dont jusqu'ici on a représenté le* DESPOTISME, *qui passe pour être absolu dans ces trois* ETATS, *ne peut qu'en donner une idée absolument fausse.*

II. *Qu'en* TURQUIE, *en* PERSE & *dans* l'INDOUSTAN, *il y a un Code de Loix écrites, qui obligent le Prince ainsi que les sujets.*

III. *Que dans ces trois* ETATS, *les particuliers ont des* PROPRIÉTÉS *en biens meubles & immeubles, dont ils jouissent librement.*

Par M. ANQUETIL DUPERRON,

de l'Académie Royale des Inscriptions & Belles-Lettres, & Interprète du Roi pour les Langues Orientales.

Tros Rutulus ve fuat, nullo discrimine habebo:
VIRG.

AVIS

DU

LIBRAIRE.

L'Ouvrage *que nous donnons au Public*, eſt celui qui a été *annoncé dans les Journaux, ſous ce titre :* Le Deſpotiſme conſidéré dans les trois Etats où il paſſe pour être le plus abſolu, la Turquie, la Perſe & l'Indouſtan &c. *Les additions conſidérables que l'Auteur a faites à ſon Manuſcrit, dans le courant de l'impreſſion, l'ont déterminé à donner plus d'étendue au titre de ſon ouvrage, mais ſans abandonner la diſtribution qu'il avoit d'abord adoptée. Celui de* Législation Orientale, *qui ſervoit déjà de titre courant au haut des pages, lui a paru préſenter avec plus de dignité & d'intérêt, l'objet qu'il s'étoit propoſé ; c'eſt-à-dire,* le Développement des principes fondamentaux ſur leſquels poſe l'Adminiſtration de la portion la plus conſidérable de l'Aſie. *Nous croyons que l'importance du ſujet, traité d'une maniere abſolument neuve, rendra le Public indulgent ſur les fautes d'impreſſion qui nous ſont échappées. Quand on imprime en l'abſence de l'auteur, ſur une copie qu'il n'a pas pu revoir, les plus grands ſoins ne peuvent garantir de l'erreur. Heureuſement, nous le diſons avec confiance, les fautes que l'on pourra appercevoir, ne touchent pas au fond de l'ouvrage. Nous prions le Lecteur, quand il ſe trouvera embaraſſé, d'avoir recours à* l'Errata. *Il eſt auſſi exact qu'il puiſſe être, dans un ouvrage tel que celui-ci : mais nous aurions craint, d'entrer dans un détail fatiguant & ſuperflu, ſi nous nous étions attaché à marquer le changement d'une lettre, l'omiſſion ou le déplacement d'une virgule, lorſque le ſens n'en ſouffre pas ; le Lecteur éclairé corrigera facilement ces fautes de lui-même.*

ERRATA.

Page 111. ligne 23. multitude, *lisés*, multiplicité.
— 16. — 2. au, *lisés*, en.
— 21. — 11. de la citation p. 141. *lisés*, 160. La Boull. Libr. cit. p. 141.
— 32. — 8. avance, *lisés*, avanie.
— 55. — 14. Mahmoud, *lisés*, Mahemet.
— 75. — 19. été Imans, *lisés*, été les Imans.
— 25. homme, *lisés*, homme pur.
— 77. — 22. indépendamment, *lisés*, & dépendamment.
— 97. — 27. leurs, *lisés*, les.
— 28. &, alinea Et.
— 103. — 5, 6. n'est pas moins nécessaire „ c'est une loi parmi, *lisés*, n'en est pas moins nécessaire. C'est une loi dit le P. Catrou.
— 129. — 30. ans. Mo, *lisés*, ans mo.
— 31. eu, *lisés*, En.
— 32. amphy, *lisés*, emphy.
— 134. — 16. propriété „ au, *lisés*, propriété alinea „ Au.
— 146. — 30. Et ailleurs, assura, *lisés*, Et ailleurs Omayoun assura.
— 163. — 2. anas & demie, *lisés*, ans & demi.
— 19. pures, *lisés*, pure.
— 24. &, *lisés*, est.

Page 163. ligne 31. Si cela est, *lisés*, Si, cela est.
— 177. — 4. rente, *lisés*, vente.
— 184. — 33, 34. inventés pour, *lisés*, inventes que pour.
— 192. — 28, 29. Sans alinea.
— 194. — 7. aux gueris, *lisés*, à un gueri.
— 250. — 12. (Catoüal) *lisés*, (Cotoüal).
— 13. des, *lisés*, de.
— 261. — 9. montre, *lisés*, montré.
— 263. — 14. Sac, *lisés*, sçu.
— 264. — 17. sa bouchée d'une, (employant, *lisés*, la bouchée d'une, (employent.
— 268. — 1. pour, *lisés*, pur.
— 274. — 27. sortiere, *lisés*, frontiere.
— 275. — 13. ils, *lisés*, y.
— 279. — 16. avec les, *lisés*, avec (cette gaze), les.
— 280. — 4. on, *lisés*, on a.
— 285. — 7. (chanvre noir). *lisés*, Sucre (de Canne) noir.
— 286. — 2. ordinairement, *lisés*, Ord.
— 287. — 11. SAHDRAH. *lisés*, LAHDRAH.
— 290. — 32. d'un Peikéh, *lisés*, des (trois) Peikéhs (reduits).
— 291. — 3. Peikéh, *lisés*, Peikéhs (reduits).
— 296. — 20 à 29. doivent être retranchés se trouvant à pag. 246.

TABLE

DES

ARTICLES

Contenus dans cet Ouvrage.

DÉDICACE.

PRÉFACE.

AVANT-PROPOS.

LÉGISLATION ORIENTALE.

PREMIERE PARTIE.

PREMIERE SECTION.

SECONDE SECTION.

TROISIEME SECTION.

*****

TABLE DES ARTICLES.

§. III.

§. IV.

CONCLUSION.

NOTES

Pour la LÉGISLATION ORIENTALE.

NOTE I.

NOTE II.

NOTE III.

TABLE DES ARTICLES.

TABLE DES ARTICLES.

NOTE XI.

ADDITIONS.

TABLE DES ARTICLES.

TABLE DES ARTICLES.

AUX PEUPLES

DE

L'INDOUSTAN.

*P*Aifibles **Indiens**, *antiques poffeffeurs d'un pays fertile, vous recueilliez tranquillement les fruits qu'il four-
niffoit à vos befoins. Contens de peu, le Ciel feul, en
arrêtant la pluye, pouvoit vous rendre malheureux. Vos
querelles inteftines, & quel eft le peuple qui n'en a pas!
Vos querelles, terminées, ou du moins fufpendues, par le
changement de Mouffon, ne laiffoient pas dans vos cam-
pagnes ces marques de dévaftation qu'imprime l'avidité du
Conquérant. Ce que peut le caractere dominant d'un peuple! Les Mahométans s'emparent d'une partie de vos côtes, des plus belles Provinces de l'Indouftan, & vous laiffent vos mœurs, vos ufages, le dirai-je? Vos loix. Ce
ne font plus ces fougueux Sectateurs du Prophete Arabe,
dont l'étendard annonçoit la foumiffion à l'Alkoran ou
la mort.*

*Vaincus par vôtre douceur autant que par le Climat,
on les voit dépofer avec vous cette fierté, cette rudeffe, qui
dans l'origine étoit le caractere de leur fecte. Ils choi-
fiffent leurs Miniftres parmi vos Brahmes; vos Banians
font leurs banquiers; vos Raje-poutres, leurs meilleurs
foldats: & l'obfervateur a peine à diftinguer par les ufa-*

A

ges, par la Religion, le pays qui obéit au Raja, de celui qui eſt ſoumis au Nabab.

Falloit-il que le bruit de vos richeſſes pénétrât dans un climat où les beſoins factices n'ont point de bornes! Bientôt de nouveaux Etrangers abordent à vos côtes. Hôtes incommodes, tout ce qu'ils touchent leur appartient. Vos querelles ſoutenues, aigries par des Agens puiſſants & encore plus intéreſſés, deviennent éternelles. C'eſt peu d'avoir envahi vôtre commerce, d'avoir fait tripler le prix des denrées, celui des marchandiſes, d'en avoir altéré la qualité; les Manufactures preſqu'anéanties, les ouvriers fugitifs dans les montagnes, le fils mourant qui demande à ſon pere ce qu'il a fait à ces étrangers qui lui ôtent le ris de la bouche: rien ne les touche, ne les attendrit. Vôtre Or, diſoit-on aux Péruviens, aux Mexiquains. Ici, le Revenu de l'Indouſtan, voilà ce que nous demandons, dût-il en couter des ruiſſeaux de ſang. La voix de l'équité ne peut ſe faire entendre. Au moins, MALHEUREUX INDIENS, peut être apprendrez vous qu'en deux cents ans un Européen qui vous a vus, qui a vécu avec vous, a oſé réclamer en vôtre faveur, & préſenter au Tribunal de l'Univers vos droits bleſſés, ceux de l'humanité flétris par un vil intérêt.

PRÉFACE.

Trois causes arrêtent le progrès des connoiſſances humaines; l'ignorance brute, certaines inſtitutions religieuſes ou politiques, & la ſcience préſomptueuſe.

Le Hotentôt, le Tchérémiſſe, le Lapon, l'Iroquois, l'habitant des Gates, contens du peu d'idées que leur fournit le ſimple ſpectacle de la Nature, vue d'un œil aſſez indifferent, ne s'occupent gueres que des beſoins du corps analogues au climat qu'ils habitent. Remplir ces beſoins, voilà leurs plaiſirs, c'eſt à quoi ſe bornent à-peu-près tous leurs ſoins: & comme les privations peuvent être fréquentes, que celles du néceſſaire ſont les plus ſenſibles, leurs plaiſirs, même dans l'eſpece d'abandon où nous les voyons, peuvent être très vifs & ſouvent repetés.

Jamais, chez le Parſe ni chez l'Indou, on ne connoîtra exactement le dedans du corps humain; à cauſe de l'impureté légale & civile attachée aux corps morts, & communiquée à celui qui les touche, dans la religion du premier, & de l'obligation où généralement l'Indou croit être de bruler les cadavres, ſans ſe permettre auparavant aucune opération qui puiſſe lui en faire connoître la ſtructure intérieure.

La multitude des caracteres que le Chinois doit ſe graver dans la mémoire, pour ſavoir ſimplement ſa langue, & entendre quelques livres écrits ſur telle ſcience particuliere, lui donne à peine le temps de former, de perfectionner ſon jugement. En Europe la multitude de langues qu'il faut apprendre, pour ſe mettre en état de profiter des connoiſſances des anciens & des modernes, produit déjà & produira encore plus dans la ſuite le même inconvénient.

Je n'infifte pas fur les deux premiers principes en quelque forte d'inertie, qui s'oppofent aux découvertes fouvent les plus utiles : les Philofophes les ont examinés, combattus. Mais leur habileté même les a empêchés d'attaquer le troifieme, la fcience préfomptueufe.

Elevés dans la connoiffance de quatre à cinq cents lieues de pays, le refte du Globe nous eft étranger. Comme nos efprits ont cultivé en apparence tous les genres, que les arts ont donné à nos fens tous les plaifirs dont ils paroiffent fufceptibles, que nôtre philofophie s'eft exercée fur toutes les fituations analogues à nôtre pofition, à nos mœurs, nos opinions, il réfulte de là un repos mortel qui nous empêche d'aller plus loin. Que nous apprendroient en effet des étrangers qui boivent, mangent, s'habillent, fe marient, élevent leurs enfans, vivent en focieté! nous favons là deffus tout ce que nous ont tranfmis les Grecs & les Romains. Nous entendons les langues de ces deux peuples. Eft-il befoin d'autres lumieres?

Le Commerçant calcule bien differemment. Il trouve que l'Or du Péruvien, les épices de l'Indien, les étofes du Chinois, ajoutent à fes jouiffances, qui fans ce nouvel aliment étoient pourtant déjà complettes; & il franchit les mers pour fe les procurer. Le Botanifte s'expatrie pour enrichir l'Europe des plantes de la côte Malabare, d'Amboine. Tout cela tient au corps: & l'homme même, le Monde moral ne mérite pas d'être connu, d'être étudié. Les Ouvrages immortels des Grecs & des Romains, forment une Pyramide, du haut de laquelle nous pourrions découvrir un nouvel Hémifphere. Nous nous tenons au pié de cette pyramide, nous l'admirons, nous en étudions les proportions, fans être tentés d'en tirer d'autre avantage. Reftent cependant à connoître exaƈtement l'Amérique, prefque toute l'Afrique, la plus grande partie de l'Afie, une portion confidérable de l'Europe; & nous croyons tout favoir.

Des peuples barbares, fans mœurs, fans loix, peuvent,

dira-t-on, nous préfenter des objets de gain : mais chez eux l'efprit n'a point à profiter.

L'objection eft grave. Eft-elle fondée? Qu'entend-on par *peuples barbares*? Des peuples inhumains, chez qui le pauvre fuccombe fous le poids de l'injuftice, chez qui le riche criminel foit en honneur? Alors que de barbares fur la terre! Voilà pourtant les vrais Barbares, & non ceux qui parlent, s'habillent, en un mot qui vivent autrement que nous. Avec toutes nos connoiffances, nôtre politeffe, nôtre *civilifation*, fi les anciens Grecs reparoiffoient, ils nous traiteroient de Barbares. Auroient-ils raifon? Défaifons nous donc de ces mots de parti. Croyons que tout peuple peut, même en différant de nous, avoir une valeur réelle, des Loix, des Ufages, des opinions raifonnables.

Ces réflexions m'ont fait jetter les yeux fur ce que les Voyageurs difent des peuples de l'Afie. Mon étonnement a été extrême à la vue du portrait qu'ils en font; portrait tantôt de fantaifie, tantôt d'intérêt ou de prévention. Comme ils n'ont pas lu les Livres facrés qui fixent les différentes croyances de cette contrée, il n'eft pas furprenant que la plus-part, par exemple, au lieu des idées fublimes dont la chaîne forme le vrai fyftême théologique des Indiens, ne nous préfentent chez ce peuple qu'un Polythéifme révoltant. Mais il ne faut que des yeux pour voir le Prince gouverner fon Etat, les juges rendre la juftice. Cependant, fur le rapport de ces Voyageurs, de l'abus de l'autorité devenue pour un temps arbitraire, on a fait une efpece particuliere de Gouvernement exiftant fous le nom de Defpotique : point de loix fixes, point de propriétés dans ce Gouvernement.

Ces trois affertions m'ont donné lieu d'examiner les trois points qui font la matiere de cet Ouvrage.

Le Gouvernement eft defpotique dans l'Orient; on reproche à fes Princes une conduite oppofée à ce que dicte le droit des gens, les loix de l'humanité : donc cette conduite eſt particuliere & inhérente au Deſpotiſme. Telle eſt l'objection.

Voici la réponſe. Ou les reproches que l'on fait aux
Princes de l'Orient ne font pas fondés, ou bien ce qu'on
trouve avec juſtice à reprendre dans leur conduite , n'eſt
qu'un abus de l'autorité reconnu par ces Princes eux-mêmes, par leurs ſujets. D'ailleurs on retrouve ſous les autres Gouvernemens les mêmes vices , des excès pareils.
Ces vices, ces excès ne font donc pas particuliers au Deſpotiſme, ne font pas le caractere propre de cette eſpece de
Gouvernement. Cette réponſe eſt négative : elle eſt développée dans la premiere Partie de cet Ouvrage.

La II. Partie, en prouvant qu'il y a dans l'Orient un Code de loix écrites, & la IIIᵉ., que la propriété des biens
y a lieu, détruiſent totalement l'objection, & font rentrer
les Etats de cette contrée dans la claſſe des Gouvernemens où l'adminiſtration eſt fondée ſur les droits reſpectifs
du Prince & des ſujets.

De là l'intérêt que ces pays doivent nous inſpirer, l'avantage qu'il peut y avoir à connoître les coutumes, les opinions, les loix, le gouvernement des peuples qui les habitent ; indépendament du plaiſir que donne le ſpectacle de
l'Univers penſant, la comparaiſon des uſages entre eux, &
la découverte de l'origine de ces uſages.

L'eſprit dans lequel cet Ouvrage eſt écrit, doit en faire
excuſer les imperfections. Je ſuis homme, j'aime mes ſemblables ; je voudrois ſerrer d'avantage les nœuds par leſquels la nature unit l'eſpece humaine , & que la diſtance
des temps & des lieux, & la variété des langues, des uſages & des opinions n'ont que trop relâchés, s'ils ne les
ont pas entierement rompus.

AVANT-PROPOS.

Jusqu'ici les Princes de l'Orient n'ont gueres été connus que par des qualités en quelque forte deftructives de l'humanité. Fafte déméfuré, defpotifme abfolu, cruauté, conquêtes arbitraires, régime fanguinaire, il femble, à s'en rapporter au plus grand nombre des Ecrivains de l'Europe, que l'hiftoire de ces vaftes contrées, foit celle de plufieurs grands brigands, qui fe plaifent à détruire tour à tour, ce que la nature, dans l'intervalle des dévaftations, fe hâte vainement de produire. Dans des volumes nombreux, qui ne préfentent que perfidies, fupplantations, maffacres, à peine le lecteur trouve-t-il quelques pages fur les loix de ces peuples. Si l'on fait en paffant mention d'une inftitution raifonnable, utile, c'eft en quelque forte un hors d'œuvre, un trait difparate dans le tableau.

La nature entiere eft foumife à des loix dont elle fuit invariablement le cours; tout, dans le Monde Phyfique, nous préfente une fuite de révolutions qui dépendent d'un ordre conftant: l'Europe fe glorifie de la fageffe de fes loix; & le refte de la Terre, l'Orient en particulier, fera le jouet des caprices d'un feul homme! des millions d'êtres raifonnables vivront entre eux fans loix fixes, fans biens propres, incertains, lorfque le fommeil les accable, fi le reveil les trouvera maîtres de la maifon qu'ils ont bâtie, du terrain qu'ils cultivent! le très grand mal, réduit en état habituel, n'eft pas plus dans la nature, que le très grand bien. Le Tableau que je viens de tracer eft-il vrai? C'eft ce qu'il eft queftion d'examiner.

Voyage de
Bernier.
Edit. de Holl.
T. II. P. 44,
45.

Cependant les Publicistes, sur le rapport, mal compris, des Voyageurs, forment un systême de Despotisme qui n'existe réellement nulle part.

Le Gouvernement *despotique*, dit M. de Montesquieu, est celui, où *un seul, sans loi, & sans regle, entraine tout par sa volonté & par ses caprices . . . .* „ Dans les Etats despotiques il n'y a point de loi; le Juge „ est lui-même sa regle : les peuples des Etats despoti-„ ques, dit ailleurs cet Ecrivain célebre, sont dans un cas „ bien différent (il a parlé des Etats Monarchiques). Je ne „ sais sur quoi, dans ce pays, le Légiflateur pourroit sta-„ tuer, ou le Magistrat juger. Il suit de ce que les ter-„ res appartiennent au Prince, qu'il n'y a presque point de „ loix civiles sur la propriété des terres. Il suit du droit „ que le Souverain a de succeder, qu'il n'y en a pas non „ plus sur les successions. Le Négoce exclusif qu'il fait „ dans quelques pays, rend inutiles toutes sortes de loix „ sur le commerce; les mariages que l'on y contracte avec „ des filles esclaves, font qu'il n'y a gueres de loix civiles „ sur les dots & sur les avantages des femmes".

La définition que M. de Montesquieu donne du Despotisme, peut, à plusieurs égards, être juste, relativement à la maniere dont tel Prince particulier use de l'autorité qui lui a été confiée : mais elle est absolument fausse, si on l'entend du gouvernement constitutif d'aucun Etat. Il n'y a pas au monde de peuple, chez qui, de droit, par la nature du gouvernement, *un seul, sans loix, sans regle, entraine tout par ses caprices.* Et il suffit d'ouvrir les Voyageurs, pour y voir, dans les plus grands Etats de l'Orient, des loix précises sur les différens objets que le savant Publiciste a nommés. Les mariages avec des filles esclaves ne diminuent pas chez les Mahométans le respect que l'on a pour les femmes. „ Ce seroit, dit M. Porter, „ Ministre du Roi d'Angleterre en Turquie, ce seroit le „ comble de la honte & du déshonneur pour un Turc, de „ porter la main sur une femme dans la colere". Elles

insultent

infultent le Grand Vizir en plein Divan; pour s'en débar-
raffer on leur donne fouvent gain de caufe.

Sous le Vizir Redjib Méhémet Pacha, les femmes, à
Conftantinople, dans un tems de cherté, forcerent & pil-
lerent les Magazins, où elles croyoient qu'on gardoit du
Ris pour faire la Monopole. On ne les rechercha point
pour cette violence. „ Parlez de ce fait à un Turc gra-
„ ve, dit M. Porter, il vous répondra avec un fourire
„ moequeur, que ce n'étoit là qu'une mutinerie de fem-
„ mes turbulentes".

„ Il réfulte encore, continue M. de Montefquieu, de
„ cette prodigieufe multitude d'efclaves, qu'il n'y a pref-
„ que point de gens qui ayent une volonté propre, & qui
„ par conféquent doivent répondre de leur conduite de-
„ vant des juges. La plûpart des actions morales, qui
„ ne font que les volontés du Pere, du Mari, du Maî-
„ tre, fe reglent par eux, & non par les Magiftrats".

On fait jufqu'où les Romains ont porté le luxe des efclaves. Dira-t-on, malgré eux, qu'il n'y avoit chez eux
prefque point de gens qui duffent répondre de leur conduite devant des-Juges?

„ J'oubliois de dire (c'eft toujours M. de Montefquieu
„ qui parle), que ce que nous appellons l'honneur étant
„ à peine connu dans ces Etats, toutes les affaires qui re-
„ gardent cet honneur, qui eft un fi grand Chapitre par-
„ mi nous, n'y ont point de lieu: le Defpotifme fe fuffit
„ à lui-même. Tout eft vuide autour de lui. Auffi lorf-
„ que les Voyageurs nous décrivent les pays ou il regne,
„ rarement nous parlent-ils des loix civiles. Toutes les
„ occafions de difputes & de procès y font donc ôtées".

Comment M. de M*. (1) qui avoit lu le Voyage de
Chardin, puifqu'il le cite ailleurs, peut-il avancer ce der-
nier fait? La plus grande partie du 6e. volume préfente les
Loix civiles des Perfes fur tous ces objets.

Mais arrêtons nous un moment à ce que le Politique

Idem, pag.
61, 62.

Lib. cit.
page 73.

p. 59. note (h
Edit. de Holl.
12°. 1711.

______

(1) *Avis.* Au lieu de repeter le nom de M. de Montesquien, je mets M.
de M*.

*Catrou. hift.
gen. de l'em-
pire du Mogol
T. III. p. 163,
164.*

François dit de l'honneur. Aurengzebe trouvoit la vie de
son pere trop longue. Il lui envoye un poison sous le
nom de confortatif. L'Eunuque Faïm chargé du message,
s'adresse, suivant ses ordres, au premier Médecin de
Schahdjehan, & tâche de lui faire approuver le Cordial.
Moromkhan, c'étoit le nom du Médecin, soupçonnant le
remede empoisonné, en fait l'essai sur lui-même, & meurt
au bout d'une demie heure, victime de sa fidélité. Et l'on
dira que l'honneur est à peine connu dans les Etats despotiques ?

Je fais trois observations sur les passages de M. de M*.
que je viens de rapporter.

1°. Le Despotisme, tel que le présente ce savant, est
un Gouvernement qui n'existe nulle part. 2°. Il n'est pas
dans la nature que le Despotisme, supposé même tel que
le peint M. de M*. ait des suites aussi funestes qu'il le

*P. 4. dans le
Recueil des
Voyages par
Thevenot, in-
fol. Paris
1696. T. I.
1. Partie.*

prétend. L'humanité reprend toujours ses droits. Le Capitaine Hawkins nous apprend, dans sa Relation, que le
Mogol Djéhanguir diminua sa séverité, parce qu'elle avoit
fait révolter plusieurs Grands du pays. D'ailleurs le même
homme, par une contradiction dont on voit tous les jours
des exemples, permet souvent d'un côté, ce qu'il défend
de l'autre. Voilà le cours des choses humaines; comme la
justice des loix n'est pas toujours une preuve de la douceur, de l'équité des jugemens. 3°. Le Despotisme, dans
les Etats mêmes où il paroît être le plus absolu, ne produit pas les effets que lui attribue M. de M*. Dans
ces Etats le Législateur a des objets sur lesquels il peut
statuer; il y a des loix sur les propriétés, les mariages,
les successions, sur le commerce, quoique les Souverains
s'en réservent quelquefois, comme en Europe, des bran-
ches considérables; on y répond de sa conduite, l'homme
y est maître de ses volontés; le Prince y avance le mérite; enfin le Magistrat y explique la loi & juge. Il peut
donc y avoir, & il y a en effet des procès dans les Gouvernemens Despotiques. D'un autre côté les hommes y
jouissent quelquefois de plusieurs avantages inconnus main-

tenant en Europe. En Perſe, ſi l'on en croit Chardin, *Voyage T. VI.* il n'y a ni taxe ſur les perſonnes, ni taille. Les denrées *p. 143, 144.* ne payent point de droits, le Tabac ſeul excepté. Il n'y a point d'entrées pour les choſes qui ſervent à la nourriture ordinaire, rien ſur le ſel, ni ſur le vin.

Les conſéquences que M. de M*. tire du Deſpotiſme, tel qu'il l'a dépeint, ne ſont pas plus fondées que les faits qu'il avance.

„ Tout, dit-il, dans le Gouvernement Deſpotique, *Lib. cit. p. 58.* „ doit rouler ſur deux ou trois idées. Il n'en faut donc „ pas de nouvelles".

On aura peine à concilier ce que je rapporterai plus bas, de la Turquie, de la Perſe & de l'Indouſtan, avec cette pauvreté d'idées que le Politique François prête gratuite- ment aux peuples de l'Aſie, „ cette partie du monde où le *Idem p. 62.* „ Deſpotiſme eſt pour ainſi dire naturaliſé"; avec cette *Boulainvill.* pauvreté d'idées qu'il prête aux nations qui habitent „ les *lib. cit. p.* „ climats chauds, où regne ordinairement le Deſpotiſme". *253.* „ Les Guerres (c'eſt encore M. de M*. qui parle) doi- *Eſprit des* „ vent donc s'y faire dans toute leur fureur naturelle, & *Loix, p. 63.* „ le droit des gens y avoir moins d'étendue qu'ailleurs". *Idem p. 58.*

Cette *fureur naturelle* n'empêche pas la Porte de ſom- *Etat général* mer, ſelon ſon uſage, les Places avant que de les battre; *de l'Emp.* de reſpecter (en 1676) le caractere des Commiſſaires Polo- *Ottom. par* nois occupés à traiter de la paix, tandis que Sobieski, leur *un Solit.* Roi, attaque le Camp Ottoman. *Turc. trad.* *par M. de la* *Croix, T. II.* *p. 33, 78.*

On voit dans Chardin que les droits des Ambaſſadeurs *Voyage in-4°.* ſont très grands en Perſe. *T. III. p. 73.*

Dans l'Inde le Rana, maître en quelque façon de la per- *Catrou. Hiſt.* ſonne d'Aurengzebe, le laiſſe échapper, lui renvoye Ude- *de l'Emp. du* pouri, Beigom favorite qu'un parti d'Indiens avoit fait pri- *Mog. T. IV.* ſonniere, & ſe contente de faire ſentir à ce Prince les dan- *p. 62, 63.* gers qu'il a à courir dans une guerre injuſte.

Les Marates, en 1775, donnoient aux Européens des leçons bien cruelles de droit des gens. En 1774 les An- glois à la priſe de Tanin, Capitale de l'Iſle de Salcette, près de Bombaye, paſſerent tout au fil de l'épée. Cette atrocité révolta tous les gens du pays, les Marates même qui avoient appellé les Anglois à leur secours. Ceux du parti de Ponin, contre lesquels ils soutenoient d'une maniere si barbare Rouguenatrao, l'assassin de son propre Neveu fils de Nana & héritier légitime de ce Prince, indignés de voir des Européens violer à ce point les loix de la guerre, celles de l'humanité, se vengeoient en coupant le nez & les oreilles aux Anglois qui tomboient entre leurs mains.

„ Un tel Prince (le Despote) a tant de défauts, dit M.
„ de M*., qu'il faudroit craindre d'exposer au grand jour
„ sa stupidité naturelle. Il est caché, & l'on ignore l'état
„ où il se trouve . . . . un homme à qui ses cinq sens
„ disent sans cesse qu'il est tout, & que les autres ne sont
„ rien, est naturellement paresseux, ignorant, voluptueux".

Le Despote peut être quelquefois tel que le peint ici M. de M*. mais certainement on ne reconnoîtra pas à ce portrait les Bajazet, les Mahomet, les Amurath, les Soliman, ces fiers Ottomans qui ont fait trembler l'Europe, que l'Asie & l'Afrique ont vus si souvent à la tête de leurs armées. On ne reconnoîtra pas le Despote aux traits sous lesquels le représente M. de M*., s'il a reçu l'éducation qu'Aurengzebe, le Souverain le plus absolu qu'on ait jamais vu dans l'Inde, croyoit qu'on devoit donner au fils du Monarque de l'Indouftan. Ce que Bernier raconte à ce sujet (2) mérite d'être lu.

Les Visites que les Sultans Amurath & Méhemet IV. faisoient dans Constantinople, le jour, déguisés, pour savoir par eux-mêmes si leurs ordres étoient exécutés; celles que le Sultan Mustafa faisoit dans les Caffés, pour savoir ce qu'on disoit de lui & de ses Ministres, celles de Schah Soliman Roi de Perse, qui avoient le même objet; enfin la maniere dont le Sultan Mustafa prit les rênes de l'Empire; ces traits ne s'accordent pas avec le portrait que M. de M*. nous a tracé du Despote, avec cette morne stupidité qu'il lui donne.

Lib. cit.
p. 17 - 59.

Etat génér.
de l'Emp. Ott.
T. II. & III.

Voyage de
l'Ar mud,
T. I. p. 40.
p. 119. 120.
Inter. lib.
cit. I. Part.
p. 13..
Etat de la
[...]. p. 9.
Etat génér.
de l'Ott.
Ott. T. III.
p. 91. 59.

(2) Voyez les Notes qui sont à la fin de cet ouvrage (No. 1.)

„ La Politique, continue M. de M*., ſes reſſorts & „ ſes loix y doivent être très bornées, & le Gouverne- „ ment politique y eſt auſſi ſimple que le Gouvernement „ civil". *Lib. cit. p. 59.*

Peut être ſur certains points d'adminiſtration les Euro- péens auroient-ils beſoin de prendre leçon des Orientaux? Les Turcs donnent „ deux Apres à un Sipahi pour l'avis „ de la mort d'un Sipahi, de crainte que le Sultan ne ſoit „ trompé en payant un homme mort". *Etat génér. de l'Emp. Ottom. T. I. p. 233.*

„ La politique du Mogol, ſelon la Boullaye, eſt extrê- „ mement douce". Le Monarque donne de grands gages à ſes Officiers ſuivant leur mérite & l'utilité dont ils ſont, „ motif qui incite ſes ſujets à la vertu". *Voyage in-4o. p. 141.*

„ Il ſiege ſouvent dans ſon lit de juſtice, & prend con- „ noiſſance des affaires de ſon Etat. Il eſt très facile de „ lui parler & de lui demander juſtice". *Idem, p. 142.*

Ce Deſpote, au rapport de Bernier, „ ſe préſente tous „ les jours à ſon peuple, ſe fait apporter les requêtes, „ écoute les parties, une fois par ſemaine il a la patience „ d'entendre en particulier, pendant deux heures, des per- „ ſonnes du bas peuple, qu'un bon & riche vieillard lui „ préſente : d'où l'on peut voir en paſſant, ajoute Ber- „ nier, que ces Rois, quelque barbares que nous les „ croyions, ne laiſſent pas de ſe ſouvenir toujours qu'ils „ doivent la juſtice à leurs ſujets". *Voyage T. II. p. 44, 45.*

S'agit-il de la politique extérieure, l'hiſtoire entiere Ottomanne, Perſanne, Indouſtanne, dépoſe ici contre M. de M*. Plans combinés, ſecret impénétrable, activité dans l'exécution, reſſources dans les beſoins imprévus, pa- tience dans les revers; l'Europe & l'Aſie ſe reſſentiront longtemps des projets deſtructeurs, de la cruelle inquiétude des Monarques des Miniſtres de ces trois Etats. Et pour ne parler maintenant que de l'Indouſtan, les Européens qui y ont des Etabliſſemens, peuvent nous dire ſi les peuples de cette contrée manquent de politique, eux qui ont été pluſieurs fois la duppe, la victime de cette prétendue ſtu- pidité que nous donnons à leurs Princes; qui les ont vus *A view of the riſe, pro- greſs, and preſent ſtate of the Engliſh Govern- ment in Ben- gal, by H. Verelſt, late*

plus d'une fois leur reprocher le violement des Traités. Ceux qui ont pratiqué les Aſiatiques, ſavent que chez eux l'intrigue ou la politique terminent plus d'affaires que les combats. Les idées fauſſes que M. de M*. donne ſur cet objet, peuvent faire commettre dans ces contrées des fautes irréparables.

„ Dans ces Etats, dit le Publiciſte François, on ne bâ-
„ tit de maiſons que pour la vie; on ne fait point de foſ-
„ ſés; on ne plante point d'arbres. On tire tout de la
„ terre, & on ne lui rend rien; tout eſt en friche, tout
„ eſt déſert".

J'ai parcouru l'intérieur de l'Inde dans tous les ſens, & excepté dans les endroits devaſtés par la guerre, j'ai vu par tout les terres cultivées plus ou moins, ſelon la nature du ſol & des productions.

„ Un marchand n'y ſauroit faire un grand commerce. Il
„ vit au jour la journée. S'il ſe chargeoit de beaucoup de
„ marchandiſes, il perdroit plus par les intérêts qu'il don-
„ neroit pour les payer, qu'il ne gagneroit par les mar-
„ chandiſes: auſſi les loix ſur le commerce n'y ont-elles
„ gueres de lieu. Elles ſe réduiſent à la ſimple Police".

Ouvrons les Voyageurs, nous y verrons en Turquie un commerce conſidérable, nous y verrons des marchands très opulens en Perſe, dans l'Inde à Surate dans le Guzarate, à Moxoudabad capitale du Bengale: j'en ai trouvé de tels à Ponin capitale actuelle des Etats des Marates, à Aurengabad dans le Dékan.

La Boullaye obſerve que „ le Grand Turc, le Perſan &
„ le Mogol n'empêchent point le négoce, quoi qu'ils ſoient
„ en guerre les uns avec les autres. Ils ont des Douan-
„ niers ſur les frontieres pour percevoir les droits, & per-
„ mettent aux Caravannes de paſſer les limites de l'Empire".

On lit dans Chardin, que „ les Douannes, ce revenu
„ qui partout ailleurs eſt la plus conſidérable partie des fi-
„ nances, ne rend pas beaucoup en Perſe, par la conſidé-
„ ration particuliere que l'on y a eue de tous temps pour
„ le Négoce".

Au reſte ſi les Loix ſur le commerce ſont peu nombreu-
ſes dans l'Orient, cela ne prouve pas le peu de ſureté des
contrats. J'ai vu à Surate un Européen avoir beſoin de
toute la protection des Anglois, alors maître de la fortereſſe, pour éluder la force de ſes billets préſentés par ſes
créanciers. Plus de cinquante années n'ont pu faire ou-
blier aux habitans de cette ville le tort que leur a fait
la chute de l'ancienne Compagnie Françoiſe. Le Sr. An-
quetil de Briancourt Conſul de France à Surate, a ac-
quitté des billets de cette Compagnie tranſmis de pere
en fils ; preuve certaine que les Indiens reconnoiſſent
une valeur réelle aux engagemens du commerce, & que la
violence, excès, abus, mais non ſuite naturelle de leur
Gouvernement, peut ſeule l'éluder. On verra plus bas
qu'ils prennent pour aſſurer cette valeur des précautions
qui paſſent de beaucoup la ſimple police.

Hiſtoire de la Comp. des Indes, p. 87, 88.

Mém. de M. Morell. ſur la Comp. des Indes, p. 23.

Les réflexions de M. de M*. ont en quelque ſorte fixé
les idées ſur la nature du Deſpotiſme. Ainſi je pourrois ne
citer que ce grand Politique, puiſque depuis on n'a fait
que le copier, & que d'ailleurs perſonne n'a plus approfondi que lui cette matiere. Cependant, pour ne rien laiſſer
à déſirer ſur un ſujet ſi important, je vais m'arrêter un
moment à deux ouvrages, dont le titre annonce qu'ils traitent du Deſpotiſme de l'Orient.

L'Auteur des *Recherches ſur l'origine du Deſpotiſme
Oriental*, ſuppoſe apparemment le fait ſuffiſamment prouvé par l'Aſie ; occupé à répandre des doutes ſur les vérités
les plus certaines, il ne ſonge pas même à examiner la force que peut avoir le témoignage des Ecrivains qu'il cite.
Il avance ſur le compte des Orientaux des choſes abſolument fauſſes, mais qui appuyent ſon ſyſtême. Au reſte,
ſi l'on y prend bien garde, ſon ouvrage eſt plus Théologique que Politique. Quoiqu'il faſſe mention des différentes ſortes de Gouvernemens, qu'il inſiſte ſur le Deſpotiſme, on voit que l'origine des Religions qui dominent ſur
la ſurface du Globe, eſt proprement l'objet qu'il ſe propo-

Ouvr. publ. de M. B. T. D. P. E. C. 1766.
P. 1, 2, 4, 10, 13, 184, 185, 291.
Idem, p. 1-4, 10, 190, 191.
Idem, p. 214, 230, 255, 291.

Idem. p. 15, 16, 17, 29, 39 &c. 78.

se d'éclaircir. La destruction du monde, au déluge, l'impression que cet événement a du faire sur les hommes échappés à une aussi terrible catastrophe, les idées qu'ils avoient de la Divinité sous le Gouvernement en quelque sorte immédiat de Dieu qui venoit de se montrer par des actes effrayans de sa toute puissance, les anciens dogmes de l'attente du grand Juge, du jugement dernier, de la vie future à la fin des temps &c. Voilà selon lui, la source de toutes les opinions religieuses & politiques des différens peuples considérés selon le plus ou le moins d'éloignement où ils ont pu être du Déluge.

Je ne m'arrèterai pas davantage à un ouvrage dont les assertions plus que hardies sont connues. Je fais seulement une derniere observation. M. B. croit que les noms des Légiflateurs les plus célebres, Moyse, Zoroastre, n'expriment que le rétablissement du monde après le Déluge.

Selon lui l'histoire du peuple Juif n'est que l'histoire du monde sauvé des eaux, celle des anciennes nations, des anciens temps, *l'abus de l'histoire de la nature* (11). M. Guerin du Rocher, dans son *histoire véritable des temps fabuleux*, prétend que l'histoire des Egyptiens, telle qu'elle est donnée par les anciens, n'est presque que l'histoire sainte défigurée. Ce font, les deux extrêmes produits par une imagination échauffée, & privée des lumieres que peuvent donner une saine critique & la connoissance des Langues & des monumens des anciens peuples. Je suis fort éloigné de porter le même jugement de la *Dissertation sur l'origine & la nature du Despotisme dans l'Indoustan*, que M. Dow a mise à la tête de son *histoire de l'Indoustan depuis la mort d'Aubar, jusqu'à l'entier établissement de l'Empire sous Aurengzebe*.

Cet Ecrivain, habile dans le Persan moderne, & qui paroît connoître très-bien l'Orient, rend le plus souvent

justice

---

(11) Voyez la seconde note à la fin de cet ouvrage. (No. 11.)

justice aux Indiens. Mais pour ce qui regarde leur Gouvernement, semblable à tous ceux qui ont écrit sur cette matiere, il suppose, sans le prouver, sans l'avoir examiné, que le Despotisme en constitue l'essence. Selon M. Dow, les conquerans de l'Inde, Tartares d'origine, ont de plus formé leur Gouvernement sur les principes de l'Alkoran; & *la foi de Mahomet est particulierement faite (combinée, calculated) pour le Despotisme.* De là ils ont dû établir le Despotisme dans l'Inde ; & le caractere des Indiens, leurs usages, leur croyance, (rapportés plus ou moins exactement), ont dû, d'un autre côté, rendre ce peuple docile au joug imposé par ses maîtres. Mr. Dow entre ensuite dans le détail de quelques réglemens de l'Alkoran, vicieux, mais qui ne tiennent pas au régime arbitraire ; il parle de la maniere de rendre la justice, qui n'est pas toujours telle qu'il le dit: & après avoir montré les suites que peut avoir pour le peuple & pour le Prince, le Despotisme tel qu'il le suppose, c'est-à-dire, *où aucun reglement civil ne peut lier le monarque*, il l'examine sous les Empereurs de l'Indoustan, depuis Babor jusqu'à Aurengzebe, comme il a fait sous les Tartares, les Patanes: ce qui le porte à distinguer différentes sortes de Despotisme.

Il suffit de lire la Dissertation de Mr. Dow, pour voir qu'il a confondu le fait, c'est-à-dire, l'abus avec le droit. *Tant que le Despote vit*, dit ce Voyageur, *son bon plaisir est la loi.* Ailleurs, *le caprice du Despote; le Despote dont la volonté est la loi pour l'Empire; la machine (du Gouvernement) liée par un pouvoir arbitraire* : de là *l'obéissance passive* des peuples ; les principes Despotiques des Tartares entés sur les dogmes Mahométans, conduisent à la violence, & semblent ne reconnoître d'autre obéissance que celle qui vient de la crainte: Ainsi parle Mr. Dow. On verra plus bas, que les Tartares attachés aux loix de Genghiskan, directement contraires à ce Despotisme, ont trouvé dans l'Alkoran un code, qui bien loin de favoriser le Gouvernement

C

p. 9.
p. 12, 13, 20, 21.
p. 16-19.
p. 15.
p. 20, 29.
p. 21, 22.
p. 22, 23. 27.
p. 9, 10-12.
page 33.
p. 11, 15, 21.
p. 14, 15, 32.

arbitraire, regle à-peu-près d'une maniere fixe tous les points qui intéreſſent l'homme en ſociété; que le *Mahométiſme* ne *donne* pas *à chaque homme dans ſa famille un pouvoir illimité* ; qu'il eſt faux qu'*on ne puiſſe pas appeller à la juſtice publique de ce qui ſe paſſe dans le Haram*. Alors les actions louables, l'adminiſtration ſage en pluſieurs points que Mr. Dow remarque chez quelques Monarques de l'Indouſtan, loin d'être une exception due à la douceur du Prince, ne ſont plus que l'uſage légitime de l'autorité qui leur a été confiée ſous la garantie des loix du pays, l'*Alkoran* pour les Mogols, les *Vedes*, les coutumes écrites ou non écrites, pour les Indous : & c'eſt où en ſont à-peu-près toutes les nations. Les uſages, les opinions, la preſcription, les loix avouées, voilà les titres les mieux connus, les plus généralement reçus ſur la ſurface du Globe.

Ce que Mr. Dow, dans la même diſſertation, dit des propriétés, reconnues & aſſurées dans l'Inde, eſt une derniere preuve que le Gouvernement, dans cette contrée, n'eſt pas & ne peut pas être arbitraire, quoique par abus il le devienne ſous certains Princes. Ceci ſera développé dans la 3e. Partie de cet ouvrage.

Je reviens à M. de M*. les réflexions de ce grand Politique ſont appuyées ſur des faits qu'il croyoit vrais. Les Voyageurs ſont ſes garants. Ce ſont ces faits qu'il eſt à propos de diſcuter : & pour rendre la diſcuſſion plus intéreſſante, je produirai pluſieurs pieces originales qui me paroiſſent propres à détruire le phantôme de Deſpotiſme qu'on a cru juſqu'ici être celui de l'Orient.

L'intérêt & l'ambition, ſoutenus par la force, n'attendent ſouvent que l'exemple, pour réaliſer leurs projets deſtructeurs. Voilà, dira-t-on, trois Monarchies conſidérables, la Turquie, la Perſe, l'Indouſtan, qui ſubſiſtent depuis des ſiecles ſous l'impreſſion du Deſpotiſme le plus arbitraire, le plus dur. Ce qui eſt contre la nature ne peut tenir longtemps : Ce Deſpotiſme n'eſt donc pas contre la nature. On voit ſi c'eſt ſervir l'humanité, que de faper des principes qui peuvent conduire à des conféquences fi dangereufes.

Je réduis à trois chefs les points que je me propofe d'examiner dans cet ouvrage.

I. Le Defpotifme, celui même qui excluroit la propriété, réduit-il l'Etat à une forte de barbarie, en anéantiffant les loix (ou les rendant abfolument inutiles), les fciences, les arts, le commerce, la politique intérieure & extérieure, en ôtant les liens réciproques qui uniffent les fujets au Souverain, le Souverain au fujet, les Etats entre eux? M. de M*. foutient l'affirmative.

II. Y a-t-il dans l'Orient & particulierement dans l'Indouftan, un Code écrit, des loix qui obligent le Prince & les fujets, qui réglent le commerce, les contrats, les fucceflions &c.? Ces loix, fi elles exiftent, y font-elles en vigueur? M. de M*. infinue le contraire.

III. La propriété des biens a-t-elle lieu en Turquie, en Perfe, dans l'Indouftan, ou bien le Souverain, dans ces Etats, eft-il propriétaire & héritier de toutes les terres, de tous les biens, meubles & immeubles de fes fujets?

LÉGISLATION ORIENTALE.

PREMIERE PARTIE.

PREMIERE SECTION.

Suites naturelles que doit avoir le Gouvernement
Despotique.

Sur le premier point je fais d'abord quelques réflexions générales. Les choses confidérées en elles-mêmes, le Gouvernement Despotique, celui même qui excluroit la propriété, doit produire des effets diamétralement oppofés à ceux que préfente M. de Montesquieu.

A quoi tendent toutes les actions du Despote? à établir & affurer fon bonheur, & dans cette vue fon autorité absolue. Son être eft le centre où doivent aboutir tous les mouvemens indifpenfables dans un grand Etat. Mais cette machine immenfe, il ne peut la mouvoir feul. Si des loix fixes, fondées fur la raifon, & à portée de tous les efprits, ne reglent pas l'action, le mouvement des bras qu'il eſt obligé d'employer, ſon autorité eſt compromiſe. A meſure que l'agent intermédiaire qu'il met au jeu, s'éloigne de lui, l'impreſſion de la crainte, affoiblie, laiſ-ſe agir les paſſions. Le peuple qui n'eſt plus frappé par l'éclat de la Cour du Prince, n'a pas cette ſoumiſſion d'étonnement, qui peut aveugler le Deſpote dans ſon Palais. Alors les Ordres du Prince ne ſont plus que ceux des Gouverneurs particuliers ; & les peuples leur font ſouvent ſentir qu'on n'inſulte pas impunément à l'humanité.

Il eſt donc de l'intérêt du Deſpote, c'eſt-à-dire de celui qui veut être, & tranquillement, le maître abſolu dans un Etat, il eſt de ſon intérêt d'établir des loix qui aſſurent la communication des hommes entre eux ; & ſur-tout de maintenir celles qui ſont la ſauve garde de ce que l'on appele le peuple. Il faut de même qu'il favoriſe les Sciences, les arts, le commerce, qu'il protege les cultivateurs. Voilà les mines qui rempliſſent ſes tréſors. M. de Buſſy, dans ſon mémoire contre la Compagnie des Indes, obſerve que „ dans l'Inde le peuple vit tranquille, „ au bruit des armes, qu'on n'a point intérêt de le mal-„ traiter " (a). En temps de paix l'intérêt porte encore moins à le vexer.

Si le Deſpote n'établit pas dans les différentes parties de ſon Empire, des Tribunaux devant leſquels les Grands puiſſent être cités, il faut, pour les tenir en bride, qu'il ſoit prêt à écouter les cris des Provinces, & des Villes, des particuliers léſés, qu'il fomente la jalouſie entre ſes grands Vaſſaux, qu'il ait des eſpions qui l'inſtruiſent de leur conduite ; enfin ſa ſureté demande qu'il ait des rapports ſtables, par ſes Ambaſſadeurs, avec les Princes voiſins, pour prévenir les ſecouſſes que ſon Royaume

_____

(a) C'étoit la même choſe chez les anciens Indiens. *Diodore de Sicile I. 2, p. 125. edit. Wechel 1604.*

peut éprouver, les effets que peut produire le mécontentement des Grands, fur la tête des quels il a toujours le bras levé, enfin pour augmenter fes finances par le commerce étranger.

Il réfulte de ces réflexions que „ la mifere," contre ce qu'avance M. de M*. „ ne viendra pas de toute part „ dans le pays foumis à un pareil Prince:" il faut encore moins que, pour qu'un pareil Etat „ foit dans la „ meilleure fituation, il fe regarde comme feul dans le „ monde, qu'il foit environné de deferts, & féparé des „ peuples qu'il appellera barbares ". *Libr. cit. p. 64. Et. génér. de l'Emp. Otom. T. I. p. 74. Effr. des Loix. p. 59.*

M. de M*. ajoute que „ la tranquilité, but de ce „ gouvernement, n'eft que le filence de ces villes que „ l'ennemi eft prêt d'occuper .... que tout fe réduit à concilier le Gouvernement politique & civil „ avec le Gouvernement domeftique, les Officiers de l'E-„ tat avec ceux du Serrail.

Les peuples de l'Afie lui demanderont fi on ne trouve pas en Europe de ces „ Serrails d'Orient, de ces lieux „ où l'artifice, la méchanceté, la rufe regnent dans le „ filence & fe couvrent d'une épaiffe nuit, où un vieux „ Prince, devenu tous les jours plus imbécille, eft le pre-„ mier prifonnier du Palais?" *Idem p. 62.*

„ Après tout ce que nous venons de dire, ajoute M. „ M*., il fembleroit que la nature humaine fe fouleveroit „ fans ceffe contre le Gouvernement Defpotique: mais, „ malgré l'amour des hommes pour la liberté, malgré leur „ haine contre la violence, la plûpart des peuples y font „ foumis".

Voici le mot de l'énigme. M. de M*. a peint un monftre qui ne peut pas exifter: les réflexions précédentes l'ont fait voir. J'ajoute qu'il n'exifte pas, & je me borne

dans cet ouvrage à ce qui regarde la **Turquie**, la **Perfe** &
l'Indouftan.

L a Queftion que je traite ne paroîtra pas indifférente,
quand on fera réflexion que la plûpart des Européens qui
vont dans l'Inde , pleins de ces déclamations contre le
Gouvernement Afiatique, croyent en quelque forte fuivre
l'ordre établi dans ces contrées, en imitant la rapacité, la
cruauté de plufieurs Commandans Indiens , que par là ils
aliénent les peuples, ruinent le commerce , qu'ils révoltent les efprits par des violences dont les naturels ont horreur.   Il eft difficile d'être jufte & humain, quand d'une
part l'intérêt dicte des arrêts de fang, & que de l'autre on
croit n'avoir affaire qu'à des efclaves, à des êtres peu élévés
au deffus de la brute.

L e Gouvenement en Afie eft généralement Defpotique.
Voyons s'il porte les caractères que M. de M*. croit propres à cette efpece de Gouvernement.

SECONDE SECTION.

Quelle influence a la religion dans les Gouvernemens
de l'Orient.

„ Dans ces Etats la religion a plus d'influence que
„ dans aucun autre; elle eſt une crainte ajoutée à la crain-
„ te". Voilà ce qu'avance M. de M*. cependant „ les
„ Turcs qui ſont perſuadés" (c'eſt un ſolitaire Turc, auparavant homme d'Etat qui parle) „ que la liberté de
„ conſcience eſt un puiſſant moyen pour retenir les peu-
„ ples dans leur devoir, leur ont permis le libre exercice
„ de leur religion, & accordé (aux Chrétiens) des Egliſes
„ que les Muſulmans n'inſultent jamais".

C E T eſprit de tolerance eſt encore une ſuite de la variété d'opinions qui regne chez les Turcs. „ Quoique
„ la Secte d'Aboubekir que nous ſuivons, dit ailleurs le
„ même ſolitaire, ſoit la moins infectée d'erreurs, il ne
„ laiſſe pas d'y avoir parmi nous pluſieurs opinions diffé-
„ rentes que l'on réduit à cinq. La 1ere ſuivie par les
„ gens de loix, aſſure qu'il eſt impoſſible de trouver le
„ ſalut hors de la Loi Mahométane; la 2e. qui eſt celle
„ des Derviches & autres Religieux, prétend que la gra-
„ ce de Dieu & le mérite des bonnes Oeuvres ſuffiſent
„ pour le ſalut, ſans la loi; La 3e. ſoutient que le mérite
„ des bonnes Oeuvres peut nous ſauver ſeul ſans la loi
„ & la grace. La 4e. eſt fondée ſur la vertu morale,
„ par laquelle un Mahométan, Chrétien, Juif, ou de
„ telle autre religion que ce ſoit, qui fera des bonnes
„ Oeuvres, ſera ſauvé. Et la 5e. ſoutenue par les ſavans,
„ nie le libre arbitre, & dit que toutes choſes ſont infail
„ liblement conduites par la main de Dieu à une fin der-
„ niere, & que l'homme n'a aucun pouvoir ſur lui-même".

D

Lib. cit.
p. 60.

Etat génér.
de l'Emp.
Ottom. T. I.
p. 20.

Idem,p.463,
465.

Les mêmes matieres font des fujets de divifion chez les Chrétiens; elles fuppofent dans l'efprit une inquiétude contraire à ce morne afferviffement qui conftitue, chez M. de M*. le caractere des fujets du Defpote.

CONSULTONS maintenant les Voyageurs. Chardin nous apprend que dans toute l'Afie toutes les Religions font permifes. En Turquie nous voyons le Sultan Ibrahim I. n'être rien moins qu'exact aux pratiques du Mahométifme. En Perfe, fous Schah Abas, les étrangers jouiffoient d'une entiere liberté de confcience. Dans l'Inde, Mahométans, Indiens de toutes les Sectes, Chrétiens, Juifs, tout le monde vit dans une paix qui ne peut être troublée que par les fanatiques; ce qui arrive rarement.

LE Defpote, dans le Syftême de M. de M*. devroit avoir un attachement invincible au culte établi : & l'hiftoire nous apprend que le Mogol Omayoun n'étoit pas un Mufulman rigide, que même pour gagner les Rajepoutres (une des premieres Caftes d'Indous), il affiftoit quelquefois dans leurs temples à leurs cérémonies. Les Voyageurs rapportent que fon fils, Schah Akbar, avoit plus que de l'indifférence pour le Mahométifme, qu'il s'étoit fait inftruire dans toutes les Religions, qu'il avoit fait traduire en Perfan par Abulfazel, un de fés Miniftres, les livres les plus importans des Indiens : c'étoit en donner la connoiffance au peuple. J'ai fous les yeux le *Mahabarat*, ouvrage confidérable traduit du Samfkretam en Perfan, par l'ordre d'Akbar; lequel renferme l'hiftoire des deux plus anciennes familles qui ayent regné dans l'Inde, les Kourvans & les Pandevans, précédée d'un précis de la Religion des Brahmes donné dans la Préface par le Traducteur, Abulfazel.

UN Defpote uniquement occupé à fe former des barrieres pour s'ifoler en quelque forte au milieu du monde, favorife-t-il comme Akbar, publiquement les Parfes, & demande-t-il au Roi de Perfe des favans qui lui faffent

Voyage T. VI. p. 313.

Et. gén. de l'Emp. Ott. T. III. p. 396.

Couronnem. de Solim. p. 169. *Voyage de Theven. T. II. p.* 215. *vie de M. Picquet.* 420.

Dow. an Enquiry into the ftate of Bengal, à la tête du III Vol. de fon hiftoire de l'Indouftan, p. 129.

Hift. gén. de l'Emp. du Mogol T. I. p. 154.

Purchas his Pilgrim. édit. 1626. *p.* 516, 517.

Voyage de Pyrard. II Part. p. 162.

Dow Differt. fur le Defpot. &c. p. 25. M°. Perf. de la Bib. du Roi. in f°. No. 11.

The Hiftory of Hindoftan tranflated from the Perfian of Alexand. Dow. II. édit. ... III l. in 4. T. I. Préf. p. 3. 5. Differt. &c. p. 34, 35. ... &c.

... Loix p. 59. Mém. de ... Bed. lett. T. XXV. p. 80. Not. ...

connoître leur Religion; envoye-t-il à grands frais à Be- *Hist. génér. de*
narès des particuliers chargés d'y traduire les *Védes*; ose-t- *l'Emp. Mog.*
il d'après les informations qu'il a faites, témoigner plus d'é- *T. I. p. 244,*
gards pour les Indous, au risque de voir les Musulmans zé- *245, 267, 291.*
lés venger leur Religion? *Dow Dissert.*

M AIS l'éducation du Serrail s'opposera sans doute à cette *fran. p. 10, 15.*
liberté. On voit sortir de ce lieu Djehanguir, qui laisse *Pyrard, lib.*
toute liberté aux Jésuites & aux Prêtres des autres Re- *Cit. p. 141.*
ligions. *Rhoc. p. 77.*

SCHAHDJEHAN, fils de Djehanguir, permet de même *ven. T I. I*
toutes les Religions, pourvu qu'elles aillent à l'accroissement *Part. id. Re-*
de son Empire. Dara Schako, fils aîné de Schahdjehan, *lat. de Terre,*
montre publiquement-son Indifférence pour le Mahométif- *de l'Emp. du*
me. Ce Prince fait traduire en Persan à Dehli en 1656, *Mog. T, II. p.*
par des Brachmes de Benarès, l'OUPNEKAT, ouvrage *39, 81. &c.*
Samskretam, dont le nom signifie, *Parole qu'il ne faut
pas dire* (secret qu'il ne faut pas reveler). Cet ouvrage est
l'extrait des quatre VÉDES. Il présente en 51 Sections
le système complet de la Théologie Indienne, dont le résultat est l'unité du premier Etre, ses perfections & ses
opérations personnifiées sont le nom des principales Divini-
tés Indiennes; & la réunion de la nature entière à ce premier Agent. Je compte donner au premier jour la traduction de cet ouvrage important que j'ai reçu du Nord du
Bengale, en 1776, de M. Gentil Chevalier de St. Louis
& Capitaine de Cavalerie au service de France. Cet ouvrage paroit pour la première fois en Europe; aucun Voyageur jusqu'ici n'en a fait mention.

BERNIER parle d'un des Pandets ou Docteurs Indous, *Voyage T. I.*
qui avoient été aux gages du Prince Dara. Le Seigneur Mo- *p. 9-11. T. II.*
gol au quel ce voyageur étoit attaché en qualité de Méde- *p. 128, 133.*
cin, l'avoit pris à son service. Ce Seigneur étoit fort con-
sidéré d'Aurengzebe, qui n'ignoroit pas la curiosité qu'il
avoit pour les Sciences & les Religions étrangeres.

D 2

E N F I N Aurengzebe lui-même, malgré fon zele connu, mais peut-être fimplement apparent, pour le Mahométifme, pouſſoit la complaifance pour les Rajas de fes
Etats, jufqu'à faire des facrifices à la maniere des Indous.

*Hiſt. gén. de
l'Emp. Mog.
T. III. p. 3,
4, 281. T. IV.
p. 9, 10.*

V O I T - O N là le caractere ombrageux du Defpote, qui
craint que des idées nouvelles, que la lumiere ouvrant les
yeux du peuple, n'excite des mouvemens toujours rédou-
tables à celui qui ne connoit ni loix ni fentimens d'humanité? Les Miffionnaires Chrétiens rempliffent tranquillement dans l'Indouftan les fonctions de leur miniftere; plufieurs font confidérés du Mogol, des Grands de l'Empire.

*Pyrard. lib.
cit. p. 162.
Terri lib. cit.
p. 30.*

Si leurs travaux ne produifent pas des fruits confidérables,
il faut en chercher la caufe ailleurs que dans le Defpotifme
de l'Inde.

TROISIEME SECTION.

Etat des Sciences & des Arts dans l'Orient.

CONSIDÉRONS maintenant l'Etat des Sciences & des arts utiles dans l'Indouſtan. Je dis, dès arts utiles ; car pour ceux, qui ſont de ſimple curioſité, d'amuſement, de luxe, s'ils montrent la vivacité de l'eſprit, la délicateſſe du goût, lorſqu'ils ſont portés, dans un Etat, à un certain degré de perfection, ils prouvent ordinairement que les objets importans ne ſont plus ce qui fixe l'attention du Gouvernement. Au reſte l'Indouſtan a ſes peintres, ſes *Th. Rhoe. lib.* graveurs en pierres fines, ſes Muſiciens, ſes Poëtes, ſes *cit. p. 19, 20.* danſeurs, ſes acteurs. Les voitures, les bijoux y ſont travaillés avec autant d'art dans leur genre, qu'en Europe. La compoſition des odeurs, des couleurs, le travail de l'orphévrerie, la dorure & la peinture ſur verre, la broderie, la teinture, enfin les objets de luxe analogues au pays, ont des ouvriers habiles & riches: On connoît le fameux Trône des deux *Paons* fait ſous Schahdjehan. Le fils dans cette contrée embraſſe la profeſſion de ſon pere; ce qu'il ne feroit pas, s'il le voyoit dans un état en quelque ſorte précaire.

SOUS Aurengzebe, les Artiſans du pays de Miral ſe révoltent, & ſont aſſez puiſſants pour chaſſer Taerkhan leur Gouverneur. Le Prince Mohammed Akbar eſt obligé de marcher contre eux.

SONT-CE là ces peuples abrutis par la crainte, qui oſent à peine porter un morceau à la bouche, de peur de mourir avant que de l'avoir digeré? Dans les pays chauds il y a peu de beſoins, & par conſéquent moins d'arts. Dans le Nord de l'Aſie, le caractere du peuple qui ſe

refuſe aux communications fréquentes, qui eſt dans un
état de guerre preſque continuel, produit le même effet.
Les Religions y entrent encore pour quelque choſe. Mais
dans l'Orient, comme ailleurs, les ouvriers vivent, ſûre-
ment & tranquillement, du prix de leur travail; ils ſont
encouragés à perfectionner leurs talens par le tribut que
leur payent les paſſions. Si quelquefois des Gouverneurs
ou de Grands Seigneurs leur refuſent le prix de leurs peines, c'eſt une violence qui ſe voit auſſi dans les Monarchies, dans les Gouvernemens mixtes, & qui ne tient
pas au Deſpotiſme de l'Orient. Auſſi ces gens là ne ſont-
ils pas dans des tranſes continuelles, comme M. de M*.
voudroit le faire croire. ,, A Iſpahan le Roi de Perſe, au
,, rapport de Chardin entretient à ſes gages & à titre d'offi-
,, ce, des maîtres en toute ſorte de ſciences, & des ou-
,, vriers & artiſans en tous les arts liberaux & méchani-
,, ques, qui ſont payés, logés & nourris dans le Palais,
,, toute leur vie, ſoit qu'il les faſſe travailler, ſoit qu'il ne
,, leur donne rien à faire".

Voyage T. VI.
p. 104.

JE conviens néanmoins que pour ce qui regarde les arts
qui tiennent plus particulierement aux plaiſirs, il y a une
différence importante de l'Europe à l'Aſie. Dans ces dernieres contrées la gravité des mœurs publiques ne permet
pas aux gens bien nés de ſe livrer aux mouvemens qui
forment la danſe dans tous les pays. Elle leur permet encore moins de ſe donner en ſpectacle ſur un théâtre.

Voyage de
Thevén. T. I.
p. 114. Athen.
anc. & nouv.
p. 380. Por-
ter. lib. cit.
II. Part.
p. 87.

SI les arts de fantaiſie ſont cultivés dans l'Orient, on
ſent bien que ceux qui ont une utilité phyſique n'y ſeront
pas négligés. Les Deſcriptions de Conſtantinople nous font
connoître la magnificence des bâtimens publics de cette
ville. ,, Elle eſt abreuvée par trois Reſervoirs qui ſont à
,, trois milles d'Allemagne de diſtance, & d'où l'eau eſt
,, amenée par des Aqueducs d'autant plus coûteux, que
,, le terrain eſt très inégal, & que tantôt les Aqueducs
,, ſont détournés par des collines, & tantôt ſoutenus par
,, des murs dans des vallées. Il ne faut pas attribuer ces

État gén. de
l'Emp. Ottom.
T. I. p. 25.
33. 35. 96, 97.
Grelot
Voyage de
Conſtantin.
p. 277. &c.
Journ. de
Berlin, T.
VII. p. 82, 83.

,, superbes ouvrages uniquément aux Empereurs Grecs.
,, On assure que l'Aqueduc qui est au nord du village de
,, *Burgas* a été achevé par le Sultan actuellement regnant
,, (en 1761,) & que celui de *Bagkfch koi* n'est pas plus
,, ancien que le regne du Sultan Mahmoud. Une autre
,, preuve que les Sultans ne négligent pas entierement le
,, bien de leurs sujets, ce font les chemins pavés que
,, Muftapha regnant aujourd'hui a fait construire au coin du
,, Serrail, & depuis le dernier château du côté de l'Asie
,, jusqu'à la mer noire, pour la commodité des Mariniers,
,, afin qu'ils puissent tirer plus aisément leurs vaisseaux dans
,, cet endroit où le courant est violent." Voilà ce que
porte l'extrait du Voyage de M. *Niebuhr* dans le Levant,
donné dans le Journal de Berlin.

UNE Lettre de Constantinople, du 6 Novembre 1768,
nous donnera quelqu'idée de la science des Turcs dans la
construction & la manœuvre des vaisseaux. ,, Ces jours
,, passés, dit celui qui écrit cette lettre, on a lancé à
,, l'eau deux nouveaux bâtimens, de 40 pieces chacun.
,, Les Officiers François qui fe trouvent ici ont admiré la
,, dextérité des Turcs dans cette opération qui est beau-
,, coup plus prompte que celle dont fe servent les Chré-
,, tiens". On peut voir dans Chardin, Corneille le Bruyn
&c. la description des Grands Edifices anciens & modernes
de la Perse.

MAIS pour ne parler que de l'Indoustan, où l'art du
tisserand est-il porté plus loin que dans le Bengale? On
connoît les belles Mousselines qui nous viennent de cette
contrée. Ces bâtimens fomptueux que l'on voit dans les
villes de l'Inde, ces Quays d'une lieue & demie construits
à Dehli par Aurengzebe, les chaussées dont les grands
étangs font revêtus, font des preuves que l'Architecture y
est étudiée, y a des Regles. Comment un homme se met-
troit-il en état par une étude, une pratique de vingt ans,
de bâtir un Palais tel que celui de la fille d'Aurengzebe à

*Keralio. Hist.
de la dern.
guerre des
Turcs avec les
Raffes, T. II.
p. 66, 67.
Voyage in-4o.
T. III. p. 1--
84, 100. &c.
Voyage in-4o.
T. II. p. 302,
&c.*

*Lett. Edif.
T. XXX. p.
202. 290,
291.
Pour la Perfe,
Lett. Edif.
T. XXX.
p. 315-317.
Catr. hist.
gén. de l'Emp.
de Mog. T. III.
p. 264. T. II.
p. 115.
Zend-avesta,
T. I. I. Part.
p. 241, 254.*

Aurengabad, tel que celui de Teigh beigkhan à Surate (ce dernier a couté 22 Laks de Roupies, environ 5,500,000 ₶.) s'il croyoit courir risque de n'être pas payé, s'il voyoit son pere ou son ami, après des entreprises de même genre, privés arbitrairement du gain qu'ils devoient en attendre?

Tavernier, Relat. du Serrail, p. 239, 240.

EN Turquie, le Mufti repréfente au Sultan Mahomet IV. „ qu'il eft beaucoup plus honnête & plus felon Dieu, „ de vivre du travail de fes mains, que de la Sueur des „ peuples & de l'argent des impôts, ce que la Loi défend, „ & que la dépenfe de bouche de fes ancêtres, & pour „ leur perfonne feule, ne provenoit que de leur travail..... „ qu'à leur exemple les fujets s'appliquoient à des chofes „ utiles en faifant fleurir les arts dans l'Empire au grand „ avantage du public".

Etat gén. de l'Emp. Ottom. T. I. p. 102, 103.

CECI eft conforme à ce que nous apprend le folitaire Turc. Selon lui „ le Sultan eft obligé par la Loi au tra- „ vail des mains, pour manger fon pain à la Sueur de fon „ vifage, felon le précepte de l'Ecriture. C'eft pourquoi „ tous les Empereurs ont un art. Mahomet II. étoit Jar- „ dinier, Soliman II. Cordonnier, Selim II. Orfevre; Amu- „ rath III. faifoit des Fleches, Amurath IV. des anneaux „ pour tirer l'Arc, Ibrahim, des cure-oreilles & autres „ gentilleffes d'écaille de Tortue; & le Sultan Mahomet „ IV. des boutons, & s'occupoit à pêcher & tirer de „ l'Arquebufe.

Idem, p. 111.

„ LES Turcs, dit plus bas le même folitaire, appellent „ les deniers (provenans de la recette générale des finan- „ ces) *le prohibé fang du peuple, du quel l'Empereur,* „ *fuivant la Loi,* qui a été violée fouvent, *ne peut pas* „ *faire un méchant ufage, fans crime".* Il ne peut mê-

Idem, T. III. p. 150.

me, fuivant la réponfe du Mufti à Selim II. toucher à ces deniers, *que pour les preffans befoins de l'Etat,* jufqu'à n'avoir pas le droit de les employer à bâtir une Mosquée.

„ EN

„ En Perfe, fous le regne de Schah Abas, on bâtit
„ à Ifpahan des Caravanferas, qui font des maifons publi-
„ ques où les marchands vont loger, du revenu desquelles
„ on achetoit les vivres pour la bouche du Roi; l'argent
„ qui vient des douanes & impôts étant tenu à cet égard
„ pour *Haram*, c'eft-à-dire, pour injufte, défendu, &
„ devant être employé aux befoins de l'Etat & non pas
„ à la nourriture du Prince".

Relat. du
Ser. p. 241.

Tavernier qui rapporte cette coutume, la traite de fuperftition. Pour moi je n'y vois qu'une inftitution très fage. Les Princes ont leur domaine, leur travail : pour parler comme le Mufti de Conftantinople; voilà ce qui doit fournir à leurs dépenfes particulieres. Les Impôts & autres fources de revenus tirés des biens de leurs fujets, ne doivent être employés qu'au bien même de ces fujets (1). La Loi en fait un précepte aux Princes Mufulmans, & par là affure la propriété des biens chez les particuliers, & le fruit que doivent produire les arts, le Souverain même les encourageant par fon exemple.

„ Dans ces Etats, dit M. de M*. on ne répare, on
„ n'améliore rien". Il cite à ce fujet Ricaut. Ainfi, dans l'Empire Ottoman, quand une maifon eft faite le Maçon ni le Charpentier n'y reparoiffent jamais. Le fait eft abfolument faux, pris dans le fens de M. de M*. Mais pour ne parler ici que de l'Inde, j'y ai vu rebâtir, raccomoder, rétablir; & il fuffit d'ouvrir les Voyageurs, pour fe convaincre du contraire de ce qu'avance le Publicifte François. La mifere fait, dans ces contrées, comme ailleurs, qu'on laiffe tomber en ruine un bâtiment; l'amour du changement produit encore le même effet. Le grand Seigneur,

Lib. cit.
p. 60.

Etat gén. de
l'Emp. Ottom.
T. I. p. 356.
Lacédemone
anc. & nouv.
p. 418.
Pour la Per-
fe. vie de
M. Picq.
p. 424.

---

(1) L'Economie eft de tous les Etats. On peut voir dans les Capitulaires de Charlemagne le foin que ce Prince prenoit de fon Domaine. Il fixoit jufqu'à la nature des productions qu'il vouloit qu'on fit venir dans fes jardins, ordonnoit la vente de fon poiffon, des œufs de fes métairies. *Capitul. Baluz. T. I. de Villis Karoli Magni. p.* 332, 342. *præcipue p.* 336, 338, 340-342.

E

à la mort de fon pere, au lieu de rebâtir un Palais ruiné, aimera mieux en faire un nouveau. La vanité y entre pour quelque chofe ; le bâtiment porte le nom de celui qui l'a fait conftruire. Au refte cette vanité eft de tous les pays. La nature du gouvernement ne peut ici être alléguée. Le pere fait qu'il laiffe fon bien à fon fils, comme je le. prouverai dans la fuite.

Etat gén. de l'Emp.Ottom. T. I. p. 434. Lacedemone anc. & nouv. p. 412, 413. Extrait du Voyage de Niebuhr, Journ. de Berl.T.XVII. p. ...

C'est ici le lieu de parler des Edifices publics conftruits à grands frais par le Souverain, par les Grands, par de fimples particuliers, pour la commodité des Voyageurs, pour le foulagement des malades de toute nation, de toute religion, & où l'on a pourvu à tout, jufqu'à même divertir les malades par la Mufique ; des étangs en pierre, dans les endroits où l'eau de fource manque. Si c'eft l'amour de l'humanité qui porte à ces dépenfes confidérables, les chefs, les particuliers, fous le Defpotifme Oriental, ne font donc pas tels que les repréfente M. de M*. Si c'eft *Efprit des Loix, p. 60.* le defir de fe faire un nom, comment trouve-t-on ce fentiment chez des peuples qui ne font pas attachés à la *Idem, p. 58.* gloire, à la grandeur de l'Etat par honneur, chez des peuples timides, ignorans, abbatus ?

QUATRIEME SECTION.

Etat de l'Agriculture & du Commerce dans l'Indouftan.

Dans l'Inde l'agriculture, près des grandes villes, eft dans l'état le plus floriffant. Je me rappelle, revenant de Moxoudabad à Balaffor, d'avoir fouvent defiré que les Ris n'y fuffent pas fi abondans : les chemins en étoient impraticables. Les Anglois & les François qui ont des terres dans ces contrées, favent bien ce qu'elles rapportoient aux premiers poffeffeurs. Il réfulte feulement du changement de Maître, que .es fubalternes font moins riches ; parce que les Européens aiment à jouir, & à rapporter promptement leur fortune en Europe. Enfin on connoît les richeffes immenfes de l'Indouftan ; & le fonds le plus confidérable, le plus fûr de ces richeffes, ce font les terres, terres labourées, Bois, Arbres qui donnent le Cotton &c., le Betel, les cannes de Sucre, le Ris. Ces terres font donc en valeur, puifque la richeffe de l'Indouftan eft certaine. „ La plus grande partie du pays, dit M. Dow, produit annuellement deux, & quelques fois trois récoltes de Blé".

Dow, an inquiry &c. p. 66.

Il femble, à entendre M. de M*. qu'en fait de négociant, il ne puiffe y avoir dans les Etats defpotiques que de petits détailleurs. J'avoue d'abord que les Indiens négligent certains moyens de s'enrichir que l'intérêt pourroit leur indiquer. Par exemple, ils n'ont pas encore tenté d'ériger en commerce réglé ces *Ventes de chair humaine* qu'on appelle en Europe la *Traite des Negres.* En cela ils font moins avancé que nous.

Mém. de M. Dupleix p. 36. Hift. gén. de l'Emp. Mog. T. I. p. 291– 318. Dow hift. &c. T. I. préf. p. 18. trad. fr. p. 147, 153, 158. Holwell. lib. cit. T. II. p. 194, 196, 199, 205, 208. Dow differt. fur le Defpot. &c. p. 25. an inquiry &c. p. 61, 68. l'ufage de H. Grofe, trad. fr. p. 127.

Mais pour m'en tenir ici à des généralités, fi le commerce n'avoit pas été confidérable dans l'Indouftan, fi on n'y avoit pas vu des Capitaliftes à millions, les Européens auroient-ils franchi les mers ? auroient-ils expofé des milliers d'hommes pour quelques Laks de Roupies? Car enfin c'eſt avec les particuliers que les Européens commercent & non avec les Nababs, les Rajas, encore moins avec le Mogol. On donne dans le Bengale ſes fonds à un tiſſerand qui fait quelquefois ſa réſidence à vingt coſſes des comptoirs Européens. Au bout de deux ou trois mois il apporte la marchandiſe ſans jamais manquer. Cette confiance, cette exactitude peut-elle avoir lieu dans un Etat chancelant, & où les fortunes ne ſeroient que précaires? Ce qui prouve la ſolidité d'un commerce, c'eſt la ſûreté de la Correſpondance. Tant que le papier d'un Négociant eſt de miſe, ſes affaires ſont ſûres, & réciproquement. Or à Moxoudabad, à Ponin, à Aurengabad, à Surate, à Brampour, à Agra, à Dehli, vous trouverés des Saukars ou Banquiers qui vous donneront des lettres de change pour toutes les parties de l'Indouſtan. Cependant lorſque le Saukar de Surate paye la lettre de change d'Aurengabad, il faut qu'il croye que le Saukar de cette derniere ville eſt ſûr, que ſa fortune ne dépend pas du caprice d'un Gouverneur violent.

Pour me rendre de Goa à Surate, je prends des lettres pour Ponin chez les Marates. Le Banquier de cette derniere ville me donne de l'argent & une lettre pour un Banquier d'Yadevar. Celui-ci demeuroit dans la fortereſſe. C'étoit dans l'idée de M. de M*. ſe loger dans la gueule du Lion. Il me dit que ſi j'en ai beſoin, il me donnera des Lettres pour Conſtantinople. Arrivé à Surate, je fais ſavoir au Banquier de Goa que le guide qu'il m'a donné, m'a abandonné dans les terres des Marates après ſix jours de marche: il étoit payé pour la route entiere qui devoit être de plus de trente jours. Ce Banquier me tient compte de ce que ce guide infidele m'a enlevé.

Je demande ſi chez un peuple libre ou ſoumis à un Gouvernement mixte, la confiance, l'aiſance dans les marchés, dans la correſpondance, peuvent être plus grandes.

CINQUIEME SECTION.

Vraie cauſe des plaintes que l'on fait des Princes de l'Indouſtan.

L E moyen, dira-t-on, de concilier ces faits avec les plaintes que les Voyageurs font des Princes de l'Indouſtan?

J E conviens d'abord que le Deſpotiſme peut être cauſe, mais par abus, d'une partie des maux dont on ſe plaint. II. Dans un Etat de plus de 400 lieues, les Gouverneurs, les Chefs particuliers deviennent ſouvent de petits Tyrans. III. Les guerres que mille intérêts particuliers rendent en quelque ſorte naturelles dans ces contrées, cauſent des ravages & donnent naiſſance aux maux que l'on croit venir de la nature du gouvernement. IV. Le caractere propre des peuples & la différence des Religions doivent encore être la ſource de bien des abus. Malgré cela je ſoutiens que le peuple eſt à-peu-près conduit dans le courant, comme ſi l'Etat étoit monarchique; que „ le mélange de „ barbarie & de droiture qui y regne (dans l'Indouſtan), „ à tout prendre ne rend pas le Gouvernement Mogol „ beaucoup inférieur à l'adminiſtration de bien d'autres na- „ tions"; & qu'il faut en conſéquence rabattre de ce que diſent les Voyageurs.

Hiſt. gén. de l'Emp. Mogal, T. II. p. 333.

U N particulier, Marchand, homme d'Etat, Militaire, homme de Lettres même, plein des idées qu'il s'eſt formées de l'excellence des Gouvernemens Européens, paſſe dans l'Inde, toujours pour faire fortune, c'eſt-à-dire pour amaſſer en quatre ans ce que ſa Patrie ne lui donneroit pas en vingt. Les difficultés qu'il éprouve en arrivant, l'aigriſſent. Le Militaire eſt arrêté dans ſes conquêtes par ce qu'il appelle *une troupe de noirs.* Quel ſcandale! le dernier de ſes ſoldats ſe croit plus que leur Chef. Le Négociant, le Politique trouve dans le pays d'autres Européens en conteftation avec les naturels, toujours pour, de l'argent: ceux-ci ont la mal-adreffe de ne pas fe laiffer dépouiller fans rien dire. Nôtre Voyageur s'adreffe à un riche Saükar ou Banian (Banquier): les Comptoirs Européens n'en ont que de tels. Au bout d'un an le Banian eft emprifonné par ordre du Gouverneur, fes biens font faifis. Voilà, dit l'Européen, une avance. On n'eft pas fûr de fon bien fous un tel Gouvernement. Il ne fait pas que ce riche Banian, fier de l'appui des Européens, qui favent bien dans ces contrées fouftraire leurs protegés aux pourfuites de la juftice, s'eft engraiffé du fang du peuple; que la faifie n'eft qu'une confifcation légitime, qu'il n'a manqué à fon jugement que l'appareil d'un Tribunal ordinaire ou extraordinaire qui ait fait durer l'affaire deux ans; que le peuple enfin regarde ce châtiment comme la vengeance divine.

La même chofe arrive à un Gouverneur qui depuis longtems a fecoué le joug: encore tyrannie.

Nôtre Voyageur a des effets. En qualité d'Européen tout doit lui être permis. Ses effets font pourtant arrêtés aux Douanes, les droits exigés, la contrebande faifie. Quelle avanie! & à fon retour, il en éprouvera bien d'autres dans fon pays, dont il ne fe plaindra pas.

Zend-avesta. t. I. I.Part. p. 64.

Ce qui eft mal en Afie, eft toujours une fuite du Gouvernement. Les fauterelles ont dévafté un canton; la guerre en a dépeuplé un autre; le manque de pluye caufe une difette qui oblige le pere de vendre fon Enfant pour vivre (j'ai vu cela en 1755 dans le Bengale): encore le Gouvernement. Le Voyageur compofe fon ouvrage à Paris, à Londres, à Amfterdam, où il eft permis de tout dire contre l'Orient. Les mêmes inconvéniens, dans fa patrie, il les attribueroit à la terre, au ciel, à la malice des hommes; parce que c'eft la raifon qui y a dicté les **Loix**. Malheureufement ces loix ne font pas toujours fuivies; comme dans l'Orient le Gouvernement n'a pas toujours les fuites, en bien & en mal, qu'il pourroit avoir.

SIXIEME SECTION.

Politique externe des Orientaux.

Ceci me conduit à la Politique des Orientaux. „ Il ré- *Libr. cit.*
„ fulte de la nature du pouvoir defpotique, dit M. de *p. 17.*
„ Montefquieu, que l'homme feul qui l'exerce le faffe de
„ même exercer par un feul .... s'il le confioit à plu-
„ fieurs, il y auroit des difputes entre eux; on feroit des
„ brigues pour être le premier efclave; le Prince feroit
„ obligé de rentrer dans l'adminiftration .... l'Eta-
„ bliffement d'un Vizir eft dans cet Etat, une Loi fonda-
„ mentale".

Les Turcs font les premiers à reconnoître les inconvéniens d'une pareille adminiftration. Lorfqu'en 1731, le
Chef des Rebelles, Padrona, trouve que le confeil eft trop
nombreux, „ c'eft une maxime fage, lui dit le Khan des
„ Tartares, de tenir des affemblées nombreufes, afin d'y
„ mieux pefer les matieres; & même d'y appeller des gens
„ de Loi, parce qu'étant plus inftruits que les autres, &
„ les dépofitaires de la juftice, les réfolutions prifes fur *Relat. des*
„ leurs avis en font plus équitables, & les fuccès plus *Rebell. de*
„ heureux. Mais, lorfqu'ils font exclus des confeils, & *Conftantino-*
„ que les intérêts de l'Etat font entre les mains de deux ou *ple en 1730.*
„ trois perfonnes, il en arrive fouvent ce que vous venez *1731. p. 113.*
„ de voir arriver fous le miniftere d'Ibrahim Pacha, qui *114.*
„ pour n'avoir voulu gouverner l'Etat que par fes lumieres
„ & celles de fes deux gendres, a prefque ruiné l'Em-
„ pire".

Ouvrons maintenant les Voyageurs, & nous verrons
l'autorité du Vizir & des autres chefs de départemens, en *Chard. Voya-*
Turquie, en Perfe, & dans l'Inde, balancée par les grands *ge T. VI.*
p. 94. 95, 96.

*Porter, lib.
cit. I. Part.
p. 99.
Relat. des
Rebell. de
Conftantin.
p. 162, 163.

Lib. cit.
p. 57, 58.*

Officiers qui forment la Cour du Monarque, & furtout par les chefs du Palais intérieur, par les Brigues, la faveur des femmes; les difputes font fouvent fortir le Prince du fommeil que produit l'enivrement des plaifirs.

„ D A N s les gouvernemens defpotiques, dit ailleurs le „ Politique François, la confervation de l'Etat n'eft que la „ confervation du Prince, ou plûtôt du Palais où il eft en- „ fermé. Tout ce qui ne menace pas directement ce Pa- „ lais, ou la ville capitale, ne fait point d'impreffion fur „ des efprits ignorans, orgueilleux & prévenus; & quant „ à l'enchaînement des événemens ils ne peuvent le fui- „ vre, le prévoir ny y penfer même". Voilà les fujets dans un Etat defpotique. Pour le Prince „ il a tant de „ défauts, qu'il faudroit craindre d'expofer au grand jour „ fa ftupidité naturelle; il eft caché, & l'on ignore l'état „ où il fe trouve; par bonheur les hommes font tels dans „ ces pays, qu'ils n'ont befoin que d'un nom qui les gou- „ verne ".

*Lib. cit.
p. 58.*

I L eft difficile de rabaiffer davantage l'efpece humaine; il ne refte plus qu'à la réduire à la condition des brutes; & c'eft ce que fait M. de M*. „ quand vous inftruifez „ une bête, vous vous donnez bien de garde de lui faire „ changer de maître, de leçon, d'allure............" tel eft chez lui le fujet du Defpote. Heureufement il fuffit d'ex-pofer les faits, de produire les monumens des nations, pour démontrer la fauffeté de ce qu'avance le Publicifte François.

*Porter, lib.
cit. II. Part.
p. 56.*

I. Q u i reconnoîtra le fujet du Defpote de M. de M*. dans Ibrahim, Vizir de Mahomet II, lequel fut dérober à une armée entiere, pendant 41 jours, la mort de ce Mo-narque, jufqu'à l'arrivée d'Amurath; qui le reconnoîtra dans Méhemet Pacha, grand Vizir de Soliman II. qui fut *Etat génér.
de l'Emp.
Ottom. T. III.
p. 137-142.* de même tenir la mort de ce Prince cachée, prendre fous fon nom la ville de Sigeth, faire enfin, fans que le fecret tranfpirât, que le corps de cet Empereur commandât du-

rant

rant une route de fept femaines, avec une régularité, une difcipline incroyable, jufqu'à ce qu'il le remit à Selim, à Belgrade?

II. L E Palais du Grand Seigneur, fa ville capitale étoit-elle menacée dans la guerre des Turcs contre les Mofcovites, en 1678, lorfque le Généraliffime de l'armée Ottomanne, repouffé & battu au fiege de Czegrim, fit étrangler publiquement, au milieu du Camp, neuf brigadiers de Sipahis, accufés d'avoir les premiers lâché le pié; qu'il ordonna d'expofer leurs corps pour l'exemple, & envoya leurs têtes au Sultan?

Idem, T. II. p. 156, 157.

III. E N 1681, pendant les troubles de Hongrie, „ on „ fait de grandes levées & des préparatifs extraordinaires „ dans tout l'Empire Ottoman, & l'on amufe fi bien le „ Refident de l'Empereur d'Allemagne, qu'il envoye un „ Ambaffadeur pour renouveller la trêve, dans le même „ temps que la Porte venoit de donner l'inveftiture du „ Royaume de Hongrie & la qualité de Roi au Prince „ Tekeli".

Idem, p. 171, 172.

C E s opérations répondent-elles à la ftupidité que M. de M*. croit naturelle au Defpote, à fes fujets? Au moins cette ftupidité ne leur ôte pas le courage. Les Turcs, fi l'on en croit un Ecrivain, qui n'eft rien moins que leur Panegyrifte, font braves, intrépides même, patients, fouffrant la faim &c. il ne leur manque que la fcience de l'art militaire.

Kevalio, lib. cit. T. II. p. 131—141, 314, 315, 356, 357.

J E T T O N s maintenant les yeux fur la Perfe. Comment concilier ce que dit M. de M*. avec le tableau de l'Economie politique de cet Empire donné par Chardin; avec ce que des Voyageurs inftruits rapportent de l'efprit, de la pénétration, de l'expérience des membres du Confeil d'Etat dans ce Royaume? „ ces Miniftres donnent aux af-„ faires toute l'attention qu'elles méritent, & ne forment „ leurs décifions que fur des réflexions exactes. Ils déli-

Voyage T. VI. p. 25—62.

Etat préf. de la Perfe, p. 138-143.

„ berent murement; ils ne se hâtent pas de décider. Ils „ ont cette maxime, que le tems fait plus qu'une ar- „ mée, & que savoir temporiser, c'est savoir vaincre sans „ rien risquer". On cite plusieurs exemples de cette conduite à l'égard des Hollandois, des Allemands, des Polonois, des Moscovites. *Idem, p. 144.* „ Le secret est si grand dans „ le Conseil, qu'on a remarqué qu'un Pere ne revele pas „ à son fils les mesures qu'il sait qu'on y a prises contre „ sa vie".

Voyage T. I. p. 108. vie de Al. Pieq. p. 434. On peut voir dans Thevenot les liaisons que le Roi de Perse, Schah Abas, entretenoit avec le Grand Khan, le Grand Duc de Moscovie, les Polonois, avec plusieurs autres Etats de l'Europe, & les raisons politiques de ces liaisons.

Voyage T. II. p. 206, 207. CHARDIN nous apprend avec quel art les Persans savent découvrir le secret des Ambassades qu'ils reçoivent. Si de leur côté ils en envoyent peu chez leurs voisins, c'est à cause du cérémonial dont on n'est pas convenu. *Idem p. 59. Rel. des Rebell. de Const. p. 4.* Mais les Gouverneurs de Province y suppléent par des envoyés dont ils font passer les négociations à la Cour. Au reste ils savent, comme ailleurs, endormir leurs voisins par des Ambassades, au moment même où ils vont envahir leurs frontieres.

Et. génér. de l'Emp. Ottom. T. II. p. 324. Pye. lib. cit. II. Part. p. 162. Th. Rhoe. lib. cit. p. 71 La Boull. Voyage p. 145, 146.
Theven. Voyage T. I. p. 160. 164.
Et. gén. de l'Emp. Ottom. T. III. p. 356. 362, Couronnem. de Sulim. p. 390—392.
Hist. gén. de l'Emp. Mog. T. III. p. 227-241.
DANS l'Inde, sans remonter jusqu'à Tamerlan, nous voyons le Mogol Djehanguir entretenir une correspondance étroite, par présens, ambassades, avec le Roi de Perse, l'aider contre les Turcs, & en même tems recevoir des Ambassadeurs de ceux-ci avec toutes les démonstrations d'amitié. Schahdjehan, fils de Djehanguir, entretenoit intelligence avec le Turc, afin de s'en servir contre le Perse, & avec le Grand Khan & le Roi de Thibet, pour opposer le premier aux Usbeks, le second au Roi du Pégou. Les Ministres d'Aurengzebe avoient des espions à la Cour de Perse. On peut voir dans le P. Catrou les ruses employées par ce Monarque pour surprendre le Cévagi.

L'AMBASSADE de Thomas Rhoe, Anglois, fous le regne de Djehanguir, nous montre, par le refpect que les Mogols ont pour les étrangers, les Ambaffadeurs, qu'ils connoiffent le droit des gens. On y voit auffi les Grands de la Cour retarder, éluder avec adreffe les ordres précis du Defpote. *Lib. cit. p. 6—67.*

QUE de refforts n'a pas du faire jouer Nizam el moulk, fous l'Empereur Mahmet fchah, pour caufer la révolution qui a livré en 1739 Dehli & les Tréfors du Mogol à Thomas Koulikan! Ce n'étoit pourtant qu'un Miniftre, un Gouverneur du Dekan, qui, s'il n'afpiroit pas à l'indépendance, s'il ne portoit pas fes vues au trône même de l'Indouftan, vouloit au moins fe venger de fes ennemis, fe rendre néceffaire à fon Maître, & lui faire acheter, pour quelque tems, du prix de fa Couronne, des leçons bien cruelles d'adminiftration & d'économie. Les Européens, quand ils parlent des Orientaux, appellent cela fourberie; en Europe, c'eft habileté, politique. *Voyage de M. Otter, T. I. p. 337—357. &c. T. II. p. 90. Hift. de Perfe, T. III. p. 392. Dow. hift. of Hindoft. T. II. p. 307, 312, 330.*

SEPTIEME SECTION.

Politique Interne des Orientaux.

Considérons maintenant ces Rois dans l'adminiſtration de leur Etat.

§. I.

La Boulla. Voyage p. 143. Strabon. Lib. XV. p. 707. Edit. Paris 1620.
Bern. Voyage T. I. p. 309.

Ces Princes, que l'on nous donne pour ſtupides, ont la prudence de faire des Tréſors pour les guerres qui peuvent ſurvenir; ils ſavent comme les anciens Indiens, brider l'autorité des Gouverneurs par un Officier nommé *Vakée nevis*, qui leur rend compte de tout ce qui ſe paſſe. Il ont trouvé le moyen de faire que l'argent entre dans leur Etat ſans en ſortir.

Lib. cit. p. 143, 144.

„ Si les Européens, dit la Boullaye, ſe ſervoient auſſi „ bien de la politique des Indiens que de leurs drogues „ pour la ſanté du Corps, tout en iroit mieux. L'autori- „ té des Rois ſeroit plus affermie, & les ſujets ſeroient „ plus contens”.

Hiſt. gén. de l'Emp. Mog. T. I. Préf. T. II. p. 218.
Terri lib. cit. p. 18.

Chez ces Rois (les Mogols) il y a des hiſtoriens du Palais. Mais peut-être leur fonction eſt-elle de flatter les actions du Prince? „ lorſqu'Aurengzebe leur ordonne d'é- „ crire l'hiſtoire de ſes Conquêtes, quelles couleurs, lui „ dit le Chef des hiſtoriens, pourrai-je donner à l'empri- „ ſonnement de vôtre pere, au maſſacre de vos trois fre- „ res”? La queſtion ſeroit ſuivie de la mort chez le Deſpote de M. de M*. Le Monarque Indien ſe contente d'excuſer ſa conduite par les circonſtances & le cours de la providence.

Hiſt. gén. de l'Emp. Mog. T. I. p. 233.

Akbar lui-même dit à ſon fils Djehanguir, en lui pardonnant ſa révolte: „ On lira à jamais dans les Chroniques

„ de la nation, que le premier des petits fils de Tamerlan,
„ Djehanguir, attenta fur les jours de fon pere ”.

E N F I N les loix portées par le Prince font inferées dans
les chroniques. Mais ce ne font pas feulement les événemens publics qui y font confignés; les hiftoriens entrent
même dans le détail de la vie privée du Prince. Si l'on
en croit le Capitaine Hawkins, „ Lorfque le Mogol eft
„ retiré dans l'appartement où il dort, il y a des écrivains
„ qui écrivent tout ce qu'il fait, jufqu'à marquer com-
„ bien de fois il va à la garderobbe, avec quelle femme il
„ fe divertit, (*a*) afin, ce difent-ils, que l'on puiffe met-
„ tre dans les Chroniques du pays l'hiftoire particuliere de
„ fa vie ”.

C H E Z les Perfes modernes, comme chez les anciens,
il y a de même des Archives dépofées dans le Palais, (III)
fur les quelles on compofe l'hiftoire, & aux quelles préfi-
de un maître particulier. On infere dans ces Archives les
événemens remarquables, les belles actions des fujets.

J E demande maintenant à quoi fert l'hiftoire dans un
Gouvernement fondé fur l'ignorance la plus ignoble? Quoi!
laiffer, faire tranfmettre à fes defcendans des faits qui devroient être enfévelis dans l'obfcurité d'un Sérail! il peut
en réfulter des troubles dans l'Etat. On fent encore le
danger qu'il y a pour un Defpote, à laiffer fortir de fes
mains le plan des Villes, la carte des Provinces: Le plus
fûr feroit de n'en pas faire tirer. De même les connoiffances qui élevent l'ame, la Métaphyfique, la Morale, l'Af-
tronomie, ne font pas faites pour des efclaves. Cependant on trouve dans l'Inde des Ecoles, des Bibliotheques
publiques; On y trouve des hiftoires très étendues de l'Indouftan, & des provinces particulieres dont cet Empire eft

---

(*a*) **Dans Purchas** (*p.* 524.) il y a: *to the end that when he dieth, thofe
Willing may be brought forth, and then what is thought fit may be inferted in
their Chronicles.*

(III) Voyez la I I I Note à la fin de cet ouvrage.

Idem p. 23.

Relat. p. 5.
*dans le Re-
cueil de l'ouva-
ge par Theve-
ven. T. I. I.
Partie.*

*Tavern. hift.
du Scr. p.* 24,
25. *Efther.* 6.
*mém. de l'A-
cadém. des
Bell. Lett. T.
V. mém. p.*
354, 355.

*Zend-avefta
T. I. I. Part.
p.* 256. *note*
(I) *& p.* 438.
*Dow The hift.
of Hind. T. III.
p.* 398, 399.
*pour la Perfe.
Voy. Dulcar.
in* 4°. *p.* 596,
604, 605.

Purchas his
Pilgrim. T. I.
p. 548.

composé, des Cartes Géographiques (IV), des Ouvrages
d'Aſtronomie, de Morale, de Métaphyſique, de Politique,
de Médecine. Comment ce dernier état ſi dangereux par
l'accès facile qu'il donne dans les lieux les plus retirés,
n'eſt-il pas proſcrit? Périſſe l'univers entier, même ce
que le Deſpote a de plus cher, s'il faut que ſa ſureté en
ſouffre.

C E Deſpote ſi terrible, au tour du quel, chez M. de
M*· la crainte & les ſoupçons forment une haie impénétrable, n'eſt donc dans l'Inde qu'un ſimple Monarque,
quand des événemens accidentels ne le tirent pas de cet
état. Allons plus loin, & faiſons voir juſqu'où ces Princes
ſe communiquent à leurs ſujets.

Lib. cit. p.
9, 10.

T H O M A S R H O E nous apprend que chez le Mogol les
affaires d'Etat ſe traitent au Dorbar. „ Les réſolutions les
„ plus importantes, dit ce Miniſtre du Roi d'Angleterre,
„ ſe prennent en public, & s'enregiſtrent de même. On
„ peut voir ces Regiſtres pour un Teſton, ſi on en a la
„ curioſité; ainſi le même peuple ſait autant des affaires
„ du Prince que ceux de ſon Conſeil, & chacun ſe donne
„ la liberté de les examiner & cenſurer ſelon ſon ſentiment.
„ Tous les jours ſe paſſent de la même maniere. Ce Prin-
„ ce ne manque pas de ſe trouver en ces lieux (le Dor-
„ bar &c.) s'il n'eſt ivre ou s'il n'eſt malade; encore dans
„ ces rencontres faut-il qu'il le faſſe ſavoir. Ses ſujets
„ ſont bien ſes eſclaves; mais de ſon côté il eſt obligé en-

Bern. Voyage
T. II. p. 48.

„ vers eux de s'aſſujettir à ces heures (d'audience), &
„ d'obſerver ces coutumes ſi préciſément, que s'il avoit
„ manqué un jour à ſe faire voir ſans rendre raiſon de ce
„ changement, le peuple ſe ſouleveroit; & il n'y a rien
„ qui le pût excuſer s'il y manque deux fois de ſuite.
„ Quand la néceſſité l'y oblige, il faut qu'il faſſe ouvrir ſes
„ portes, & qu'il ſe montre à quelques uns d'entre eux
„ pour ſatisfaire les autres. Le Jeudi il rend ſes jugemens

(IV) Voyez la Note I V à la fin de cet ouvrage.

„ au Dorbar, il entend patiemment les plaintes des
„ moindres de fes fujets........" Dans Terri, le Mogol fe montre de même trois fois le jour. Aurengzebe, fi l'on en croit M. Dow ordonna „ que le Regif-
„ tre des Rentes (dues à l'Etat), reftât ouvert, pour
„ que tout le monde pût le confulter, & le peuple dif-
„ tinguer l'extorfion de la jufte demande de la Cou-
„ ronne ".

Lib. cit. p. 27.

Differt. fur Defpot. p. 26.

CORNEILLE LE BRUYN, le Pere de Chinon, le
Miffionnaire Sanfon nous apprenent qu'il y a en Perfe
un Confeil d'Etat auquel le Roi affifte, & que, fi les
affaires n'y vont pas bien, c'eft la faute du Prince & non
du Gouvernement.

Voyage Trad. fr. in 4°. T. IV. p. 169, 141. Voyage p. 61, 25, 167. Etat préfent de la Perfe p. 138.

LE Divan, en Turquie, s'affemble quatre jours de la
femaine; les affaires des particuliers y font traitées, ainfi
que les affaires d'Etat, & le Grand Seigneur y affifte fouvent fans être vu.

Voyage d• Theven. T. I. p. 124, 125; Port. lib. cit. P. II. p. 3.

§. II.

MAIS fans nous en rapporter fimplement aux Voyageurs, citons des monumens émanés des Cours même
de l'Orient.

VOICI des Gazettes de la Cour de Dehli. Des nouvelles publiques dans l'Indouftan, qui marquent jour par
jour, & non dans ce ftile ampoullé qu'on reproche aux
Orientaux, ce qui fe paffe d'important à la Cour &
dans les Provinces, un pareil monument a de quoi éton-
ner. Ce ne font plus des Regiftres renfermés dans le
Palais; ce font des Gazettes repandues dans tout l'Empire. On voit fur quelques-unes le nom du particulier
à qui elles font deftinées, comme en France, fur l'enveloppe, celui des abonnés.

E T de quoi parlent ces Gazettes ? on dit d'abord que les principaux Miniſtres ſe ſont rendus à telle heure au Palais? voilà un Conſeil d'Etat.

I L eſt enſuite queſtion de préſentations de perſonnes en place. Les Eléphants de guerre, les Chevaux paſſent en revue. On préſente des Officiers qui demandent des places, & dont le premier Vizir fait expédier les firmans (brevets).

PLUSIEURS Grands offrent au Mogol des fleurs, des parfums dont il fait préſent à ſes Miniſtres. On avertit des changemens arrivés parmi les Officiers du Palais. On apprend au public que les requêtes préſentées ont été répondues par les Miniſtres du Palais intérieur, les ordres ſcellés. Il eſt queſtion de ventes faites au profit de l'Etat, d'aumônes faites aux Faukirs, d'augmenter la population de l'Indouſtan. Enfin on rend un compte aſſez étendu des nouvelles reçues des différentes Provinces de l'Empire, comme de la province de Oud, du Bengale, des mouvemens excités dans cette derniere province, & cela avec une ſimplicité, un déſintéreſſement qui feroit croire qu'il eſt queſtion de quelque pays étranger.

CE que je dis ici eſt nouveau. Aucun Voyageur n'a fait connoître des monumens de cette nature. Je crois donc devoir donner en note la traduction littérale d'une de ces Gazettes, avec quelques extraits de trois ou quatre (V). Par là on jugera du reſte. C'eſt à Surate que je me ſuis procuré ce monument précieux.

JE demande maintenant ſi un Gouvernement où tous

les

____

(V) Voyez la Note V. à la fin de cet ouvrage.

les jours les Miniſtres ſe rendent au Palais, où le Souverain confere avec eux, où les places à donner, ce
qui ſe paſſe dans les différentes Provinces de l'Empire, les affaires étrangeres qui intéreſſent l'Etat, ſont
rapportées tous les jours régulierement, au Conſeil du
Prince; où l'on rend compte à ce même Conſeil des
dépenſes militaires, de l'emploi des revenus du Prince;
où l'on inſtruit les Grands, le peuple, l'Empire entier de cette forme d'admiſtration: je demande ſi un pareil Gouvernement eſt ce monſtre inquiet & dévorant que
nous peint M. de M*. Cependant ce gouvernement eſt
le Deſpotiſme de l'Indouſtan.

Concluons de là que le Deſpotiſme Oriental n'eſt
pas celui que préſente M. de M*. Rien de plus
trompeur que ces portraits tracés par l'intérêt perſon-
nel (VI), ou faits dans le Cabinet d'après des principes dont on tire toutes les conſéquences en apparence poſſibles.

Heureux les peuples dont l'état, les propriétés
ſont aſſurés par des loix ſtables, que le Souverain ſe
fait un devoir, qu'il eſt dans l'obligation de reſpecter,
de ſuivre. Le cours des choſes humaines, dans les Gouvernemens, où l'autorité du Chef paroît la plus arbitraire, ſupplée à ces Codes que malheureuſement on
n'enfreint que trop ſouvent, l'humanité reprend ſes
droits; & les hommes, lorſque les premiers de l'Etat
ne ſont pas remués par de grands intérêts, ſont gou-
vernés comme ſi il y avoit des Loix; ils jouiſſent
tranquillement de leurs biens, de ceux que leurs peres
leur ont laiſſés.

(VI) Voyez la Note VI. à la fin de cet ouvrage.

G

Comme fi il y avoit des loix? je me reprends. Il n'y a pas de peuple au monde qui n'en ait d'écrites, ou de non écrites. En Turquie, en Perfe, dans l'Inde, les Loix font écrites, & le Monarque lui-même y eft foumis : C'eft ce que je vais démoutrer dans la feconde Partie de cet Ouvrage.

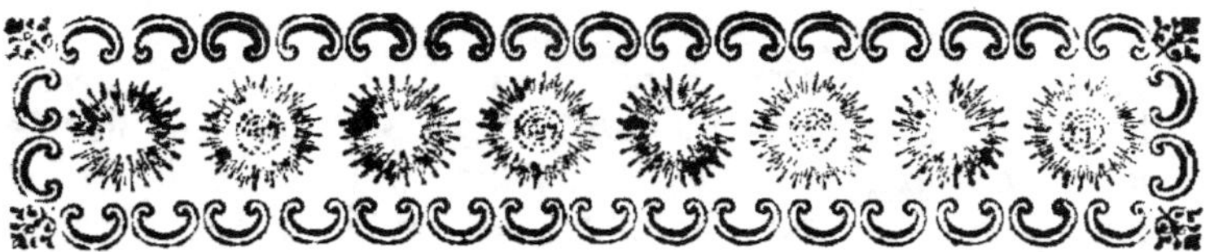

LÉGISLATION ORIENTALE.

SECONDE PARTIE,
PREMIERE SECTION.

Code de Loix en Turquie.

Je commence par la Turquie. Les hiftoriens de cet Empire font connus : mais je ne m'attache qu'aux Ecrivains qui après en avoir étudié le gouvernement avec foin, paroiffent le préfenter avec plus de défintéreffement. *Sagreda, Cantemir, Mignot.*

Si l'on en croit Ricaut, le Gouvernement Turc, étant un Gouvernement militaire, formé & foutenu au milieu des guerres, a dû dans l'origine être arbitraire ; le Chef a dû y être abfolu & au-deffus des Loix, & en conféquence le peuple opprimé. Ricaut va jufqu'à dire que ce Gouvernement eft le feul qui convienne au peuple Turc. *The prefent State of the Ottom. Empire L. I. C. I. p. 3. Dubos hift. crit. de la Monarch. fr. T. II. p. 225. Etat gén. de l'Emp. Ottom. T. I. p. 50, 51.*

Je réponds que les Turcs font Tartares d'Origine, que les Loix connues maintenant fous le nom de *Jafa* de Genghiskhan, doivent avoir influé fur les leurs, & que ces loix faites pour un peuple guerrier, renferment des articles qui regardent la juftice diftributive. J'aurai dans la fuite occafion de parler plus pofitivement de ces Loix.

G 2

Idem, p. 57.

Selon le Solitaire Turc „ ce Monarque (le grand „ Seigneur) eſt l'oracle infaillible des Loix; les Légiſtes le „ mettent au deſſus d'elles, lui donnent le pouvoir de les „ expliquer, corriger, annuler, & préférent ſes explica- „ tions à leurs textes........ l'Alkoran & les Legiſtes met- „ tent le grand Seigneur au deſſus de la Loi". Enfin Ri- caut nous apprend que chez le Cadis Turcs ce mot a paſſé en proverbe: Le Grand Seigneur eſt au deſſus de la Loi.

p. 101.

Lib. cit. p. 6.

1°. Il eſt faux que l'Alkoran mette le Monarque au deſ- ſus de la Loi. 2°. Je conviens que l'on trouve partout des Caſuiſtes flatteurs. Ce que Ricaut dit plus bas, explique le proverbe des Cadis Turcs. „ Le Grand Seigneur mê- „ me eſt aſtreint à la Loi, mais ſans que ſon autorité ſu- „ prême en ſouffre." Cela ſignifie qu'il y a des Loix qui lui commandent, auxquelles il eſt tenu d'obéir, ſans rien perdre de ſon autorité légitime, & non de celle qui n'a d'autre appui que la force & la violence.

Ce qui ſe paſſe lors de l'inauguration du Grand Seigneur par le Mufti, prouve ce que j'avance.

Etat gén. de l'Emp. Ottom. T. III. p. 305, 307, 320, 551. Id. T. I. p. 89. Rebell. de Conſtantin. P. 41, 42.

Quoique l'ordre de la filiation s'obſerve aſſez religieu- ſement dans la ſucceſſion de l'Empire Ottoman, cependant il y a des exemples du contraire: & le Solitaire Turc nous apprend „ que les Turcs étant en quelque façon les maî- „ tres du choix de l'Empereur élevent ſur le trône celui „ que leur caprice affectionne d'avantage", pourvu toute fois qu'il ſoit de la famille Ottomanne.

Etat gén. de l'Emp. Ottom. T. III. p. 329, 554, 555.

Dans l'Election d'Amurath IV. & dans celle d'Akh- met II. il eſt fait mention du conſentement du peuple, des gens de loix, qui marquent leur agrément, leur ſatisfaction par des acclamations extraordinaires.

Idem T. I. p. 90.

Lorsque le Monarque eſt élu, le Mufti & les Grands de l'Empire lui prêtent ſerment de fidelité: & comme ſa premiere fonction doit être de rendre la juſtice, on aſſem-

ble le Divan auquel il affifte.   Le lendemain le Prince fe
rend à la Mofquée d'Youp, au fond du port, „ où il entend
„ la prédication de quelque fameux Docteur de l'Alkoran,
„ qui l'exhorte à la propagation du Mahométifme & à la
„ deftruction du Chriftianifme, après la quelle le Mufti le
„ fait jurer fur l'Alkoran (c'eft le folitaire Turc qui parle)
„ & lui fouhaite la bonté d'Ofman, du quel il lui ceint l'é-
„ pée, pour la forme de fon couronnement." Thevenot
après avoir rapporté cette derniere cérémonie, ajoute qu'elle eft aux Sultans, ce qu'eft le Sacre à nos Rois.

SELON Ricaut, le Prince étant dans la Mofquée
d'Youp, „ jure & promet folemnellement de maintenir la
„ foi mufulmane & les loix du Prophête Mahomet. Après
„ cela les Grands.......... le reconnoiffent pour leur lé-
„ gitime & *indubitable* Empereur. "

JE vois dans le Solitaire Turc & dans Ricaut deux fermens, formant une efpece de contrat entre le Souverain
& la nation Turque.   Il n'y a que la force qui puiffe l'annuler.   Le pouvoir du Grand Seigneur eft toujours fubor-
donné à fon ferment, quelqu'étendue qu'on donne d'ailleurs
à ce pouvoir.   Car les loix de Mahomet qu'il jure de maintenir, regardent les affaires civiles comme les devoirs de
la religion dont les Légiftes ne le difpenfent pas.   „ Les
„ Turcs, dit Tavernier, tiennent que les loix civiles font
„ partie de la religion, & que leur ayant été données par
„ leur Prophete, elles viennent de Dieu & demandent
„ une obéiffance aveugle. "

D'APRÈS le ferment qui accompagne une cérémonie
auffi augufte, que l'eft celle de l'inauguration, je ne regarde que comme une baffe flatterie ce qu'on lit dans Ricaut.
„ Quelques-uns, dit ce Voyageur, maintiennent que les
„ fermens du Grand Seigneur ne l'obligent pas, lorfque
„ l'exécution de ces fermens eft une reftriction au pouvoir
„ abfolu de l'Empire."

G 3

J'EN dis autant de la décision des Docteurs Musulmans qui avancent que „ dans les matieres civiles la Loi du „ Grand Seigneur est arbitraire, & qu'il n'a besoin d'autre „ juge ou légiflateur que de fa propre volonté; & qu'en „ conféquence on ne peut le dépofer, ni lui faire rendre „ compte des crimes (qu'il peut commettre), quand il fe- „ roit périr fans raifon mille de fes fujets en un jour. ” On fait qu'il n'est pas néceffaire d'aller chez les Turcs, pour entendre des Docteurs s'exprimer ainfi.

MAIS ce qu'il y a d'étonnant, c'est que Ricaut attribue la grandeur, la puiffance de l'Empire Ottoman au pouvoir Defpotique, tel qu'il l'a dépeint. Pour moi je crois qu'el-le est dûe d'un côté à l'état refpectif des Puiffances voifi-nes, de l'autre au caractere propre de la Religion Maho-métanne, à celui des Turcs, & à leur gouvernement, dans lequel l'équité naturelle ou les circonftances oppofent fou-vent des bornes & fur-tout dans les affaires particulieres, à cette autorité illimitée & arbitraire que le Defpote feroit tenté de s'arroger. Quand le Grand Seigneur ne fe fent pas le plus fort, il dit comme Juftinien, cité par le voyageur Anglois: *& fi legibus foluti fumus, tamen legi-bus vivimus.*

RICAUT va plus loin. Il prétend que l'obéiffance fer-vile, l'efclavage de fentiment, est enfeigné aux Turcs, comme principe de religion, plutôt que comme regle d'E-tat; qu'ils croyent obtenir la couronne du Martyre, quand ils meurent par l'ordre du Grand Seigneur (on lit la même chofe dans Tavernier). De maniere, dit ce voyageur, que „ fi l'on confidere attentivement la compofition entiere „ de l'Empire Turc, on trouvera que c'est une prifon, ou „ un Bagne d'efclaves, qui ne différent que par les chaînes „ qui font d'Or, au lieu d'être de fer, & parceque l'efcla- „ vage des uns est peint, brillant, au lieu d'être fale &c. ”

CES hyperboles ne prouvent rien. Il y a longtems qu'on dit la même chofe de toutes les Cours. Que l'on

demande malgré cela à ceux qui les compofent, à ces efclaves dorés, s'ils fe croyent réellement efclaves. Au refte,
pour foutenir fon fyftême d'obéiffance aveugle & religieufe, Ricaut attribue les révoltes qui arrivent à Conftantinople, à la fougue des paffions buttées, à des rivalités de
Cour, à des défordres de femmes. Les derniers troubles
de l'Egypte & de la Syrie n'ont pas eu certainement un pareil principe. D'ailleurs l'hiftoire Ottomanne, ancienne &
moderne, préfente une foule de révoltes, de projets d'u-
furpation, qui contredifent formellement cette foumiffion
générale & religieufe des Turcs. On voit, fous l'Empire
d'Akhmet I^r. Jimblat Oglou, Gouverneur d'Alep, fe révolter contre la Porte, battre fes armées, fe mefurer avec
le Grand Vizir, & rentrer en grace après s'être foumis, en
gardant toujours fon Gouvernement. De même, fous
Mehemet IV; Firari Muftafa, Pacha d'Egypte, fait étrangler fecretement celui qui venoit par l'ordre du Grand Seigneur, lui demander fa tête, fe cache pendant quelque
tems fous l'habit de Derviche, obtient enfuite fon pardon,
& recouvre les bonnes graces de fon maître.

R i c a u t étoit Secrétaire de l'Ambaffade d'Angleterre
fous le Sultan Mehemet IV. en 1666. Thevenot, qui étoit
à Conftantinople dans le même tems, nous parle bien de
ce dévouement aveugle aux ordres fanguinaires du Grand
Seigneur. „ Toutefois, ajoute-t-il, en ce tems-ci, il y
„ en a plufieurs qui ne font pas fi fots: & il me femble
„ qu'ils commencent depuis quelque tems à fe détromper
„ de ce prétendu martyre. Car on ne voit plus qu'ils re-
„ çoivent d'un vifage ferein de pareilles nouvelles. D'où
„ vient qu'il y a ordinairement des rebellions en Afie qui
„ ne font faites que par des Pachas mal-contens, lefquels
„ favent que leurs ennemis leur ont fait préparer la mort,
„ à leur arrivée à Conftantinople. Ils font de grandes ar-
„ mées en fort peu de tems, fe trouvant affez de gens qui
„ prennent parti, quand il n'y a qu'à courir la campagne.
„ Ils ravagent tout, viennent jufques aux portes de Con-
„ ftantinople, y jettent la terreur.

Libr. cit.
p. 10, 11.
*Etat gén. de
l'Emp. Ottom.
T. I. p.* 70, 71.
T. II. p. 433,
434,
*Idem, T. III.
p.* 31, 32.
117—119,
209, 216, 281,
283, 321, 336,
356, 385, 397.
*Voyage pour
l'etabliff. de
la Comp. Hol-
land. T. IV.
p.* 372.

*Etat gén. de
l'Emp. Ottom.
T. I. p.* 69.

*Voyage T. I.
p.* 121, 122.

*Etat gén. de
l'Emp. Ottom.
T. II. p.* 203,
225.

Idem, T. I.
p. 59. T. III.
p. 413.

EN effet, si l'on cite d'un côté quelques exemples de la soumission des Turcs aux ordres du Sultan, donnés même contre leur propre vie, de l'autre on voit dans le même tems les Arabes du Kayre & de Damas s'efforcer de secouer le joug. En Egypte le Pacha quoique représentant le Grand Seigneur, dépend presqu'entierement de son Divan, composé de plusieurs personnes considérables de la ville. Le Pacha d'Alep, en 1654, au lieu de donner tranquillement sa tête, leve l'étendard de la révolte, & oblige le Grand Seigneur d'envoyer contre lui une armée. Son successeur, Mourteza, tâche d'éviter la mort par la fuite. On voit, depuis Thevenot, des Gouverneurs se rendre indépendans & laisser leurs gouvernemens à leurs héritiers, quoique la survivance & l'hérédité, à ce que l'on prétend, n'ayent pas lieu en Turquie. On voit les Ministres, les Grands plus occupés de la sûreté de leur personne, de leur autorité, que du pouvoir sacré de leur maître. Je ne citerai pas cette multitude de révoltes que présente, comme je l'ai déjà dit, l'histoire Ottomanne; je ne rapporterai pas le trait du Chef des Eunuques noirs, qui condamné à mort, sous le Sultan Mehemet V. se défend avec son poignard contre l'exécuteur de la justice, le blesse, & ne succombe que par l'avantage que le cimeterre donne à son adversaire. Ce qui s'est passé de nos jours suffit : les révoltes d'Aali-bey, de Scheikh Daher & de ses enfans, font une exception considérable à cette éducation, à ces sentimens d'esclave qu'on prétend si généraux dans toute la Turquie.

Voyage de
Niebuhr dans
le Journ. de
Berl. T. XIX.
p 149. Etat
gén. de l'Emp.
Ottom. T. III.
p. 411, 413.
Vie de M.
Picq. p. 26.
idem, p. 92.
Athén. anc.
& nouv. p.
392. Port.
libr. cit. I. P.
P. 146.
Etat gén. de
l'Emp. Ottom.
T. I. p. 55.
Port. lib. cit.
I. P. p. 146.
Etat gén. &c.
T. III. p. 514.
Porter. lib.
cit. I. P.
p. 110.

Mém. T. I.
p. 188-189.

M. DE LA CROIX, Secrétaire de l'Ambassade de France à la Porte en 1670, & qui y avoit passé dix ans, s'exprime comme Thévenot sur l'obéissance aveugle des Turcs, „ chez qui on a érigé en point de foi, que le Grand Sei- „ gneur est le maître souverain de leur vie, & de leurs „ biens, établi de Dieu pour les dominer avec une autori- „ té absolue, suivant sa volonté". Cet écrivain copie ici le Solitaire Turc dont il a donné les lettres traduites en François dans l'ouvrage connu sous le nom d'*Etat général de l'Empire Ottoman &c.*

PAR-

Parlant du Sultan, „ nous fommes, dit ce folitai-
„ re, fes efclaves. Nos vies & nos fortunes font entre
„ fes mains. Nous le regardons comme l'ombre de la Di-
„ vinité, l'agent de Dieu, établi du ciel pour nous gouver-
„ ner defpotiquement. Nous baifons la terre qu'il foule
„ aux piés, ne levons jamais les yeux pour le regarder,
„ obfervons une pofture auffi humiliée en fa préfence,
„ qu'en celle de Dieu, & idolâtrons fa puiffance fans bor-
„ nes, parcequ'étant le maître de toutes les terres & des
„ charges de fon vafte Empire, nous ne poffédons rien
„ que de fa liberalité & fous fon bon plaifir...... l'autorité
„ divine rend les Princes maîtres abfolus des vies & des
„ biens de leurs fujets".

La retraite n'avoit pas ôté à ce Solitaire, auparavant
homme d'Etat, les fentimens de crainte qui l'avoient porté
à renoncer aux affaires & à la Cour. Mais les traits qu'il
rapporte enfuite, & M. de la Croix après lui, contredifent cette foi politique, cet afferviffement total qu'il prête
aux Turcs.

„ Piri Pacha, grand Vizir du Sultan Soliman II, qui pré-
„ voyoit la diminution de l'Empire, difoit qu'elle ne man-
„ queroit pas d'arriver, lorfque l'on furchargeroit le peu-
„ ple, & que l'on exigeroit de lui plus qu'il ne peut; que
„ l'abus des impôts s'introduit facilement, mais qu'il eft
„ très-difficile de le corriger, trouvant toujours des défen-
„ feurs; que les nouvelles conquêtes ne fervoient qu'à rui-
„ ner un Empire, lorfque les anciens Domaines n'étoient
„ pas bien confervés, & que le nombre & la richeffe des
„ peuples n'augmentoient point".

Est-ce là le langage d'un efclave, du premier Miniftre d'un Defpote dont le gouvernement ne connoît point
de loix, ôte les fentimens, laiffant à peine aux hommes la
vie animale, la végétative?

Un prédicateur ofe bien reprocher au même Soliman

II

Etat gén.
de l'Emp.
Ott. T. I.
p. 56, 57.

Idem, p. 370.

Idem, p. 3.
& Préf.

Idem, p. 338.
Mém. de M.
de la Croix,
T. I. p. 195.
Etat gén. de
l'Emp. Ottom.
T. I. p. 75, 76.

Idem, T. III.
p. 125.

dans un prône, en pleine Mofquée, un Vendredi, „ que
„ fa négligence à châtier les Corfaires, étoit caufe des
„ troubles continuels que recevoient les Pelerins de la
„ Mecque dans leur dévotion, de la part des Chevaliers de
„ Malthe ”. Sur le champ le fiege de Malthe eft réfolu
fans que le prédicateur foit puni de fon indifcrétion qui pen-
fa caufer une fédition.

Idem, p. 209. LE Mufti s'oppofe aux nouveaux droits qu'Amurat III
eft obligé d'impofer pour payer les Janiffaires.

Idem, p. 487. UN autre prédicateur reproche au Sultan Méhemet IV
„ qu'il demeure enfermé dans fon Serail, où il nourrit
„ une multitude de chiens pour fon plaifir, pendant que
„ les Mufulmans meurent de faim”. Le Prince reforme
fes équipages de chaffe, fans ofer le punir.

Mém. T. I.
p. 235. „ LES Loix humaines qui regardent la police de l'Em-
„ pire, dit M. de la Croix, ne font pas moins en recom-
„ mandation chez les Turcs, que les divines: ils croyent
„ que Dieu en eft le moteur, que le grand Seigneur n'en
„ peut diminuer l'autorité ni changer le fens, & qu'enco-
„ re qu'il foit appellé le Roi de la Loi, il ne la peut pour-
„ tant pas légitimement commander. Il eft même obligé
„ de l'obferver dans ce qui regarde l'ordre de la guerre
„ avec les Infideles, en leur propofant de fuivre la Reli-
„ gion Mahometane, ou de lui payer tribut pour éviter
„ la mort & l'éfclavage; & au cas qu'ils fe foumettent à fa
„ domination, à cette condition il eft obligé d'être le dé-
„ fenfeur & le protecteur de leurs biens qu'il ne peut pas
„ prendre avec juftice”.

CES obligations font une fuite du ferment fait par le
Grand Seigneur à fon inftallation: on ne voit plus ici de
Defpotifme arbitraire.

Ricaut lib.
cit. C. 2. p. 5. LE Grand Seigneur ne peut toucher aux biens des Mosquées, de quelque main qu'elles les ayent reçus: c'eft le

patrimoine des pauvres, des orphelins. Il paye les rentes
dues à ces Mosquées comme le dernier de ses sujets, &
respecte même les biens des Monasteres Chrétiens.

*Lacéd. anc.
& mod.
p. 506.*

DANS les affaires qui intéressent le plus l'Etat & la
personne même du Monarque, le Grand Seigneur conserve
la vénération pour les gens de la loi, au point de se croire
obligé de les dépouiller de leur caractere, pour pouvoir les
faire mourir.

*Relat. des
Rebell. de
Constantin.
p. 125—127.*

LA conduite des Juges est reglée par la Loi, ainsi que
celle du Monarque Ottoman. On peut voir dans Thevenot avec quelle séverité ils rendent la justice. „ Une af-
„ faire est tout aussitôt proposée, consultée, jugée & exé-
„ cutée, dit le Voyageur François; & un procès ne sera
„ jamais plus de quatre ou cinq jours sans avoir sentence,
„ ou pour l'un ou pour l'autre. Encore cette prolongation
„ n'arrive que quand l'affaire est bien difficile; & ainsi les
„ parties ne sont point obligées de manger tout leur bien
„ à plaider comme on fait autre part". Thevenot ajoute
que la présence du Grand Seigneur, qui entend par une ja-
lousie, empêche les injustices.

*Libr. cit.
p. 124—125.*

*Relat. d'un
Voyage de
Constantin.
par Grelot,
p. 296.*

CECI regarde les affaires qui se traitent dans le Divan,
auquel préside le grand Vizir. „ Le Solitaire Turc avoue
„ bien que ce tribunal n'est pas plus exempt de corruption
„ que les autres Senats: mais ce qu'il y a de meilleur, dit-
„ il, c'est que les affaires y sont terminées sur le champ,
„ sur les écrits ou les témoins, sans avoir besoin d'avocats
„ ni de procureurs, gens impitoyables & les sang-sues
„ des plaideurs".

*Etat gén. de
l'Emp.Ottom.
T. I. p. 368.*

SI l'on entre ensuite dans le détail des Loix, les testa-
ments, les inventaires en conséquence, ce qui regarde les
mineurs, les Veuves, la maniere dont les enfans héritent,
la distinction des biens meubles & immeubles, les tuteurs,
curateurs, l'émancipation des mâles, le mariage, dont la
forme consiste dans un contrat civil qui se fait par le Cadi,

*Mém. de la
Cr.T.I.p.236-
246. Port. lib.
cit. II. Part.
p. 9—10:
Etat gén. de
l'Emp. Ott.
T. I. p. 438.
Rel. du Ser.
p. 163. Etat*

H 2

gén.&c.T.III.
inſtruct. pour
les Voyag.
p. 21, 43.
T. I. p. 33.

le divorce, les contrats de vente, les témoins (qui doivent ſe préſenter librement); les billets des débiteurs, ſcellés de leur cachet & de celui du Cadi &c., tous ces articles ſont examinés & traités d'une maniere fixe & ſous toutes les faces, dans les livres de loix des Turcs, loix que l'on étudie dans les Moſquées; ce qui ne s'accorde pas avec Ricaut qui veut que les Cours de Juſtice ſoient reglées par les ordres qu'elles reçoivent d'en haut.

Lib. cit.
C. 12. p. 56.

Etat gén. de
l'Emp.Ottom.
T. I. p. 285,
286. Hiſt. du
Juif Sabataï-
Sevi, tr. fr.
p. 74.

LES affaires qui concernent la Marine ont des Juges particuliers qui aſſiſtent le Capoudan Pacha dans ſon Divan; celles qui regardent les Religions étrangeres ſont renvoyées par devant les Juges ordinaires établis dans ces Religions; enfin la Porte laiſſe aſſez généralement les étrangers ſoumis à ſa domination, vivre à leur maniere. Ainſi elle permet aux Arabes „ d'avoir leurs propres Magiſtrats, & d'exercer „ la juſtice à leur maniere; car, pourvu qu'ils ſe tiennent „ en paix, qu'ils payent régulierement la huitieme partie „ du produit de leurs terres, & outre cela une petite ca- „ pitation que les Turcs leur demandent tous les ans, ceux- „ ci, c'eſt M. Shaw qui parle, ne les troublent point dans „ la paiſible jouiſſance de leurs loix, de leurs coutumes & „ de leurs privileges”.

Voyage &c.
Trad. fr.
T. I. p. 402.

ET l'on dira encore que l'Empire Turc n'eſt qu'une vaſte priſon, que ſon gouvernement n'eſt qu'une fabrique d'eſclavage, *a fabrick of ſlavery!* Il s'y commet bien des injuſtices, des violences, des cruautés & où ne s'en commet-il pas? Mais la promeſſe du Prince à ſon inſtallation, la loi qu'il jure d'obſerver, l'*Alkoran*, la forme des Tribunaux, le détail des loix que l'on y ſuit, tout prouve que le Grand Seigneur n'eſt pas un Deſpote dont le gouvernement ſoit arbitraire, enfin que de droit il eſt ſoumis aux loix de l'Etat.

Ricaut lib.
cit. l. 19.

AU reſte il ſuffit de jetter les yeux ſur le traité fait en 1604. entre Henri IV & le Sultan Akhmet, & ſur le précis du mémoire raiſonné, envoyé à M. de Colbert par M. Pic-

Imprimé à
Paris en Turc
& en fr. 1615.
Vie de M.
Colb. p. 213.

quet, Conful de France à Alep, pour voir que le droit des gens, celui de la guerre, la foi publique, la fûreté des particuliers, de leurs biens, celle du commerce, enfin que les loix de l'humanité & de la raifon font refpectées par les Monarques Ottomans, ainfi que par leurs repréfentans.

Etat gén. de l'Emp. Ottom. T. III. p. 231, 232, 534.

Si l'on objecte avec Ricaut, que ces Princes ne fe croyent pas obligés d'exécuter les Traités, d'avoir égard aux ligues qu'ils font avec quelque Prince que ce foit, quand il eft queftion de l'agrandiffement de l'Empire, de l'accroiffement de leur Religion, & qu'ils font autorifés à cela par la Loi de leur Prophete, le trait que je vais rapporter prouve directement le contraire de cette affertion.

Lib. cit. C. 22. p. 95-96.

En 1730, lorfque, dans un Confeil tenu chez le Grand Vizir, fous Mahmoud V, le Chef des rebelles, Padrona, confeilloit avec chaleur la guerre contre les Mofcovites, „ vous ignorez peut être, lui dit le Khan des Tartares, la „ paix que l'on a avec eux, & que fans de juftes raifons „ il n'eft pas permis de la rompre........ autrefois nous „ allions (en Mofcovie) par la Pologne; mais à préfent „ que nous fommes amis, eft-il jufte d'aller porter la dé- „ folation parmi des peuples dont nous n'avons aucun fujet „ de nous plaindre?"

Relat. des Rebell. de Conftantin. p. 111, 112.

Je réponds en fecond lieu, que l'*Alkoran* ordonne formellement d'obferver les Traités faits avec les Infideles qui tiennent ce qu'ils ont promis. Voici ce qu'on lit dans cet Ouvrage.

Surate IX. „ Lettres patentes (de Sureté) aux Infideles „ avec lefquels vous avez fait treve........ excepté ceux „ avec lefquels vous avez fait treve, qui ne contrevien- „ nent pas à ce qu'ils vous ont promis, & qui ne prote- „ gent perfonne contre vous. *Obfervez exactement juf-* „ *qu'au terme préfix ce que vous leur avez promis.* Dieu „ aime ceux qui ont fa crainte devant les yeux...... ex- „ cepté ceux (les infideles) avec lefquels vous avez fait

Trad. fr. de Du Ryer, in-40. p. 177, 178. Lat. de Marracci, p. 304. Angl. de Sale, p. 149. & not. d. p. 150.

„ treve dans le **temple de la Mecque**. *S'ils vous tien-*
„ *nent ce qu'ils vous ont promis , observez ce que vous*
„ *leur avez promis* (VII). Dieu aime ceux qui ont sa
„ crainte devant les yeux".

C E s paroles font précises. Cependant on lit ces mots dans le Manifeste de la Russie contre la Porte en 1768 : *la Loi de Mahomet autorise toute acquisition faite sur les Chrétiens.* Sans doute qu'alors les Turcs ne se croyoient pas suffisamment autorisés par leur Religion, puisque dans leur Manifeste contre les Russes, *ils les accusent d'avoir les premiers rompu les Traités vieux & nouveaux, de n'a-voir pas observé les conditions conclues entre la Porte & l'Empire de Russie; qu'ils le notifient à toutes les Cours, en déclarant, d'après la décision de l'Eulema, que c'est pour cela qu'ils leur font la guerre.* On les voit de mê-me, en 1777, citer aux Tartares de Krimée les Traités comme ne pouvant être violés. Et si dans la derniere guerre, la Porte a fait arrêter le Résident Russe (Obres-koff), dans la précédente, où la Russie avoit rompu la pre-miere, le Résident Russe, Wechnikoff, avoit été conduit aux frontieres & remis aux Généraux Russes.

J'AIOUTE, sur le Traité du Sultan Akhmet avec Hen-ri le Grand, que jurer comme fait le Monarque Turc, par la vérité du Grand Dieu tout puissant, par l'ame de ses ayeux, en montrant un respect singulier pour les Traités faits par ses prédécesseurs , c'est dire aux nations, j'ai les mêmes principes d'équité que vous; les Ottomans ont le même droit public.

A u reste ceci a déjà été discuté dans les Notes de l'E-diteur François (Bespier) de Ricaut, & dans la Traduc-tion Françoise du Traité de la Religion Mahometane de Reland.

(VII) Voyez la note VII à la fin de cet ouvrage.

Kerallo, libr.
cit. T. II.
p. 42.

Idem, p. 10,
15.

Gaz. de Fr.
9 Mai.

Keral. libr.
cit. p. 31, 43.

Reland, 1677.
T. I. p. 113,
200—204.
de Relig. Mo-
hamm. edit. 2.
p. 239—240.
Sale Tr. of
Alkor. p. 149.
not. d.

MAIS un témoignage au quel il eſt difficile de rien op-
poſer, c'eſt celui de M. Porter, qui a réſidé pluſieurs années en Turquie, en qualité de Miniſtre Plénipotentiaire
de ſa Majeſté Britannique.

CE Miniſtre, dans ſes obſervations ſur le Gouverne-   *I. P. p. 2.*
ment des Turcs, ſe plaint de la maniere peu exacte dont *p. 11, 6ˉ.*
on a dépeint les mœurs de ce peuple.   Et ſon témoignage
ne doit pas paroître ſuſpect; car ſur l'article de la Religion, *II. Part.*
de l'Alkoran, de la vénalité des juges, des faux témoins, *p. 1—80.*
du cérémonial des Ambaſſadeurs &c., il s'en faut bien qu'il
les ménage.

M. PORTER nous apprend d'abord que chez les Mu-
ſulmans „ il s'eſt élevé des rédacteurs de Loix....... que   *I. P. p. 57.*
„ ſous le titre ſpécieux de commentaires, & d'une exten-
„ ſion des idées de l'ange & du Prophête (Auteur de l'Al-
„ koran) ils ont donné un Code complet de Loix civiles,
„ égal & ſemblable au Code, aux Pandectes, au Digeſte,
„ auſſi clair, auſſi ample que Cujas & Domat (*a*)”.

„ ABOU HANIFE eſt un des premiers & des princi-   *Bibl. Orient.*
„ paux commentateurs du *Koran*; ſes livres & ceux de ſes   *p. 21.*
„ Diſciples ſont la regle d'après laquelle ſe rend la juſtice
„ dans toute l'étendue de la Domination Turque en Euro-
„ pe & en Aſie (*b*)”.

VOILA qui eſt poſitif.   On voit dans ce paſſage une   *Lib. cit.*
Légiſlation formée, fixe.   L'Auteur, pour appuyer ce qu'il *pag. 62—66.*
a avancé, donne un morceau tiré d'un livre de loix uſité
en Turquie: c'eſt le *Chapitre des Ventes.*   Le Jurisconſul-

---

(*a*) On peut voir dans le Catalogue des Manuſcrits Orientaux de la Bibliotheque du Roi, & dans la Biblioth. Orient. d'Herbelot, les livres de Droit com-
poſés par les Jurisconſultes Mahométans.
(*b*) Le Dr. Shaw, parlant des Cadis, nous apprend, „ qu'ils doivent avoir
„ étudié à Conſtantinople ou au Caire, où, à ce qu'on lui a dit, on lit & on
„ explique le Code Romain & les Pandectes, traduits en Arabe, tout comme
„ dans nos univerſités d'Europe”. *Voyages dans pluſieurs prov. du Lev. Tr.*
fr. T. I. p. 409.

té, dans ce Chapitre, définit d'abord ce que c'eſt qu'une vente. Il décide enſuite quand la vente eſt concluë, en quelles eſpeces elle peut ſe faire; il diſtingue ſi elle eſt a terme ou comptant; il entre après cela dans le détail des objets de vente, tels que les denrées, troupeaux, étoffes, maiſons, terreins, arbres &c.

R I E N n'eſt plus propre que de pareils monumens, à nous faire connoître ſur quels fondemens la juſtice s'adminiſtre dans un Etat. Les fraudes de la part des juges, des parties ou des témoins, montrent l'abus que l'on fait de la Loi, & non le vice de la Loi même. Ces déciſions, „ & plu „ ſieurs loix de l'Alkoran ſont, comme le dit M. Porter, „ une forte barriere contre le Deſpotiſme & l'oppreſſion". Auſſi s'éleve-t-il contre ceux qui ont „ ſuppoſé le „ Gouvernement Turc deſtitué de tout ordre, de toute „ régularité, & abſolument dépendant du caprice, de la „ cruauté & de l'avarice d'un Tyran qui ne reſpire que „ l'oppreſſion de ſes ſujets, & autant que ſon pouvoir peut „ s'étendre, la deſtruction du genre humain. Il faut, ajou „ te M. Porter, pour épouſer de pareilles préventions, n'a „ voir jamais jetté les yeux autour de ſoi, & ſans doute à „ cauſe de la proximité; car pour peu que l'on veuille faire „ attention à ce qui ſe paſſe ſons nos yeux, & examiner „ avec impartialité les corps politiques dont nous ſommes „ environnés, on trouvera que le Sultan n'eſt pas plus deſ „ potique que pluſieurs Souverains Chrétiens, & moins „ peut être que quelques-uns d'entre eux".

„ I L eſt conſtant que, malgré tous les défauts du Gou „ vernement Turc, cet Empire eſt ſolidement établi ſur la „ baſe de la Religion combinée avec la loi".

„ L E S Turcs ont des loix qui aſſurent la propriété & re „ glent le commerce; ils en ont auſſi pour réprimer le vi „ ce & punir les crimes".

L E

L E Miniſtre Anglois prouve par un exemple frappant „ comment à la fin les loix ont réellement la force (en „ Turquie) de réprimer & contraindre le pouvoir (deſpoti- „ que). Le Souverain (Sultan Mahmet V.), malgré ſon „ affection particuliere, malgré ſes ſentimens perſonnels, „ fut forcé de livrer à toute la rigueur des loix, l'intendant „ de ſon Serail, (le Chef des Eunuques noirs) & dans un „ tems où ſon autorité étoit ſolidement affermie ". *Id. p.* 110. / *p.* 111. / *p.* 112. / *C.* 1—*d. p.* 60. *(lign.* 4.)

„ Q U E le Sultan ſe croye lui-même lié par la Loi, c'eſt „ un point, dit M. Porter, qui eſt également démontré par „ la maniere dont il ſe comporte. S'agit-il de conclure „ un Traité, d'entreprendre une guerre, & de punir des „ délits commis contre ſa propre perſonne, ou par des „ gens du plus haut rang attachés à ſon ſervice, il s'adreſſe „ au Mufti pour avoir ſon *fetfa*, ſon décret, ſa déciſion „ ou l'autoriſation de la Loi ". *& Chard. Voyage T. VI. p.* 19. *Et. gén. de l'Emp. Ott. T. I. p.* 324. *T. III. p.* 115, 256.

D A N s Ricaut lui-même il faut une ſentence du Muf- ti, pour mettre à mort la grand-mere du Sultan Mahmet IV. coupable de rebellion & de trahiſon. *Libr. cit. C.* 4. *p.* 19.

A K H M E T III fait condamner à mort par le Kadileskher d'Aſie le Grand Vizir, le Kaïmakhan & le Kiaïa, reconnus pour être les fléaux du peuple, & que les révoltés vou- loient que l'on remît vifs entre leurs mains. *Rebell. de Conſtant. P.* 31, 32, 39.

I L y a des Muftis qui oſent réſiſter aux volontés du Sul- tan, & lui faire entendre que s'il refuſe de ſe rendre aux vœux de ſes ſujets, ils ſeront contraints, en qualité de Chefs de la Juſtice, de donner leur conſentement à ſa dépoſition. *Porter. libr. cit. I. P. p.* 113, 119,

Q U O I qu'on enſeigne „ dès l'enfance aux Turcs à re- „ garder le Monarque comme établi par Dieu même, com- „ me un deſcendant de leur Prophete ", cependant, lorſ- qu'ils ſont pouſſés à bout par des actes réiterés de deſpo- tiſme & d'oppreſſion, que le Prince s'obſtine à faire une *p.* 115 / *p.* 117.

I

guerre malheureuſe, „ comme ils ſont perſuadés (c'eſt M.
„ Porter qui parle) que toutes les loix de l'Alkoran impo-
„ ſent au Souverain une obligation auſſi rigide, auſſi ſtric-
„ te qu'à eux-mêmes....... on invoque la Loi, on le
„ déclare infidele, tyran, injuſte, incapable de gouverner:
„ en conſéquence on le dépoſe, on l'empriſonne, on le
„ fait mourir". Mais auparavant le Mufti prononce l'arrêt (*a*); préalable reconnu néceſſaire par la nation. „ C'eſt
„ toujours au nom de la Loi qu'ils agiſſent........ une
„ pratique conſtamment obſervée dans ces occaſions, c'eſt
„ que le Mufti ou le Nakib de Ste. Sophie ou d'Eïup,
„ ou du moins quelqu'homme d'un rang diſtingué dans la
„ judicature, entre dans le Serail, ou dans la tente du
„ Sultan, & même lui déclare à lui-même les motifs de
„ ſa dépoſition, ſpécifiant pourquoi, ſuivant la Loi, il eſt
„ indigne & incapable de regner". Mais toujours on place ſur le Trône ſon ſucceſſeur légitime.

Au reſte cette autorité du Mufti, du Nakib de Ste.
Sophie &c. montre la fauſſeté de ce qu'avance M. de Keralio. „ L'Etat militaire, dit-il, & la guerre ſont, pour
„ ainſi dire, les ſeuls moyens offerts en Turquie à l'inté-
„ rêt & à l'ambition".

Je ne ſuivrai pas M. Porter dans les différentes bran-
ches de l'adminiſtration Turque. Il y a quelques points ſur
leſquels il ne me paroît pas trop d'accord avec lui-même.

„ Les Turcs, dit-il, au chapitre des Ambaſſadeurs,
„ à proprement parler, n'ont aucune idée du droit des
„ gens. Ils ſe regardent comme la ſeule nation qui ſoit
„ ſur la terre, & ne connoiſſent d'autre regle de conduite

p. 118.
*Voyez les
depoſit. des
Sultans Os-
man, Muſta-
fa, Ibra'im,
Mehemet IV.
Etat gén. de
l'Emp.Ottom.
T. III. p. 316.
319,326,399,
497. Relat.
des Rebell. de
Conſtantin.
p. 35, 38.
Port. libr.
cit. p.* 119.

*Libr. cit.
T. I. p.* 52.

*Libr. cit.
II. Part.
p.* 20, 21.

(*a*) „ Le Mufti envoya au Grand Seigneur (Ibrahim I.) deux *fetfas* ou points
„ de Loi, qui ſont les Oracles des Turcs; le premier *pour le citer à la juſtice*
„ *de Dieu*; c'eſt-à-dire, *de comparoître à l'aſſemblée de tout ſon peuple*, & le
„ ſecond *qui le déclaroit digne de mort, faute d'obéir au premier*". Etat
gen. de l'Emp. Ottom. T. III. p. 399.

„ envers les autres, que la lettre précife des Traités, leurs
„ conceffions volontaires, ou bien l'ufage & la coutume ".

Je demande fi le droit des gens, diftingué du droit naturel, a d'autres fondemens que les Traités & les accords
faits entre les nations. Les Turcs obfervent ces Traités,
fe reglent fur ces accords, ils ont donc une idée du droit
des gens.

„ Comme les Puiffances commerçantes, vû leur dif- *Id. p.* 21.
„ tance, n'ont point d'avantages réciproques à accorder
„ aux Turcs, leurs Ambaffadeurs font obligés de recevoir
„ la loi, & d'en paffer par où il plaît au gouvernement".

M. Porter a fes raifons pour s'exprimer de la forte.
Mais fi les Puiffances commerçantes ont des Vaiffeaux, la
Porte en a de même; & les vaiffeaux ne connoiffent pas *Etat gén. de*
de diftances. Les Turcs ne l'ignorent pas. Ils refpectent *l'Emp. Ott.*
d'ailleurs ceux qui favent les frapper par un appareil im- *T. I. p. 299–*
pofant. *303. T. II.*
p. 264, 265.

Sans entrer dans de plus grands détails fur le Gouvernement Turc, je ne crains pas de conclure avec M. Por-
ter, que l'on fuit dans cet État „ un ordre fixe & des ré- *Libr. cit.*
„ gles conftantes ". *p. 99.*

Au refte il y a maintenant affez de perfonnes en France qui peuvent certifier qu'en Turquie l'Alkoran eft le Code qui fert de bafe aux décifions religieufes & civiles des
Cadis; & l'on verra plus bas que ce Code, augmenté confidérablement par les commentaires & les décifions particulieres des Juges, renferme tous les cas qui peuvent concerner les perfonnes & les biens.

SECONDE SECTION.

Code de Loix en Perſe.

Voyage de
Tavern. in 4º.
T. I. p. 537.
Etat préf. du
Royaume de
Perſe, p. 22.

Les Voyageurs nous diſent, pour le fond, la même choſe de la Perſe, mais avec des différences qu'il eſt à propos de diſcuter. Au reſte, lors même qu'ils peignent des couleurs les plus noires les ſuites du deſpotiſme dans cette contrée, ils nous apprennent qu'elle a des Loix.

Tr. fr. in 4º.
p. 36, 362.

J'ai peine à citer le Voyage de Thomas Herbert. Tout y eſt défiguré, plein de fables. Voici cependant ce qu'il diſoit de la Perſe, en 1627. „ aujourd'hui ils (les Perſes) „ n'ont pas de loix écrites, au moins fort peu. De ſorte „ qu'ils ſuivent ordinairement celles de la nature. Ils n'ont „ pas d'avocats, ni de gens qui entendent la chicane; & „ quant aux affaires criminelles, il y en a fort peu que le „ glaive ne décide devant le coucher du ſoleil, quand le „ droit du Talion peut avoir lieu".

Voyage in 4º.
p. 604, 658.

Voila déjà en Perſe quelques loix écrites. Ces loix au rapport d'Oléarius, „ ſont toutes tirées de l'*Alkoran* & „ de ſes commentaires, que le *Caſi* & le *Divan Beig* ſui- „ vent en la déciſion des procès. Ils ont outre cela quel- „ ques coutumes locales, mais en fort petit nombre ". Il

Voyage T. II.
p. 185, 193.
& Olear. lib.
cit. p. 610.

eſt vrai que ſi l'on en croit Thevenot, en Perſe „ le Mo- „ narque n'obſerve aucune formalité de juſtice dans la plû- „ part des arrêts qu'il donne. Et ſans conſulter perſonne, „ non pas même les loix ni la coutume, il juge des biens, „ de la vie, de la mort, ſelon qu'il lui plait "; c'eſt-à-di- re, qu'en Perſe le Monarque eſt proprement un Tyran, puiſqu'il viole les loix & les coutumes. Il y a donc dans cet Etat des loix fixes, des coutumes avouées & conſtan- tes. Comment en effet les Tribunaux d'adminiſtration, ceux où se décident les affaires particulieres, pourroient - ils subsister sans loix? Car les Voyageurs nous font connoître en détail ces différens Tribunaux.

CHARDIN dit bien & M. de M*. après lui, „ que „ la politique de Perse n'a point de méthode assurée..... „ qu'il n'y a point de Conseil d'Etat établi & réglé comme „ dans les Gouvernemens de l'Europe". Les Voyageurs que j'ai cités ci-devant, affirment le contraire. Mais chez Chardin, c'est disputer sur le mot. „ Le Roi, dit ce Voya- „ geur, agit ordinairement selon la direction du premier „ Ministre, & des principaux Officiers de l'Etat......... „ Dans les occasions de guerre, il assemble ses principaux „ Officiers de tous les ordres".

Voyage T. VI. p. 25. Espr. des Loix, p. 59. C. 1 - d. p. 44. (lign. 6.)

VOILA un Conseil de guerre. „ Quoi qu'il n'y ait pas „ de Conseil fixe & régulier, les Grands ne laissent pas de „ conferer des affaires ensemble, ce qui se fait journelle- „ ment, soir & matin, à la porte du Serail, dans un ap- „ partement destiné à cela, qu'on appelle la maison de la „ garde. Les Grands s'y rendent, attendant que le Roi „ sorte du Serail, ou que l'heure qu'il a coutume de sor- „ tir se passe, qui est entre onze heures & midi ; & là ils „ conferent de tout ce qui arrive d'important, & à quoi il „ faut que le Roi donne ordre. Le Roi envoie là d'ordi- „ naire les Requêtes qu'il a reçues, afin d'avoir l'avis des „ Ministres sur ce qu'on y doit répondre, & les mémoi- „ res des affaires sur lesquelles on veut aussi avoir leurs „ avis ".

Id. p. 26.

JOIGNEZ à cette assemblée le Conseil privé qui se tient dans le Serail entre le Roi, sa mere, les premiers Eunu- ques; & l'on dira qu'il n'y a pas de Conseil d'Etat en Per- se, que la Politique de Perse n'a pas de méthode assurée!

Ibid.

D'ABORD la succession au Trône est reglée par des loix fixes , quoique le couronnement soit nécessaire : le Royaume de Perse est héréditaire.

p. 26, 27. Lett. Edif. T. XXV. p. 301. Oléar. libr. cit. p. 611.

Chard. libr. cit. p. 37. Le Royaume eſt diviſé en pays d'Etat, confié à des Gouverneurs, & en pays de Domaine, régi par des Intendans qui en perçoivent le revenu pour le compte du Roi.

p. 38, 41. Les Gouverneurs ont des chambres des comptes & autres cours comme le Roi; on peut voir dans Chardin les diffé-

p. 41, 288. rens Officiers qui compoſent ces Gouvernemens. Mais „ nul Tribunal n'a droit de vie & de mort. Il faut que „ l'arrêt en ſoit prononcé par le Roi même”......

p. 42. „ On donne aux Gouverneurs, Intendans & autres Mi- „ niſtres dans les grandes charges, une inſtruction qui con- „ tient la nature de leur Office, la qualité du lieu, les „ ménagemens qu'ils ſont obligés d'avoir, la méthode ſelon „ laquelle il faut ſe comporter”.

p. 48. Les Gouverneurs & autres grands Officiers des Provinces ont un agent à la Cour.

Id. p. 89. Couronn. de Selim. p.299--300. Quoique le Roi ſoit maître de toutes les charges mi- litaires, civiles, religieuſes, „ il obſerve cependant pour „ la collation, les réglemens établis par ſes ancêtres, & „ les contrats qu'ils ont faits avec quelques pays ne met- „ tent point dans les emplois de gens qui en ſoient exclus „ par ces contrats”.

Voyage T. 17. p. 171, 172. On peut voir enſuite dans le même Voyageur par com- bien de mains les actes importans doivent paſſer pour avoir force de loi; que les commiſſions dans les Gouvernemens, le Domaine &c. s'enregiſtrent à la chambre des comptes ou du Domaine, ſelon le reſſort dont eſt l'emploi obtenu;

Id. p. 173. p. 174. qu'elles ſont revêtues des Sceaux, Viſas, &c. des Chefs de ces chambres, paſſant par ſept Bureaux différens, où on en prend copie: & tout dans ces chambres eſt tenu dans un ſi grand ordre, „ qu'on y peut avoir en tout tems un comp- „ te net & exact de ce qu'on aura fait avec le Roi en quel- „ que tems que ce ſoit. Lorſqu'on veut une copie authen- „ tique de ſa commiſſion, on la fait faire chez le juge ci- „ vil pour vingt ſols”.

Le sceau se tient régulierement le Vendredi. Voilà pour les affaires publiques, ou de l'administration. *p. 175.*

Les Persans ont pour ce qui regarde la justice distributive, des Tribunaux où l'on suit sur toutes les matieres des loix fixes & connues.

Dans les premiers siecles du Mahométisme, c'étoient les Pontifes qui portoient la Couronne: l'Alkoran étoit leur Code. Delà le droit civil étoit une même chose avec le droit canon. Depuis qu'on y a ajouté l'interprétation des douze Imams, „ l'Alkoran & cette interprétation font le „ corps du droit civil & canon des Persans, leur Code & „ leur Digeste........ Enfin la Théologie & la Jurispru- „ dence font chez eux inséparables & une même pro- „ fession ". *p. 249.* *p. 250.* *p. 263.*

„ Leur grand livre de droit, dit plus bas Chardin, est „ l'Alkoran. Les Juges y recourent d'abord. Mais s'ils „ n'y trouvent pas de décision claire & nette sur le cas „ contesté, ils recourent au livre des *dits & faits de Ma-* „ *homet*, puis au livre des *dits & faits des Imams*, & „ en dernier lieu à ce livre de droit, le *Scheraaet*...... „ qui contient les loix de leur droit civil & criminel. Mais „ elles y font couchées en termes si obscurs ou si équivo- „ ques, que les juges, en les interprétant comme ils veu- „ lent, leur donnent pourtant une interprétation spécieuse. „ Ce livre n'est qu'un ramas de jugemens ou d'opinions „ des plus anciens personnages de leur Loi sur les cas liti- „ gieux les plus extraordinaires. C'est là tout ce qu'ils ont „ d'écrit sur la Jurisprudence ". *Id. p. 265. & Oléar. lib. cit. p. 668.*

Lorsqu'on consulte sur une affaire en justice le Grand Pontife, ou le Scheikh Eslam, il répond: „ *Il est ainsi* „ *écrit dans l'Alkoran, Dieu commande de cette façon;* „ les Imams ont décidé en cas pareil, & décident ainsi: „ de quoi le suprême Magistrat (laïque), le Divan Begui, „ fait l'application, telle qu'il trouve à propos de le faire ".

Je n'entrerai pas ici dans le détail des Tribunaux, des Officiers qui les compofent, des loix particulieres qui réglent les jugemens, des cas où l'autorité laïque corrige les jugemens fondés fur l'Alkoran, ou fur les décifions des Imams paſſées en loi & qui peuvent violer le Droit des gens, par exemple, la foi due aux infideles; on peut confulter fur cela la note (VIII). Il me fuffit de dire que le Code civil des Perfans eft précis fur toutes les queſtions qui peuvent intéreſſer les perſonnes & les biens, que la Police chez eux entretient la tranquillité & la fureté, qu'on y punit les crimes d'après des loix, des maximes conſtantes.

Id. p. 266—269.

Id. p. 273. 281, 293, 312, 286 —302.

COMMENT après des détails de cette nature, peut-on avancer que les Voyageurs nous font à peine connoître les loix civiles des Etats defpotiques; que ces Etats n'ont pas de Code écrit, que tout y eft réglé fur la volonté du Prince?

Eſpr. des Loix, p. 73.

SI les Voyageurs fe récrient fur les injuſtices, les violences, on en peut dire autant de tous les Etats dans tous les tems. Partout il y a eu, il y a, il y aura toujours des plaideurs de mauvaife foi, des loix qui bleſſent plus ou moins le droit naturel (a), des faux témoins des juges iniques. Mais eft-il de l'équité d'attribuer ces maux à la conſtitution de l'Etat?

Voyage de Chard. T. VI. p. 284—312. Hiſt. Crit. de la Monarch. fr. T. IV. p. 247.

ENCORE l'adminiſtration de la juſtice, dans l'Orient, a-t-elle des correctifs qu'on ne retrouve pas toujours en Europe. Par Exemple „ touchant le droit d'héritage, „ c'eft Thevenot qui parle, ils (les Perfans) ont une loi
„ bien

Voyage T. II. p. 201.

(VIII) Voyez la Note (VIII) à la fin de cet ouvrage.

(a) Le droit de vie & de mort des peres fur les enfans chez les Romains, juſqu'à peu avant la chute de la République; la peine des débiteurs infolvables. Le Code noir des Européens; les réglemens relatifs aux ferfs; le partage des héritages dans certaines contrées, la Queſtion; l'abus & les obligations ou fervitude réfultantes du droit féodal &c. le droit d'aubaine.

„ bien injufte, inventée pour l'accroiffement de la loi de
„ Mahomet. C'eft que fi un Chrétien embraffe la loi de
„ Mahomet, quand il meurt quelque fien parent, tout le
„ bien du mort lui appartient au préjudice des enfans,
„ quand même il ne lui feroit parent qu'au 5e. degré. Ce-
„ lui qui a inftitué cette loi a fait croire qu'elle avoit été
„ donnée par Djafer un des douze Imams, & que Djafer
„ avoit affuré qu'elle lui avoit été révelée de Dieu. Néan-
„ moins ce mal n'eft pas fans remede; car les Juges Maho-
„ métans qui connoiffent l'injuftice de cette loi, ont trou-
„ vé l'invention de faire faire aux Chrétiens moribonds des
„ fauffes ventes de leurs biens, à des gens affidés. Après
„ quoi ils difpofent par un teftament de tous leurs biens,
„ & les acheteurs fimulés, témoignent devant la juftice,
„ qu'ils font contens de tout ce que le défunt a difpofé
„ touchant le bien qu'il leur a vendu. Les juges approu-
„ vent cela d'autant plus volontiers qu'ils en tirent quel-
„ ques émolumens, qu'ils n'auroient pas, fi un Mahomé-
„ tan prenoit tout ".

*Vie de M.
Picq. p. 399.
453.*

*Voyage de
Chard. in-4°.
T. III. p. 171,
172.*

Les loix d'Irlande préfentent quelque chofe de femblable à l'égard d'un Catholique qui fe fait Anglican; & il n'eft pas dit qu'on ait trouvé un tempérament pour les éluder. Seulement les Anglois affurent que jamais Irlandois, en pareil cas, n'a reclamé la loi en fa faveur.

Le Pere de Chinon nous apprend „ qu'en Perfe les
„ charges ne font pas vénales, au moins publiquement;
„ que même les Officiers ne peuvent pas prendre ou des
„ préfens ou des récompenfes pour les exercer. Mais,
„ nonobftant cette défenfe, ajoute le Miffionnaire, ils ad-
„ miniftrent la juftice d'une plaifante maniere. Ils fe fer-
„ vent de cent ftratagêmes pour manger les biens des deux
„ parties, & ils ont mille inventions pour cet effet. J'ai
„ vu dans la Turquie, où la juftice eft encore fort cor-
„ rompue, que certains hommes qui plaidoient, appor-
„ toient un préfent d'argent au Lieutenant du Cadi, ou au
„ Cadi même pour le corrompre & gagner leur procès. Ces

*Voyage au
Levant.
p. 57—60.*

*Grelot Voya-
ge de Con-
ftantin.
p. 295.*

„ Officiers prenoient le préfent, & ils le mettoient à part,
„ jufqu'à ce qu'ils euffent vu fi l'autre parti en vouloit don-
„ ner davantage, & fi cela arrivoit, ils rendoient au pre-
„ mier ce qu'il avoit apporté, fi ce n'eft qu'il voulut
„ augmenter la dofe, & enchérir fur le don de fa partie.
„ Et en Perfe les juges dont je parle, ne font pas fi fcru-
„ puleux; ils prennent des deux parties, & ne rendent ja-
„ mais rien; mais nonobftant ces voleries, ils fe piquent
„ de paroître grands jufticiers & favans jurisconfultes".

Voyage T. VI. p. 284.

Jusqu'ici nous avons vu l'abus de la juftice, abus qui vient uniquement des hommes. Chardin confirme la prévarication, & rapporte en même tems que les Ordon-nances portent peine de mort contre ceux qui font des préfens & contre ceux qui en reçoivent.

Le P. de Chinon pourfuit. „ Leur loi ne permet pas
„ de condamner un homme à mort fans le témoignage de
„ 72 témoins, qu'ils confiderent encore affez diverfement
„ en plufieurs chofes: car ils prennent garde que ce foient
„ des perfonnes d'honneur & de probité, & non pas des
„ gens de néant qu'on puiffe foupçonner d'avoir été gagnés
„ par de l'argent. Par tant de vaines cérémonies & de
„ précautions ridicules qui ne font que vanité, ils fe veu-
„ lent faire confiderer comme des juges fort prudens &
„ fort juftes dans leurs décifions. Ce prétexte fpécieux de
„ la Loi, dans les formalités qu'ils apportent pour l'exer-
„ cice de la juftice, n'eft, à le confiderer de près, qu'un
„ amufement par lequel ces juges trompent avec plus
„ d'impunité".

Voyage d'un Miff. Jef. de la cité, pag. 504—506. Chard. Voya-ge T. VI. p. 95. Lett. edif. T. XXX. p. 295, 296.

Peut-on porter plus loin la prévention contre les étrangers? Ainfi il eft plus jufte de condamner à mort un homme fur la dépofition de deux témoins, que d'en exiger 72? précautions ridicules, vaines cérémonies, dit le Mif-fionnaire. Ce font pourtant ces précautions, autant que le caractere doux, jufte & compâtiffant des Perfans, qui font qu'à Ifpahan on voit à peine une exécution en 12 ou 14 ans.

„ L'usure leur eſt défendue par leur Loi, continue
„ le P. de Chinon; & néanmoins ils font ſi adroits, que
„ par le moyen de la juſtice, ils la font en toutes ſortes
„ d'occaſions, ſans offenſer la Loi; ils prennent les mai-
„ ſons en gage de ceux à qui ils prêtent de l'argent, &
„ puis ſe font donner le change de leur argent, en forme
„ de louage de la maiſon qu'ils ont en dépôt".

Loc. cit. &
Olear. libr.
cit. p. 668.

„ Quelquefois ils donnent dix où vingt écus à pro-
„ fit devant le Cadi, & pour ſauver l'uſure, ils donneront
„ cet argent dans un mouchoir, qu'ils feront paſſer pour
„ marchandiſe; & cependant celui à qui on prête cet ar-
„ gent, s'oblige de le rendre au bout de l'an, & ils ajou-
„ tent plaiſamment à ce qui doit être rendu, le prix du
„ mouchoir qui eſt la marchandiſe ou plûtôt le change
„ (l'intérêt) qu'ils déſirent retirer".

Tavern. Re-
lat. du Ser.
p. 163.

„ D'autres fois ceux qui donnent à uſure, contrain-
„ dront ceux à qui ils prêtent de l'argent, de s'obliger de-
„ vant le juge à leur devoir tant par jour, qui ſera ce qu'ils
„ prétendent d'intérêt, ce qui eſt quelquefois ſans meſure:
„ mais outre cela pour faire mieux valoir leur droit, ils re-
„ tirent un autre papier de l'obligation de leur principal.
„ Ainſi il ſe voit que les Perſans ſont aſſez inventifs &
„ ruſés pour tromper leur loi, quoiqu'ils affectent d'en pa-
„ roître grands obſervateurs".

Chardin s'éleve de même contre les uſuriers Perſans: mais en cela les Voyageurs ne nous montrent dans
cette nation qu'un vice qu'on retrouve partout, mais qu'on
ne punit pas partout comme en Perſe. „ Les uſuriers,
„ dit Olearius, ſont tenus pour infames, & l'on ne les
„ ſouffre point dans les compagnies des gens d'honneur".
Ce Voyageur rapporte qu'il vit punir d'une maniere aſſez
extraordinaire, à Ardebil, un homme qui avoit pris un &
demi pour cent par mois. „ On le coucha par terre & on
„ lui abattit les dents à coups de maillet".

Voyage T. VI.
p. 305.

Libr. cit.
p. 668.

Le P. de Chinon convient au moins qu'il y a des Loix en Perfe, loix que l'on fait comme ailleurs éluder. Nous allons voir un autre Voyageur s'en prendre au Code même de la Loi.

p. 190—195.

„ Le Divan Begui, dit l'auteur de l'*Etat préfent de la*
„ *Perfe*, eft le chef (de la juftice), auffi bien que les
„ quatre premiers Pontifes de Perfe. Cette juftice eft com-
„ mode, parcequ'il n'y a ni huiffiers ni procureurs, ni avo-
„ cats. Chacun peut expofer fa caufe au juge dans une
„ Requête, & il ordonne à quelqu'un de fes gens de lui
„ amener la partie. Chacun plaide fa caufe (les femmes
„ même), & défend fon droit. Ils n'ont pas d'huiffiers
„ pour impofer filence. Leurs audiences font tumultueu-
„ fes; il n'y a pas d'ordre. Celui qui crie plus haut gagne
„ fa caufe, on ne condamne pas par défaut; ce qui fait
„ que celui qui a tort fe fauve toujours pour ménager une
„ bonne compofition".

*Let. édif.
T. XXX. p.
298, 299.
Et l'ufage du
Miffionn. Jef.
p. 506—507.
l'ufage de
Chard. T. VI.
p. 281—282.*

1. Ce n'eft donc pas toujours celui qui paye davanta-ge, qui gagne fon procès. 2. N'eft-il pas du droit natu-rel que tout homme puiffe défendre fon bien, fon hon-neur, fa vie attaquée devant les Tribunaux? Sous la 2e. ra-ce de nos Rois, les parties défendoient leurs droits elles-mêmes; elles n'étoient pas reçues à plaider par avocat ni par procureur. 3. En Europe les condamnations par dé-faut n'empêchent pas les coupables de fe fauver.

*Hift. crit. de
la Monarch.
fr. T. II.
p. 238, &
note 4.*

Ecoutons maintenant le Voyageur attaquer, le Code même de la Loi.

„ Les Loix de l'Alkoran, fur lefquelles on régle les
„ jugemens, font fujettes à de grands inconvéniens. Un
„ homme qui prête fon argent, eft toujours en danger de
„ le perdre en tout ou en partie, felon ces loix. Si celui
„ à qui il l'a prêté, n'a pas d'argent prêt pour payer, il
„ ne peut le mettre en juftice, fans un notable domma-
„ ge, parcequ'il faut qu'il paye la dixieme partie de la

„ fomme & tous les autres frais de juftice. Si le débiteur
„ avoue fa dette, on lui donne toujours un terme pour le
„ payement, au bout duquel le juge retient de dix un
„ pour fes droits, fur la fomme qu'il adjuge. Celui qui
„ a droit paye les dépens. Cette Loi n'eft pas jufte".

JE demande ce qu'il y a d'injufte dans cette Loi. Eft-
ce de donner du tems au débiteur qui n'a pas de quoi
payer? C'eft la loi de l'humanité : de faire payer les dépens à celui qui a droit? Chardin nous apprend que ces
dépens font très peu de chofe, qu'on ne les demande pas.
Eft-ce enfin de fixer les honoraires du juge? Chacun ne
doit-il pas vivre de fon Etat? La fomme fans doute paroit trop forte; le dixieme de ce qu'il adjuge au créancier!
Je fuppofe qu'un homme en Europe prête dix mille livres.
Le débiteur refufe de payer. Il le fait affigner. Le débiteur eft condamné à un premier tribunal, après fix mois
de pourfuites. Appel à un fecond tribunal, à un troifieme. Les frais de juftice en deux ans pafferont mille livres
ou le dixieme de la fomme. Et ceux que l'on ne rembour-
fe pas, tels que les vrais honoraires des avocats, fecrétai-
res, le prix des mémoires &c., iront à plus du cinquieme.
Je ne parle pas du tems perdu, des maladies &c., & l'on
trouvera, par comparaifon, la juftice de l'Orient trop dif-
pendieufe?

*Alkoran
fur. 2.*

*Voyage T. VI.
p. 284.*

„ L'ALKORAN, continue le Voyageur, défend l'ufu-
„ re. Mais les Indiens & les Arméniens ne laiffent pas de
„ la pratiquer. S'ils prêtent, par exemple, cent écus à un
„ an de terme, ils fupputent ce qu'ils en peuvent tirer
„ d'intérêt par an, qui fera pour le moins huit pour cent,
„ & ils font mettre par avance les intérêts fur le principal
„ dans l'obligation".

Sur. 2, 4.

EN cela les Perfans n'ont rien à nous apprendre; & il
nous fiéroit mal de les condamner fi vigoureufement: mais
il n'y a rien à conclure de la conduite du particulier à la loi.

„ Cette fubtilité, pourfuit le Miffionnaire, ne fert
„ de rien, fi le débiteur eft de mauvaife foi. Car au bout
„ du tems il niera d'avoir reçu la fomme entiere; & en of-
„ frant de remettre les cent écus qu'il a reçus, entre les
„ mains de celui qui les lui a prêtés, il lui fera perdre huit
„ écus d'intérêt, dix écus pour les droits du juge, & tous
„ les frais de juftice ".

Et l'on n'a jamais vu en Europe un homme nier d'a-
voir reçu ce que portoient fes billets, & gagner fon procès? Ne confondons pas les loix avec l'injuftice des
hommes.

„ Ce Tribunal eft bien ridicule, & bien injufte à l'é-
„ gard d'un débiteur qui veut nier fa dette. Car on y fouf-
„ fre qu'il la nie contre fon écrit, & contre le témoignage
„ du juge même qui connoît de l'affaire, qui aura vu don-
„ ner l'argent, & qui aura mis fa fignature & fon fceau fur
„ l'obligation. Il n'a qu'à nier effrontement. On ordonne
„ au créancier de faire preuve de fon prêt, & qu'il pro-
„ duife des témoins; finon on défere le ferment au débi-
„ teur. Ces deux chofes font également onéreufes aux
„ créanciers. Car pour faire preuve d'un fait, felon leur
„ loi, il faut produire le témoignage de 72 témoins, qui
„ n'égalent pas tout à fait les Imams en intégrité, mais qui
„ en approchent de bien près. Les termes de la Loi por-
„ tent qu'il faut que les témoins, pour être reçus, foient
„ ou Imams ou Naeb Imams, c'eft-à-dire faints. Il ne
„ manque point de gens en Perfe qui égalent tous ces pré-
„ tendus faints, en adulteres, en fourberies & en meur-
„ tres; mais il faut qu'ils les égalent en hypocrifies, en
„ perfidie & en mauvaife foi. Un Chrétien n'eft pas reçu
„ en témoignage, encore moins un Juif, un Indien & un
„ Sectateur d'Omar. Jugez de l'embarras où doit être un
„ créancier pour trouver des témoins fi choifis, & en fi
„ grand nombre. Il faudroit qu'il eût prêté fon argent à
„ fon de trompe pour en pouvoir produire 72 ".

Je trouve trois chofes à reprendre dans les reproches que l'on fait ici aux Perfans.

I. Si l'on veut dire que le débiteur peut dans tous les cas nier fimplement fon écrit, le fait eft abfolument faux. Car alors pourquoi faire des billets? Si le débiteur eft honnête homme, il payera fans billet; s'il ne l'eft pas, il refufera de reconnoître fon écrit. Par exemple un créancier fe rendroit-il coupable envers la loi, en faifant faire un billet ufuraire, fi ce billet en lui-même n'avoit nulle force en juftice? Tout dépend donc des circonftances, en Afie comme en Europe. Chardin confirme la réflexion précédente, lorfqu'il nous apprend en quel cas un homme peut revenir contre fon écrit. C'eft lorfque fon droit eft *Voyage T. VI.* bleffé. Alors les écrits les plus authentiques font fans for- *p. 278.* ce. Le particulier réclame fon droit en difant qu'il a été trompé. Généralement, felon le droit Perfan, un écrit qui n'eft pas fait devant la juftice, eft nul; mais lorfque *Id. p. 267.* cet écrit eft attefté par témoins qui y ont mis leur fceau, le Tribunal de l'autorité fuprême laïque le fait exécuter. De même fi une dette eft claire, ce dernier Tribunal la fait payer, fans avoir égard aux formalités prefcrites par *p. 277.* le droit.

II. On prouve par témoins en Perfe; donc il n'eft pas fi difficile d'en trouver. Et le même Chardin nous apprend *Ibid.* que dans le fait deux ou trois fuffifent. Qui jugeroit des chofes par les qualités requifes pour tel état, trouveroit tout impoffible.

III. Un Mahométan, un Juif (*a*), dans certaines circonftances ne feroit pas reçu en témoignage chez des Chrétiens. La fecte dominante en Perfe, celle d'Aali, doit donner mille hommes contre un. Ainfi il eft plus aifé d'y

______

(*a*) On peut voir dans les Jurisconfultes Allemands les conditions onéreufes auxquelles ils ont été admis en Allemagne. *Biblioth. German. T. XVI. p.* 108—111. Le droit Provincial & Féodal de Suabe les oblige à jurer *debout fur une peau de Cochon.*

trouver le nombre de témoins requis en juſtice Eccléſiaſtique ou Laïque.

Lib. cit.

Le Miſſionnaire continue : „ je poſe donc comme une „ choſe impoſſible que le créancier puiſſe prouver ſa dette. „ Il faut qu'il défére le ſerment au débiteur, & qu'il met- „ te ſon eſpérance ſur quelques remords de conſcience, „ qui n'inquiétent gueres les Mahométans, quand il s'agit „ de piller les Chrétiens. S'il eſt aſſez heureux de voir „ dans ſa partie quelques ſignes de répugnance pour un „ faux ſerment, tout ſon bonheur ſe réduira à tranſiger „ avec lui d'un tiers de ſon prêt tout au plus, ſur lequel „ le juge prend encore le dixieme. Lorſque le débiteur „ nie la dette, on laiſſe la liberté au demandeur de lui dé- „ férer le ſerment, de la maniere & à telles circonſtances „ qu'il lui plait ".

Id. p. 196, 197.

„ S'il y a tant de danger à négocier & prêter ſon ar- „ gent en Perſe, il n'y en a pas moins à acheter ou ter- „ res ou maiſons. Car quelques précautions qu'on prenne „ pour en faire paſſer les contrats en bonne forme, le ven- „ deur peut nier de les avoir vendus, & s'il avoue qu'il a „ vendu, il peut nier effrontément qu'il en ait reçu le „ prix, & engager l'acheteur à une preuve dont il ne vien- „ droit jamais à bout ".

Sur cela je fais les mêmes obſervations que ſur le paſ- ſage précédent. Toujours l'abus de la juſtice, la violence des particuliers imputée à la Loi même. On trouvera dans le droit Romain, ſur les contrats, les ſucceſſions, des en- traves, des contradictions. Que conclurre de là? qu'il y a de l'homme partout.

Journ. de Berl. T. X. p. 98 &c. 105.

„ Le grand ſecret eſt de prendre poſſeſſion & de l'en- „ gager lui-même (le débiteur) à faire preuve qu'on eſt „ poſſeſſeur injuſte. S'il eſt de mauvaiſe foi, il faut bien „ ſe donner de garde de produire les contrats en juſtice; „ car le vendeur comme je l'ai dit, avoueroit d'avoir ven- „ du

„ du fon fonds; mais il nieroit d'en avoir reçu le prix, &
„ obligeroit l'acheteur de produire des témoins, ce qui ne
„ lui réuſſiroit pas. Il n'y a donc pas de plus grande ſû-
„ reté, que de fe prévaloir de la poſſeſſion ".

JE conclus de ce paſſage qu'il y a propriété en Pérſe,
puiſqu'on y vend terres, maiſons &c.; que le contrat prouve en juſtice la vente, ce qui eſt contraire à ce que l'auteur a avancé plus haut; que ces tournures qui tendent à
changer les perſonnages de demandeur ou de défenſeur ne
font pas inconnues en Europe, enfin qu'en tout pays la
poſſeſſion fait droit.

C. 1. *d. p.* 90.
(ligne 8.)

ON ne peut maintenant douter qu'il n'y ait en Perſe un
Code de loix écrites, & ces Loix font pour le Souverain
comme pour le peuple.

CHARDIN nous apprend „ que les Perſans preſque gé-
„ néralement, & furtout les Eccléſiaſtiques, tiennent que
„ le droit du gouvernement appartient aux Prophetes, &
„ à leurs Lieutenans ou ſucceſſeurs direct........ comme
„ Ali & fes onze ſucceſſeurs qui ont été Imams de Mahomet".
Le douzieme (Mehmed Mehdi) ayant diſparu en 296 de
l'hégire, ſans avoir établi de ſucceſſeur, „ les gens d'Egli-
„ ſe, & avec eux tous les dévots, & tous ceux qui pro-
„ feſſent l'étroite obſervance de la Religion, foutiennent
„ qu'en l'abſence de l'Imam (ou ſucceſſeur de Mahomet),
„ le ſiege royal doit être rempli par un homme de
„ mœurs, & qui a acquis toutes les ſciences à un ſi parfait
„ degré, qu'il puiſſe répondre ſur le champ ou ſans ſug-
„ geſtion à toutes les queſtions qui lui font faites ſur la
„ Religion & ſur le droit civil ".

Voyages T.
VI. p. 1.

p. 4.

p. 5.

CERTAINEMENT un Prince tel que celui-là, ne jugera pas arbitrairement, ſans avoir égard à la religion qu'il
profeſſe, dont il eſt l'appui; & ceux qui n'en veulent pas
d'autre pour leur Roi, reconnoiſſent des Loix en Perſe.
„ Mais, ajoute le voyageur, l'opinion la plus reçue & qui

L

„ a prévalu, c'eſt qu'à la vérité ce droit là appartient à un
„ deſcendant des Imams en droite ligne, mais qu'il n'eſt
„ pas abſolument néceſſaire que ce deſcendant ſoit ni pur,
„ ni ſavant, à un ſi grand dégré de perfection, comme
„ n'étant pas moins le vrai Lieutenant de Dieu & le vrai
„ vicaire du Prophete & des Imams". Ceux qui ſont de
ce ſentiment, veulent que l'autorité des gens de la Loi
ſoit ſoumiſe à l'autorité royale, même dans les choſes
de la Religion.

VOILA deux opinions ſur les qualités que doit avoir le
Roi de Perſe : mais la ſeconde même ſuppoſe ce Prince
ſoumis à des Loix.

„ CES peuples, dit ailleurs Chardin, tiennent commu-
„ nément leur Roi pour le Lieutenant de Mahomet, le
„ ſucceſſeur des Imams ou premiers ſucceſſeurs légitimes
„ de Mahomet & le vicaire du 12ᵉ Imam pendant ſon ab-
„ ſence". Ils lui donnent tous ces titres, „ & de plus ce-
„ lui de Kalife, par lequel ils entendent encore le ſucceſ-
„ ſeur & Lieutenant du Prophete, à qui appartient de
„ droit le gouvernement univerſel du monde, tant au ſpi-
„ rituel qu'au temporel, durant l'abſence de l'Imam ſeule-
„ ment; car ils diſent que dès que cet Imam reviendra ſur
„ la terre, le Roi ſera obligé de lui remettre toute ſon au-
„ torité, & que s'il ne le faiſoit pas ſur le champ, on l'aſ-
„ ſommeroit...... Les Rois de Perſe ne ſe tiennent pas
„ offenſés de cet article de foi (ſans doute parce qu'ils ne
„ craignent pas le retour de l'Imam); au contraire ils y
„ ſouſcrivent eux-mêmes, ſe diſans par honneur les Lieu-
„ tenans & agens de l'Imam abſent & ſes eſclaves"

SUR cela Chardin remarque que, quoique l'opinion dominante ſur le gouvernement, ſoit la ſeconde qui reconnoît
pour Roi légitime le deſcendant d'Ali en droite ligne maſ-
culine, parce que c'eſt celle qui établit le droit du Prince
regnant. Scheikh Sefi, tige de la race royale actuelle, étoit

de la premiere qui eft enfeignée par les gens d'Eglife, &
même par des perfonnes fort élevées en dignité, & fouffer-
te par le Gouvernement.

„ COMMENT feroit-il poffible, difent les gens d'Egli-
„ fe que ces Rois *Namoukaeïd* ou impies, (pour ufer de
„ leurs propres termes), buveurs de vin, & emportés de
„ paffions, fuffent les vicaires de Dieu, & qu'ils euffent
„ communication avec le Ciel pour en recevoir les lumie-
„ res néceffaires à la conduite du peuple fidele? Comment
„ peuvent-ils réfoudre les cas de confcience, & les dou-
„ tes de la foi, de la maniere que le doit faire un Lieute-
„ nant de Dieu, eux qui par fois favent à peine lire? Ces
„ Rois étant des hommes iniques & injuftes, leur domina-
„ tion eft une Tyrannie à laquelle Dieu nous a affujetis
„ pour nous punir, après avoir retiré du monde le légitime
„ fucceffeur de fon Prophete. Le trône fuprême de l'uni-
„ vers n'appartient qu'à un *Moufchtehed* ou homme qui
„ poffède la fainteté & la fcience au deffus du commun des
„ hommes. Il eft vrai que comme le *Moufchtehed* eft faint
„ & par conféquent homme pacifique, il faut qu'il y ait
„ un Roi qui porte l'épée pour l'exercice de la juftice:
„ mais ce ne doit être que comme fon Miniftre indépen-
„ damment de lui".

LA conféquence que l'on doit tirer de ces paffages, eft
fenfible. Le Gouvernement Perfan eft un gouvernement
religieux, fondé fur l'Alkoran : il eft donc fondé fur des
Loix. Les Perfans, quoi qu'en dife Chardin, ne font pas,
par la conftitution même de l'Etat, fi foumis aux volontés
de leur Roi, d'une foumiffion de confcience, en ce qui
regarde leur vie, leurs biens, même le droit naturel (& ce
Voyageur l'avoue lui-même ailleurs), puifqu'ils croyent
que „ les ordres du Prince font au deffous du droit divin,
„ & que s'il arrive........ que le Roi commande quelque
„ chofe contre la Religion, il ne faut pas lui obéir, mais
„ que l'on doit fouffrir tout plutôt que de violer la Loi de

„ Dieu ". Or le droit Civil & le droit Criminel font de la Religion, puifqu'ils font ou fondés fur l'Alkoran, ou affurés par cet Ouvrage.

Chronicm. de Salim. p. 120.

Voila les Principes conftans du Gouvernement Perfan, qui dès lors ne doit pas être plus indépendant, plus arbitraire que le Gouvernement Turc.

Voyage de Chard. T. II. p. 15, 17.

Après cela qu'Abas le grand, obligé de conquérir fon Royaume, y établiffe enfuite fon pouvoir d'une maniere abfolue, & avance le Gouvernement defpotique ou arbitraire, c'eft l'abus de l'autorité, né des circonftances.

p. 18.

De même Chardin peut bien nous dire: „ pour le pré-
„ fent le Gouvernement de Perfe eft monarchique, defpo-
„ tique & abfolu, étant tout entier dans la main d'un feul
„ homme qui eft le Chef Souverain, tant pour le fpirituel
„ que pour le temporel, le maître à pur & à plein de la vie

p. 19, 20.

„ & des biens de fes fujets ". Mais il nous apprend plus bas que ce defpotifme ne regarde que les Grands, & plus particulierement les favoris du Roi, fes mignons, parce

p. 17.

que le Prince qui les a élevés de rien, les regarde comme fes efclaves.

p. 18.

Si l'on en croit le même Voyageur, „fitôt que le Prin-
„ ce commande, on fait fur le champ tout ce qu'il dit,
„ & lors même qu'il ne fait pas ce qu'il fait, ni ce qu'il

p. 19.

„ dit....... Le Roi de Perfe, bien loin de confulter perfon-
„ ne, ne fe donne pas feulement le loifir de penfer la plu-
„ part du tems aux ordres de mort qu'il prononce ". Cepen-

p. 20.
Couvernem. de Salim. p. 251.

dant Chardin avoue que „ hors du rang des courtifans & des
„ plus grands Seigneurs, il n'a jamais vu ni entendu dire
„ que le Roi ait fait aucun outrage perfonnel fur le champ
„ & fans procédure ".

Voyag. T. II. p. 218, 219.

„ On dit ordinairement que le Roi entre quand il lui
„ plait dans le ferail de fes fujets fans exception. Je ne
„ fais ce qui eft, dit Chardin, car il n'y en a que peu ou

„ point du tout d'exemple ”. Ce Voyageur rapporte ensuite le trait d'un Capitaine de la porte du serail d'Imam
Koulikhan, Généralissime des armées de Perse, lequel re-
fusa l'entrée du serail de son maître à Abas le Grand, &
reçut du Monarque Persan un Gouvernement pour récom-
pense de cette action.

Pour ce qui est des arrêts de mort, il faut que le Roi *Et. prel. de la*
en ordonne trois fois l'exécution, & il est permis aux *Perse p. 130,*
Grands de demander grace pour le condamné. *131.*

Ce que Chardin ajoute, que le Gouvernement est despo- *Voyage T. VI.*
tique & arbitraire, parce qu'il est militaire, n'est pas plus *p. 21.*
fondé en raison ; le Gouvernement militaire a des Loix.

Enfin hors les cas extraordinaires, „ le Gouvernement *p. 24.*
„ Persan se regle par les Loix du droit civil, & observe ses
„ coutumes aux quelles les sujets prétendent qu'il se tient
„ constamment attaché ”.

Ces Cas extraordinaires sont un Gouverneur puissant
contre lequel il y auroit du danger à employer les procédures régulieres. Mais l'ordre de mort est toujours muni *p. 55.*
du sceau du Roi, de celui du premier Ministre, & de celui d'un des Magistrats civils ou Ecclésiastiques. Ce sont
encore les emportemens particuliers du Prince, des tems
de troubles &c. Hors de ces Cas, les prisonniers sont
amenés à la Cour, où on leur fait leur procès. Mais comme les violences ne tombent que sur les Grands, Chardin
conclut „ qu'en Perse, la condition du peuple est beaucoup
„ plus douce & plus assurée qu'en divers Etats Chrétiens ”.

Ce Voyageur confirme ce résultat en résumant les avan- *p. 184, 185.*
tages qu'il trouve pour le peuple dans le Gouvernement
Persan, mais sur tout, comme il le remarque fort bien,
lorsqu'il se trouve sur le Trône un Roi juste & vigilant qui *Id. p. 186.*
fait observer les Loix. „ Un moyen qui me paroît sûr, dit-
„ il, pour bien juger de la douceur d'un gouvernement,

„ c'est de jetter la vue sur la condition des sujets, parti-
„ culierement sur ceux du plus bas rang". Il les trouve
heureux en Perse. Le Gouvernement est excessivement
rigoureux à l'égards des Grands. On n'agit pas de cette
maniere avec le peuple. Les sujets n'y font pas esclaves,
comme on le croit. Maîtres de leurs biens, ils quittent
le Royaume, s'ils le veulent, avec leurs effets, leurs familles, fans avoir besoin de passe-ports (*a*). De maniere
que „ le mal qu'il y a n'est pas si grand que le bruit qu'on
„ en fait".

p. 187.

Au moins ce que je conclus des différens passages que
j'ai rapportés du Voyage de Chardin, c'est que le Roi de
Perse est soumis à des Loix, que le peuple ne le reconnoît
qu'à cette condition, & que le Prince & les Grands autori-
sent cette opinion par leur conduite.

La Cérémonie du Couronnement des Rois de Perse est
une derniere preuve qui montre clairement qu'il y a dans
cet Etat des Loix fondamentales, reconnues par le Monarque & par les Sujets.

Je sais que Kœmpfer parlant de l'autorité des Rois de
Perse, s'exprime ainsi : *Sophorum verò Principi, sublatis
impedimentis, abdicativè omnia permissa atque integra
sunt. Si velit fœdera, bella, pacem cudere, si leges regni
mutare, si novas fingere tributorum species; quin ad pri-
vatorum vitas, uxores, liberos & bona quævis manum ex-
tendere : nulli, civibus etiam primoribus, relicto juris
præsidio, quo degenerantis potentiæ vel libidinem a fortu-
nis vel impetum a cervicibus declinare queant.*

*Amœnit.
Exotic. p. 4.*

Je ne me lasse point de le répéter. Kœmpfer nous peint
ici l'abus de l'autorité, & non l'autorité légitime des Rois

____

(*a*) C'est l'usage dans la plûpart des Provinces d'Allemagne de laisser le dixieme
plus ou moins de ses biens, quand on passe d'un Etat, d'une Province, ou d'une
ville dans une autre. *Biblioth. German. T. XVI. p.* 102. *Note* 2.

de Perse. Ce que je vais rapporter du Couronnement (*a*) du Roi Soliman démontrera la vérité de cette assertion. La Relation de cette cérémonie nous a été donnée par deux Voyageurs également instruits & habiles dans le Persan, Chardin & Kœmpfer. Le premier, en quelque sorte témoin oculaire, fut encore aidé par les mémoires de Mirza Sefi grand de Perse. Si le Voyageur Allemand n'a pas copié le François, leur accord établit d'une maniere authentique la vérité des faits qu'ils rapportent.

K œ m p f e r nous apprend que le Roi de Perse est élu par les Grands du Royaume & les principaux officiers formant le Conseil présidé par l'Etemadaulet. Ces Grands, ces principaux officiers, dans Chardin, étoient au nombre de douze pour l'élection de Soliman. Le premier Ministre leur dit que, comme *leur défunt Monarque avoit rendu l'esprit sans avoir déclaré par écrit ni de vive voix, auquel de ses deux fils il laissoit le sceptre...... par cela il étoit de leur devoir de procéder à cette élection au plutôt, tant pour ne laisser davantage dans une condition privée celui des Princes à qui la providence avoit destiné la Couronne, que pour mettre l'Etat en sureté.*

J e fais quelques observations sur ces paroles du premier Ministre. Il sembleroit que la succession à la couronne dépendroit de la volonté du Monarque. Cependant la Loi constante, est que le fils aîné succede à son pere.

II. L'é l e c t i o n est nécessaire, même pour l'héritier présomptif, même pour celui que le Monarque a nommé.

L a seule bonne raison que ces Grands pussent alléguer pour choisir le second des fils d'Abas, étoit que l'aîné étoit mort, ou avoit été privé de la vue. Lorsqu'on les a assu-

---

(*a*) Tavernier, (*Voyage T. I. p.* 473.) a nié qu'il y eût un couronnement pour les Rois de Perse. Mais il a été réfuté solidement par Chardin & par le Pere An de St. Joseph. *Gazophylac. Persic.* au mot: *Coronamento.*

rés que le Prince est en bonne santé, tous les suffrages se réunissent : mais c'est toujours une élection, quoique la Couronne lui appartienne par la Loi. Les Grands lui donnent *leur voix, leur suffrage :* avant cette élection, il est dans une condition privée. Dans la lettre qu'ils écrivent au Prince, ils lui marquent qu'aussi-tôt qu'ils ont appris la mort du Roi, *ils se sont assemblés, pour désigner celui que le Ciel a élu pour succéder au Roi. Sur quoi tous d'une voix unanime, ils ont aussitôt nommé & fait connoître sa très haute personne pour maître du Royaume...... & seule capable de remplir le Trône de l'immortelle succession du Prince du Monde.*

Il n'y a plus de doute sur l'état du fils aîné du Schah Abas. Cependant il a besoin d'être *désigné, nommé* son *successeur.* On lui parle, dans la lettre, de son couronnement par l'*imposition de sa sacrée Tiare Imamique.* Lorsque le *Général des Mousquetaires* se présente pour la première fois devant le Prince, il lui dit de la part des Grands qui l'ont député, non pas simplement qu'ils le prient de se mettre en possession de son Royaume Héréditaire ; mais, *Votre très haute personne a été choisie* pour lui succéder (à Schah Abas) *& a été nommée le Lieutenant du vrai souverain.* Voilà un choix, une nomination, quoique le Prince soit héritier présomptif & reconnu pour tel : ce n'est pas une simple déclaration du droit qu'il a à à la couronne.

Il est visible par ces différens traits, que l'élection du Roi de Perse par les Grands de l'Etat, n'est pas opposée au droit héréditaire, que cette élection est toujours nécessaire : & nous verrons plus bas les Grands de l'Etat faire un choix dans lequel ils n'auront pas égard à l'ordre de la succession.

Après cela que Kœmpfer observe, que, lors de l'installation, *quæ a deo inter nostrates de Regni constitutionibus & qualibus cumque subditorum privilegiis jure-juran-*

do

*do regio confirmandis agitari inter sacra coronationis so-
lent, ea hic sub incudem numquàm veniunt. Ignota sunt
civibus vocabula, monstra purpuræ invisa, & procul rele-
ganda ad Antyciros* (IX).

PURES exagérations! le Prince fait lire publiquement, c'est-à-dire, en préfence des Grands & des autres Officiers qui rempliffent les falles & font en partie là „ pour „ autorifer par leur préfence la folemnité du Couronne- „ ment", il fait lire la lettre qui porte que le *Sénat* l'a choifi pour fuccéder à fon pere Schah-Abas *unanimi Procerum confenfu fuffragantibus Diis gentiumque juribus.*

LES Miniftres & les Grands qui ont élu le Roi, & ceux qui affiftent à la cérémonie du couronnement, repréfentent ici le Confeil de Perfe compofés de perfonnes prifes dans l'Etat Eccléfiaftique, dans l'Epée & dans la Robbe.

LE Général des Moufquetaires lit la lettre „ tout haut, „ diftinctement & pofément, afin que tous ceux qui affif- „ tent à la cérémonie puiffent entendre ce quelle contient, „ & apprenent que les Grands de l'Etat tous d'une voix „ ont élu le Prince là préfent pour Roi de Perfe, qu'ils le „ reconnoiffent pour tel, & puiffent auffi en rendre té- „ moignage, s'il en eft befoin".

ENSUITE, toujours par l'ordre du Prince le Scheïkh Eslam prend la lettre, en vérifie les fceaux, attefte, comme chef de la Loi, que la lettre eft véritable, la lit, & la remet devant le Roi avec trois inclinations de tête, après s'être mis à genoux. „ Par cette humble pofture, ajoute „ Chardin, il montroit d'approuver cet écrit, & que l'élé- „ vation du Prince à l'Empire étoit légitime".

DES précautions de cette nature prouvent affurément que le Prince ainfi que les fujets reconnoiffent dans ceux qui compofent les Etats de Perfe un droit inconteſtable d'élection.

Kæmpf. loc. cit. Lib. p. 3?. Couronn. de Solim. p. 126, 127. Olear. Libr. cit. p. 612. def. remarc?.

Le Roi étant fur fon Trône, le Scheikh Eslam, après avoir fait fa profeſſion de foi, & beni par des prieres tirées de l'Alkoran, les ornemens royaux, en revêt le Prince, lui met le Tage (la couronne) fur la tête, prononçant d'autres prieres tirées du même livre.

Couronn. p. 1?? —133.

Ensuite le Docteur Mirza Refia prononce le *Kotbé*. C'eſt un Discours propre aux couronnemens, qui doit toujours être divifé en quatre parties. La premiere traite de la foumiſſion que tous les hommes doivent à Dieu, de la reconnoiſſance qu'ils lui doivent pour ces bienfaits, pour ſes opérations qui ont toujours pour objet le plus grand bien de l'homme.

C'est montrer au Roi la régle qu'il doit fuivre dans ſes actions, comme homme.

La II. partie contient l'éloge de Mahomet, des douze Imams, & recommande par là au Roi l'obſervation de la Loi, religieuſe & civile, comme Mahometan.

La III. partie montre l'origine de la Royauté: elle vient de Dieu. Les Rois font ſes lieutenans: delà, l'obéiſſance abfolue: mais dans les deux premieres parties, la volonté du maître de l'univers, & les préceptes de la Loi ont été préſentés comme la regle immuable de toutes les actions pour le monarque, comme pour ſes fujets.

p. 133.

La IV. renferme des prieres pour le Prince qui eſt proclamé fous le nom de *Sefïé Vali naamat*, c'eſt-à-dire *Sôfi le Lieutenant* (de Dieu & de Mahomet) *dans la diſtribution des bienfaits.*

Antiquit. Couron. p. 6.

A ce dernier mot, prononcé d'un ton plus haut, tout le monde répond *Infchah allah*, c'eſt-à-dire *que Dieu le* ??, & le repete cinq à fix fois, après quoi le Scheikh

Eslam va „ le premier se mettre à genoux devant le Roi; Couronn. de Salim. p. 134.
„ & baissant le front par trois fois au pied de Sa Majesté,
„ il prononce encore une seconde bénédiction en peu de
„ paroles, qu'il finit par des vœux ardens de prospérité,
„ & que Sa Majesté jouisse d'un regne qui puisse rendre
„ ses sujets heureux & étendre bien loin les frontieres de Kæmpf. *cit. p.*
„ l'Empire".

    Il réitere les trois inclinations, „ à ces dernieres paro-
„ les de sa harangue........ Après lui tous les grands de
„ l'Assemblée, chacun en son rang, & les autres aussi qui
„ tiennent quelques postes considérables, viennent rendre Couronn. de p. 135.
„ leur respect au Monarque par les trois inclinations ac-
„ coutumées".

    Dans Kœmpfer (*a*) la priere du Scheikh Eslam finit à
peu-près de la même maniere. Elle est terminée par le
nom de *Sefié Vali naamat*, prononcé à haute voix, auquel le peuple répond *inschah allah*, c'est-à-dire, *bene
vertat*.

    Le *procerum consensu*, ou *tous les Grands tous d'une
voix*, montre la nécessité du choix des Grands de l'Empire.
En soutcrivant à ces paroles: *suffragantibus Diis, gentium
que juribus*, le Monarque rend hommage au droit des peuples.   Le Grand Pontife souhaite qu'il regne *pour le bonheur de ses sujets*, après que l'Orateur lui a exposé les devoirs du Prince comme homme, comme Lieutenant du dernier successeur de Mahomet, protecteur né & observateur
de la Loi du Prophete, comme lieutenant de la Divinité
sur la terre.   Voilà les droits des sujets, leurs privileges,
la constitution de l'Etat, annoncés au Monarque, dont
l'autorité est inséparable de la Religion qu'il professe, &

(*a*) *Ut sub auspicio ejus, cujus nutu terrarum orbis atque cœlorum univer-
sitas regitur, sceptrum quoque Persicum in veram subditorum salutem, & im-
mortalem gloriam suam dirigat, atque ad cœli cardines extendat Rex Sefie
Vali naamat.* Amœnit. Exot. *p.* 38.

M 2

dans le moment même où il eſt revêtu de cette autorité. Le peuple répond, *bene yertat.* C'eſt un conſentement conditionnel qui eſt ſuivi des proſternemens, ſorte de ſerment de fidélité de la part des ſujets, malgré ce qu'avance Oléarius.

Libr. cit. p. 612.

V o i l a ce qui s'eſt obſervé en 1666 au Couronnement de Soliman. La cérémonie finie, le Monarque fit faire un nouveau ſceau. Les traits ſuivans vont confirmer les conſéquences que je tire du couronnement des Rois de Perſe.

Lettr. Edif. T. XXV. p. 370–372. Mémoire des Miſſion. jeſ. au Lev. T. IX. p. 26.

C. 1. d. p. 101. (ligne 24.)

Lettre Edif. T. XXV. p. 372.

T h a m a s Koulikhan craignoit les ſuites que pouvoit avoir ſon uſurpation. Pour rendre ſon autorité légitime, „ ce Prince convoqua une grande aſſemblée des principaux „ du Royaume....... c'eſt-à-dire des perſonnes diſtin- „ guées par leur naiſſance, par leur eſprit, par leur ſa- „ voir,..... à *Mokamtchoels*, où il vouloit tenir les Etats „ du Royaume......., pour prendre leur ſuffrage, & leur „ faire déclarer de la maniere la plus authentique, que le „ Royaume ne vouloit pas d'autre Roi que lui...... il fut „ proclamé arbitre ſouverain de l'autorité royale, ſous le „ titre de *Vali naamat*...... cette déclaration fut ſignée „ de tout ce qu'il y avoit de conſidérable dans le Royau- „ me, au nombre de plus de 15000; & elle fut envoyée „ au Grand Seigneur par une Ambaſſade magnifique".

Mémoire des Miſſion. jeſ. au Lev. T. IX. p. 90.

p. 91.

p. 92.

A p r è s la mort de Thamas Koulikhan, en 1749, „ les „ Grands du Royaume, les généraux & les officiers des „ Gardes tinrent conſeil & délibérerent ſur le choix d'un „ ſucceſſeur....... tous convinrent d'offrir la Couronne à „ Aali Koulikhan, neveu de Thamas....... il n'étoit que „ le cinquieme héritier, mais....... (les circonſtances) „ déterminerent en ſa faveur les ſuffrages & le choix". Il fut reconnu & ſalué comme Souverain.

L e s Perſes ne reconnoiſſent donc pas le droit de Souverain dans un ſimple uſurpateur, un ſimple conquérant. Ils ſavent que c'eſt la nation qui, indépendament des der-

nieres volontés du Monarque expirant, malgré la qualité
d'héritier préfomptif, quand le monarque n'a pas fait de
teftament, que c'eft elle qui donne la couronne. Cette nation a fes Etats compofés des Grands & des perfonnes distinguées par leur efprit, leur favoir, c'eft-à-dire de la nobleffe, du clergé & du peuple. Et ces Etats font l'organe
par lequel le Royaume déclare qu'il veut tel Prince pour
Roi. Il me femble qu'une pareille Conftitution eft par elle
même incompatible avec l'efprit d'efclavage qui, à ce que
l'on prétend, eft de l'effence des Etats defpotiques. Auffi
les Perfes ne font-ils pas tous auffi réfignés, que l'avance
Chardin, aux volontés de leur Monarque. Si quelques
uns „croyent qu'ils eft le Souverain arbitre de leur fortune
„ & de leur vie....... qu'ils doivent quitter la vie, lorf-
„ qu'il les en juge indignes", & s'en font même un point
de religion; d'autres, comme Soliman Khan, Vice-Roi de
Curdiftan, fous le regne de Soliman, ne fe font pas fcru-
pule de fe fouftraire par la fuite à fes ordres fanguinaires.

Voyage in 4º.
T. III. p. 185.

Id. p. 11º

De tous ces détails je conclus, que, malgré le Defpotifme qui regne en Perfe, il y a dans ce Royaume des Loix
fixes, & écrites, aux quelles le Souverain eft de droit foumis comme fes fujets, que les violences qui s'y exercent
viennent des hommes & non du vice de la Légiflation, &
de la Conftitution de l'Etat.

Mais la plûpart de ceux qui vont dans ces contrées
font, ou Négocians ou Miffionnaires; car les militaires y
font auffi négocians. La moindre injuftice qui bleffe les
premiers, eft attribuée au Gouvernement. Les Miffionnaires, après un noviciat où certainement ils n'ont pas appris à connoître les hommes, paffent dans l'Orient, prévenus le plus fouvent par état contre la religion dominante.
Les défordres font pour eux des monftres particuliers au
pays, les cultes étrangers, des cultes idolatriques. A les
entendre, les Orientaux feroient une efpece d'hommes différente des Européens; tandis que, tout confideré de fang

Voyez dans les Stat. municip. de la Franche-comté, le titre relatif à la situat. des Serfs, differt. &c. sur l'abbé de St. Claude 2e. Part. p. 20. Arrêts sur &c. p. 26. 27. 36.

froid, les Religions, les usages nés du climat, mis de côté, ils different peu de nous, & nous surpassent peut-être en équité naturelle. Car chez nos Légistes, ce qui est loi, est devenu juste même contre la nature. Ces observations peuvent être de quelqu'importance: il n'est pas surprenant que s'étant fait une si fausse idée de ces peuples, on ait souvent si mal réussi dans ce que l'on avoit à négocier avec eux. Je passe à l'Indoustan.

TROISIEME SECTION.

Code de Loix dans l'Indoustan.

§. I.

J'AVOUE d'abord que, dans le fait, l'esclavage est (ou du moins étoit) extrême dans cette contrée, sur tout à la Cour du Mogol. Les Grands le savent; plusieurs en gémis‑ sent. Cet esclavage fait que le Prince n'est jamais bien in‑ struit. Gemal eddin ussain, Vice Roi de Patan, vieillard de 70 ans, m'avertit, dit Thomas Rhoe, ambassadeur du Roi d'Angleterre auprès du Mogol, „ que si j'avois des af‑ „ faires d'importance à traiter avec le Roi, soit qu'elles „ regardassent les Portugais ou d'autres (les Portugais s'op‑ „ posoient à l'établissement des Anglois à Surate), ceux qui „ me serviroient d'interprêtes n'expliqueroient jamais fidé‑ „ lement mes sentimens; qu'ils parleroient plutôt suivant „ leur sens, que selon le mien, ou qu'ils ne diroient que „ ce qu'ils croiroient devoir être reçu plus agréablement „ du Mogol, que par cette raison je ne pourrois jamais „ parler de mes affaires sans y être trompé, ni savoir au „ vrai en quel état j'étois en cette Cour, jusqu'à ce que „ j'eusse un homme de mon pays qui sût parler persan, „ & qui pût expliquer mes paroles sans se servir d'un au‑ „ tre ; que le Roi m'accorderoit volontiers la permission „ de me servir d'un Anglois ".

Purchas‑ki?. Pilgrim T. I. p. 548. dans le Recueil des Voyages par Theven. T. I. I. Part. re‑ lat. p. 21. Ovingt‑n. T. I. p. 179.

CE sont les maux produits par l'abus de l'autorité qui font dire au même Gemal eddin „ qu'ils manquoient de „ Loix *told me..... of their Want of Laws* ".

Id. p. 20. Purch. lib. cit. p. 548.

MAIS quand Thomas Rhoe ajoute que les peuples de l'Indoustan n'ont pas de *Loix écrites*, que Terri avance qu'il n'a jamais entendu dire qu'il y eût entre eux aucune

Libr. cit. Relat. 69. Relat. p. 26.

loi écrite, on fent de quelle force peut être le témoignage de deux perfonnes qui ne favoient pas la langue, & ne faifoient en quelque forte que paffer. Le même Thomas Rhoe rapporte, ,, qu'avant la Conquête de Tamerlan ces ,, contrées étoient gouvernées par divers petits Princes qui ,, n'avoient aucune religion, mais chacun une idolâtrie par-,, ticuliere, adorant diverfes créatures". Voilà le fens dans lequel il faut entendre ce que Thomas Rhoe dit ailleurs des Loix; car tout idolâtre a une religion.

p. 76.

DANS Mandeslo, en 1638, ,, la feule volonté du Mogol décide tous les différens qui naiffent entre eux (fes ,, Sujets) qui n'ont pas d'autres loix, & qui obéiffent ,, aveuglement à tout ce qu'il ordonne. Il difpofe fouve-,, rainement de leur vie & de leurs biens. C'eft pourquoi ,, c'eft fur fon feul commandement qu'on exécute les plus ,, grands Seigneurs".

Trad. fr. in 4°. p. 171.

BERNIER a bien de la peine à accorder aux Indiens une forte de juftice. ,, Il eft vrai, dit-il, qu'ils ne font pas ,, tout à fait deftitués de bonnes Loix, & que même, fi ,, celles qui y font, étoient bien obfervées, il y feroit auffi ,, bon vivre qu'en aucune part du monde. Mais à quoi ,, fervent-elles, ces loix, fi elles ne font obfervées, & ,, s'il n'y a pas moyen qu'elles le puiffent être"?

Voyage T. I. p. 315.

VOILA donc des Loix, affez mal obfervées, je le veux: fous certains Empereurs Romains, le peuple en difoit autant. On verra plus bas qu'elles font ces Loix, & s'il eft vrai qu'elles ne puiffent être mifes en pratique. Il fuffit pour cela que le Prince foit humain. Sous Akbar ,, les Mi-,, niftres de la juftice avoient ordre de n'exécuter perfon-,, ne, qu'après en avoir reçu trois fois le commandement ,, de fa bouche, à trois jours différens; & cet ordre s'exé-,, cutoit ".

Hist. gen. de Voy. p. Mss. T. I. p. 299.

C. 1. d. p. 56.

OVINGTON nous dit que ,, le Grand Mogol eft fi ab-,, folu que fa volonté fait loi, & que fa feule parole décide ,, de toutes les difputes qui s'élevent".

Voyage Tr. fr. T. I. p. 196.

CECI

Ce c i eft général, & n'exclut pas des loix primordiales, puifque „ le Prince, felon le même Voyageur, rend exac- „ tement juftice à fes fujets...... & que de là les Omrahs „ font exacts a payer leurs dettes".

Enfin M. Dow s'exprime en ces termes: „ l'hiftoire „ de cette contrée (l'Inde) préfente un tableau bien frap- „ pant de la déplorable condition d'un peuple foumis à une „ autorité arbitraire, & de l'inftabilité de l'Empire lui-mê- „ me, quand il n'eft fondé ni fur les loix ni fur l'opinion „ & l'amour des peuples".   *The Hift. of hind. T. I. Pref. p. II. Trad. fr. p. 144.*

Plus bas il ajoute, „ que l'Empereur eft l'arbitre uni- „ que & abfolu de toutes chofes, fans être contraint ni fur- „ veillé par aucune loi".   *Libr. cit. pag. 12. Tr. fr. p. 146.*

C'e s t fur de pareilles affertions que les Publiciftes forment le portrait du defpotifme. M. de Montefquieu, je l'ai déjà obfervé, avance que les Voyageurs, lorfqu'ils décrivent les pays où il regne, nous parlent rarement de loix civiles. Ce favant cite en note le Recueil des voyages faits pour l'établiffement de la compagnie des Indes Hollandoife, où le commis Van den Broeck parlant des habitans de Mazulipatam, s'exprime ainfi: „ je n'ai pu découvrir qu'il „ y eût aucune loi écrite parmi eux, ni aucun Tribunal „ pour les affaires criminelles".   *Ci—d. p. 2. (ligne 19) Efpr. des Loix p. 73.*   *Tome II. p. 420. édit. 1705.*

Reste à favoir fi le Voyageur Hollandois a été exact dans fes recherches, & capable de les faire comme il convenoit: juger des principes de l'adminiftration, du gouvernement d'un peuple fur le témoignage de quelques marchands étrangers! Le négoce met à portée de connoître la politique commerçante d'une nation; il faut des lumieres d'un autre genre pour en découvrir les Loix, pour en étudier le Gouvernement.   *Zend. av. T. I. I. Part. p. 115.*

M. de Montesquieu cite encore le 14e. Recueil des *Lettres Edifiantes*, où l'on avance, felon lui, que les

N

Indiens, dans les jugemens ne se réglent que sur de certaines coutumes; que le *Vedam* & autres livres pareils, ne contiennent pas des loix civiles, mais des préceptes Religieux.

Il est étonnant que ce savant, qui cite la lettre du P. Bouchet, s'exprime de cette maniere. Mais son système étoit fait. Les mots du Missionnaire : „ ils (les Indiens) „ n'ont ni code ni digeste, ni aucun livre où soient écrites „ tes les Loix auxquelles ils doivent se conformer, pour „ terminer les différens qui naissent dans les familles".....
Ces mots suffisent à M. de M*. s'il avoit lu le reste de la lettre, il y auroit vu des coutumes constantes, qui valent peut-être celles de l'Europe. De ces coutumes les unes sont écrites, les autres sues généralement. Mais avant qu'il y eût en France des coutumes mises par écrit, c'est-à-dire, au plus tard, avant le 12e. siecle, pouvoit-on dire que les contrées regies par des coutumes non écrites, n'eussent pas de loi? Le *Vedam* & ses commentaires réglent la morale, certaines observations légales & même civiles. On sait que dans l'Orient ces deux objets ont les mêmes principes. Les coutumes prononcent sur tout ce qui peut concerner les biens, les juges, les témoins, les héritages, la succession des Etats, les Princes, les particuliers, le prêt, l'intérêt légitime & illégitime, le vol & autres matieres criminelles, les appels &c. Lorsqu'Aurengzebe exige de Rana, Prince Indien, qu'on rende la justice dans ses Etats sur le pié de l'Alkoran, „ qu'il soit permis au moins, „ lui dit ce Prince, à des peuples tranquilles d'y conser- „ ver (dans les montagnes) la paix, & de vivre à la façon „ de leurs peres sous des loix plus anciennes que l'Al- „ koran".

Ce que dit ici le Raja est fondé, les Indiens ont un livre de droit appellé en Télongou, *Vignanam*. La science du droit s'appelle en cette langue, qui approche beaucoup du Samskretam, *Vignanam Schastram*. On nomme *Vigna-*

Lettr. Edif. T. XIV. p. 326.

p. 332.

Leg. franc. Sal. par Eccard. p. 8. R cherches sur les Comm. par M. de Bréquig. p. 4, 35, 36. Hist. crit. de la Monarch. fr. T. IV. p. 292. Oupnek'hat &c. C 1—d. p. 26. Lettr. Edif. T. XII. p. 226, 412. Dow, an Enquiry &c. p. 116, 122, 136, 137.

Hist. gen. de l'Emp. Mog. T. IV. p. 35, 40.

Dow an Enquiry &c. p. 43.

Dow on Telen...

ne Schouaroudou le Roi qui a ramaffé les Loix dont. eft formé ce livre de droit.

IL eft vrai qu'il n'eft queftion ici que des Princes Gentils, & que le témoignage des Jéfuites pourra paroître fufpect. Alors il ne falloit pas les citer.

MAIS on ne récufera pas le témoignage de M. Dow. „ Selon ce Voyageur les Indiens ont un Code de loix dans „ le *Nea Shafter*. La trahifon, l'incefte, le facrilege, le „ meurtre, l'adultere avec la femme d'un Brame, le „ vol .... font chez eux des crimes capitaux". *Libr. cit. T. I. p. 36. Tr. fr. p. 37.*

AINSI avancer, comme Henri Grofs, que „ le Gou- „ vernement Gentil fe conduit fur un fyftême fuivi de vio- „ lence & d'injuftice", c'eft confondre l'abus de l'autorité dans les mains de tel Chef Indien, avec les principes de l'adminiftration dont il eft chargé. *Voyag.Tr. f. p. 125, 126.*

NOUS allons voir chez les Mahométans, comme nous avons fait chez les Gentils, des coutumes, & un Code que l'on a peut-être jufqu'ici trop méprifé.

D'ABORD l'auteur de *l'hiftoire des guerres de l'Inde* nous dit que „ ceux qui ont fait des recherches fur cette „ matiere (ce qui regarde les Indiens), affurent qu'il n'y „ a aucune loi écrite chez les Indiens; qu'un petit nom- „ bre de maximes tranfmifes par tradition, tient lieu de „ Code dans la difcuffion des affaires civiles, & qu'une an- „ cienne pratique, corrigée en quelques occafions par le „ bon fens du juge, décide abfolument les affaires crimi- „ nelles. Dans toutes celles qui naiffent des relations de „ parens, on peut avoir la plus grande confiance aux In- „ diens; mais dans les affaires où il s'agit de biens propres, „ fans aucun rapport aux liens du fang, ce peuple fubtil „ & artificieux eft perpétuellement en difpute, & faute „ d'avoir un Code écrit, la juftice ou l'injuftice de la déci- „ fion dépend de la vénalité du juge". *A Hiftor. of the Militar. trans. act. of the Br. nat. in Induft. Differt. on the Eftablish. made by Mahom. in Ind. p. 25. Trad. fr. T. I. Diff. prelimin. p. 46, 47.*

VOILA des *maximes conſtantes* tranſmiſes par tradition des *pratiques anciennes.* On verra bientôt dans M. Dow, que les jugemens ne doivent pas être ſi indécis, ni la juſtice ſi vénale qu'on le prétend ici.

AU reſte les diſputes ſur les propriétés augmentent en proportion des conditions, de la nature des biens, de la qualité du vendeur, de l'acheteur, de la variété des uſages du pays où le bien eſt ſitué, des jugemens mêmes particuliers donnés en pareille matiere. Le labyrinthe des loix d'Europe en eſt la preuve, ſans qu'il ſoit néceſſaire de faire retomber l'injuſtice ſur la vénalité du juge.

Libr. cit. origin. Angl. p. 25. Trad. fr. p. 47. „ PAR cette raiſon, (c'eſt le même auteur qui parle) „ les parties préferent de ſoumettre leurs cauſes à la déci- „ ſion d'arbitres de leur propre choix, plûtôt qu'à celle „ des Officiers établis par le Gouvernement".

C'EST de même partout, quand on le peut.

Orig. Angl. p. 26. „ L'ALKORAN eſt en même tems pour les Mahomé- „ tans la ſource de leurs inſtitutions Religieuſes, de leurs „ loix civiles & de l'adminiſtration de la juſtice dans les af- „ faires criminelles. Les deux premiers Chefs (la Reli- „ gion & les Loix civiles) ont été plus amplement com- „ mentés que dans toute autre Religion & dans aucun Gou- „ vernement ".

LES Mahométans dans l'Inde, ont donc un Code, & même étendu, de loix civiles & criminelles.

„ LES Cadis tiennent les Cours où l'on décide les af- „ faires qui concernent la propriété ; & le Cotoual eſt juge „ & exécuteur dans les affaires criminelles".

L'AUTEUR avoue en ſuite qu'il n'a pas aſſez de connoiſſances, pour détailler les fonctions des Cadis. Il ajoute que l'autorité les gene ſouvent, que l'eſprit de violence leur fait commettre des injuſtices: reproche général contre tout gouvernement confié à des hommes, c'eft-à-dire à des êtres fufceptibles de paffions.

Mr. Dow va nous donner fur cela quelque chofe de plus fatisfaifant. *Le Defpotifme de l'Indouftan, c'eft ce qu'il faut bien obferver,* dit ce Voyageur, *ne fut jamais un Gouvernement de pur caprice, de pure fantaifie. Les Mahométans porterent dans leurs conquêtes un Code de loix par lequel la volonté du Prince étoit circonfcrite.* Mr. Dow confirme ce qui a été dit plus haut, des trois audiences que le Mogol donne tous les jours, des Requêtes qu'on peut alors lui préfenter. „ Si dans quelques Re- „ quêtes, il fe rencontre quelque chofe de douteux, elle „ eft envoyée fur le champ au Seder el Sedour, dont la „ charge répond à celle de chef de juftice en Angleterre, „ pour être examinée & décidée felon la Loi.........”

DANS les Provinces le Divan eft chargé de maintenir les loix. „ Il a confervé le droit de s'oppofer aux nou- „ velles impofitions (faites par les Gouverneurs) & aux in- „ novations dans les Loix”.

VOILA déjà une loi à laquelle le Grand Mogol ren- voye, des Loix & des Tribunaux particuliers, repartis dans tout l'Empire & chargés du dépôt de ces loix. Quel- les font-elles ces Loix?

„ LES Mahométans, continue M. Dow, n'ont de loix „ écrites que celles qui font contenues dans l'Alkoran. Il „ y a auffi certains ufages fondés fur la religion, & fur „ une pratique immémoriale, qui font auffi confervés par „ écrit......... *refpectés par le Prince”,* & mentionnés même dans les Paravanas accordés aux Européens (a).

(a) The faid company (English) will be careful to govern according to eftablished cuftoms and ufage, Without any gradual deviation, and Watch for the profperity of the people. *Perwannah for the grant of land, from Jaffier Ali khan. H. Verelft, a view &c. appendix, p.* 145.

D E s coutumes mifes par écrit, font des loix écrites. Les Mahométans ont donc dans l'Inde d'autres loix écrites que l'Alkoran. Les Privileges faifant loi, font aufli couchés par écrit. Akbar ayant permis aux Européens qui étoient à fon fervice, de cultiver des vignes au tour d'Agra „ la „ Loi du Prince fut inferée dans la Chronique en ces ter- „ mes. *Les Européens font nés dans le vin, comme le* „ *poiffon dans l'eau: c'eft leur ôter la vie que de leur en* „ *défendre l'ufage*".

Hift. gén. de l'Emp. Mog. T. I. p. 231.

O n connoît dans l'Inde le Code d'Aurengzebe qui por- te le nom de *Fetva Aalemguir*. Cet ouvrage, auquel fi on en croit les hiftoriens, tous les gens de lettres de l'Em- pire travaillerent, couta trois Laks de Roupies (près de 750000 ₶). On cite encore plufieurs ordonnances de ce Prince, que je crois devoir rappeller ici. En 1079 de l'Hégire (de J. C. 1668) Edit qui chaffe les danfeufes de leurs domiciles, à moins qu'elles ne fe marient. En 1080, ordre envoyé aux Gouverneurs d'Elahbad & de Oud, de ne point fouffrir qu'on faffe des Eunuques & de punir de mort les réfractaires. En 1088, Edit contre le Luxe; dé- fenfe d'avoir des réchauds d'or & d'argent, ainfi que des écritoires du même métal, de porter des robes longues, & de fe préfenter devant lui (Aurengzebe) autrement qu'en bottes; étoffes d'or & d'argent prohibées. Défenfe faite à toute perfonne au deffous du grade de quatre *Hazaris* (Seigneur à 4000 chevaux), de bâtir fans une permiffion expreffe du Monarque.

Hift. manufc. de l'Indouft. par M. Gen- til. p. 151, & Hift. gén. de l'Emp. Mog. T. III. p. 14.

M. Gentil. libr. cit. p. 133.

p. 134.

O n peut voir dans le troifieme volume de *l'hiftoire gé- nérale de l'Empire Mogol*, plufieurs autres réglemens d'Au- rengzebe plus ou moins importans.

p. 139.

„ I l y a des caufes, c'eft M. Dow qui parle, qui fe „ jugent fuivant ces ufages (ceux dont il a parlé), & la „ Couronne a des Officiers, fous le nom de *Kanoun goï* „ (*Lecteurs en droit*) qui pour un certain prix expliquent „ au peuple ces ufages écrits". Ailleurs il nous apprend

Libr. cit. Prét. p. 15, 16 Tr. f. p. 151. 152.

D. Dow, Diff. p. 27.

qu'Aurengzebe avoit établi par Edit des personnes instrui-
tes dans la forme des jugemens, lesquelles, dans les procès, devoient donner *gratis* leurs avis aux pauvres.

Nous avons vu ci-devant, que les résolutions du Conseil étoient inscrites dans un Registre public, & que pour
peu de chose on pouvoit en avoir communication.

Ci—d. p. 49. (lign. 3.)

M. Dow écrivoit près de Benarès, ville où l'on peut
savoir aisément ce qui se passe à Dehli. Son témoignage
est ici d'un grand poids. Il nous montre des coutumes ré-
digées, des Officiers chargés par le Gouvernement de les
expliquer au peuple. Voilà de nouveaux Professeurs en
Droit. Dans les pays les plus libres, les plus policés, on
en est encore à désirer des professeurs pour les coutumes.

„ Dans chaque District, ou *Parganah*, il y a une
„ *Cacheri* ou Cour de justice ”.

Hist. of hin-dost. T. I. pref. p. 16. Tr. fr. p. 152.

J'ai vu celles du Bengale. Tous les actes, contrats
de vente, par exemple d'esclaves, doivent y être enre-
gistrés; & dans quelque tems que ce soit, on peut les y
aller consulter. La minute portée sur les Registres fait
foi en justice.

„ Ces cours sont extrêmement venales ”.

C'est le reproche général qu'on fait, & qu'on a presque toujours fait, avec plus ou moins de raison, sur toute la surface du Globe, aux Cours de Justice. D'ailleurs
l'auteur nous apprend, dans un autre ouvrage, *qu'il n'est
pas pleinement informé du pouvoir des différens juges, &
de la maniere dont on procede dans leurs Tribunaux*
„ & même dans les procès concernant la propriété, les
„ frais de justice légitimes vont au quart de la valeur de
„ l'objet contesté ” (*a*).

Ibid. & H. Verelst a view &c. appendix p. 229.

An Enquiry &c. p. 56.

(*a*) Voici ce que porte une note de l'ouvrage de M. Verelst, que j'ai déjà
cité. *p.* 136. *Dans le Bengale, le peuple est si éloigné de supposer la justice
due par les Magistrats, que le quart du bien contesté appartient au juge.*

En Europe il y a telle affaire où les frais confument le fond.

„ Au moins elles étoient (l'auteur fuppofe l'Empire „ Mogol détruit) expéditives, & dans la crainte de dé- „ plaire au Roi, qui ne manquoit jamais de punir les juges „ corrompus avec la derniere févérité, les Cafis étoient „ affez integres dans leurs jugemens”.

C'est à M. Dow à s'accorder avec lui-même. Au refte qui reconnoîtra à ce tableau le Defpote injufte de M. de M*., ce Monarque livré aux fuggeftions intéreffées du Miniftre qui l'obfede? Les hommes font affez méchants, fans qu'il foit néceffaire pour les rendre hideux, de forcer les couleurs dont on les peint.

D'après ce que je viens de rapporter, on peut réduire à fa jufte valeur ce que M. Dow dit ailleurs de l'Etat de l'Indouftan. „ Dans un Gouvernement tel que ce- „ lui de l'Inde, on ne fait ce que c'eft que l'efprit pu- „ blic, & la félicité; le peuple paffe des mains d'un Tyran „ dans celles d'un autre, fans murmurer. Les individus

„ voyent

Dow. cit.
Orig. Ingl.
p. 12. Trad.
Franç. p. 144,
145.

---

comme une récompenfe de fa peine. Ainfi dans tous les pays où les juges reçoivent des épices, on fuppofe qu'ils ne font pas obligés de rendre la juftice?

En général l'ouvrage de M. Verelft, avec mille traits lumineux, a bien des endroits foibles, furtout quand il eft queftion des mœurs & des ufages des Indiens, qu'il repréfente toujours comme gémiffants fous un Gouvernement Arbitraire, lorfqu'ils obéiffent aux Princes du pays (p. 3, 69, 70, 94, 133, 141, 147. Appendix, p. 237.) quoi qu'il reconnoiffe en même tems la douceur du Gouvernement Mogol (p. 65). Je ne puis, malgré ces défauts, m'empêcher de citer les Lettres de ce Gouverneur, (appendix p. 91—127.) comme des morceaux d'une politique profonde, & qui préfentent un Etat jufte & frappant de la fituation de l'Indouftan depuis 1767 jufqu'en 1770. Les inftructions données en 1769 aux furveillans (fupra rifers) placés dans les différentes provinces du Bengale, dépendantes de la Compagnie Angloife (p. 227—239) méritent de même d'etre lues par toute perfonne de quelque nation qu'elle foit, qui dans l'Inde a part à l'adminiftration.

Il réfulte de l'ouvrage de M. Verelft, & de celui de M. Dow, que le Bengale doit fes malheurs à la conquête des Anglois. Le Gouverneur de Calkuta les attribue principalement aux demandes & aux ordres de la Compagnie; l'Officier Anglois en trouve le principe dans la conduite des perfonnes chargées en chef des affaires dans le Bengale.

„ voyent les calamités de leurs femblables, fans y prendre
„ intérêt, pourvu qu'ils trouvent moyen de fe fouftraire
„ eux-mêmes au malheur général ”.

C'est-a-dire, que ce Voyageur dit en quelque forte
le oui & le non fur le même fujet. Pourquoi ces déclamations générales? Il eft vrai que M. Dow modifie ce qu'il
a avancé.

„ Ce n'eft là, cependant, ajoute-t-il, le tableau de
„ l'Indouftan que dans les tems fâcheux, & fous les mau-
„ vais Rois. Si le Gouvernement arbitraire a cela de fu-
„ nefte, qu'en peu de tems il peut occafionner les plus
„ grands défaftres, il a auffi l'avantage de pouvoir donner
„ plus promptement du foulagement à un pays défolé ”.

Nous avons vu que le Gouvernement de l'Indouftan
n'étoit pas arbitraire, ou du moins qu'il ne l'étoit que par
abus, comme le Gouvernement Romain, fous Néron, Do-
mitien, Commode. L'abus du pouvoir, dans les mains de
ces Princes, fera-t-il jamais dire que de leur tems l'Empire Romain fût, par fa conftitution, fans loix?

On a pu remarquer dans les différentes autorités que
j'ai citées, qu'à mefure que la connoiffance des langues &
les rapports des Européens avec les Indiens ont augmenté,
les Voyageurs nous ont donné des notions plus exactes
fur le Gouvernement général & particulier de l'Inde.

Je conclus de leur témoignage qu'il y a dans l'Indouftan, pour les Mahométans comme pour les Gentils, des
Coutumes ayant force de loix, écrites & non écrites; que
le peuple les connoît, qu'on les lui explique, qu'il compte
fur les loix, que de plus il y a un Code général, l'*Alkoran*
& fes glofes, pour les Mahométans, les *Védes*, leurs commentaires, le *Vignanam*, pour les Indous; que tous les
objets qui peuvent intéreffer la fociété chez des peuples
tels que ceux là, fe trouvent dans ces Codes ou dans ces
coutumes; qu'ainfi malgré ce qu'avance M. Dow, nul Eta-

O

*Libr. cit.
6 Ed. Angl.
p. 57. Tr. fr.
p. 39.*

dans l'Inde, n'eſt régi par la volonté arbitraire du Prince, & qu'en conſéquence c'eſt à tort qu'on a dépeint ce vaſte pays comme un déſert ſans loix, livré par ſa conſtitution en quelque ſorte, à la brutalité, à la voracité des Chefs qui le gouvernent.

MAIS ces Loix obligent-elles le Souverain lui-même? L'Alkoran, conſideré comme Code civil & criminel, décide-t-il réellement tous les ſujets de conteſtation relativement à l'homme en ſociété? C'eſt ce que je vais examiner.

*Hist. gén. de
l'Emp. Mog.
T. III. p. 106.*

D'ABORD ſi le Mogol eſt de droit au deſſus de toute loi, ce Monarque n'aura pas l'imprudence de faire des loix qui regardent ſes ſucceſſeurs, ou du moins ceux-ci ne ſe croiront pas liés par ces loix. Cependant comme les loix d'Akbar ne permettoient pas aux Empereurs Mogols d'avouer plus de quatre de leurs fils, Aurengzebe voulant en produire un cinquieme (Kambakhſch, fils de la Beigone favorite) ſe croit obligé de déclarer que ce n'eſt que pour remplacer un ingrat (Mahmoud, ſon fils aîné) que ſa perfidie avoit rendu indigne de l'avoir pour pere.

*Hist. gén. de
l'Emp. Mog.
T. II. p. 278.
279.*

II. DANS un Etat auſſi deſpotique on ne verra pas les Grands braver en quelque ſorte la puiſſance du Monarque. Cependant „ un jour Schah djehan, dit-on, menaça Ja- „ cont-ſing (Raja de Rator) de rendre une viſite à ſes „ Etats: c'étoit ainſi qu'il s'exprimoit. L'Indien répondit „ fiérement au Mogol que le lendemain il lui donneroit „ un ſpectacle capable de lui épargner le voyage. En „ effet c'étoit le tour du Raja de monter la garde à la por- „ te du Palais. Il rangea donc vingt mille hommes de ſa „ Cavalerie ſur les bords du fleuve, & pria l'Empereur de „ contempler la milice de ſes Etats du haut d'un balcon. „ Schah-djehan fut ſurpris de voir les armes luiſantes & „ la mine guerriere de ces braves *Ragepoutres.* Seigneur, „ dit alors le Raja au Mogol, tu as vu ſans frayeur des „ fenêtres de ton Palais la bonne contenance de mes In-

„ diens, tu ne la verrois peut-être pas fans péril, fi tu
„ prétendois faire violence à leur liberté. Le Raja fut
„ applaudi & reçut un préfent".

Encore moins fous un Gouvernement appuyé par des
victoires multipliées, les premiers Officiers oferoient-ils
oppofer avec force les raifons aux volontés du Souverain.
Cependant Aurengzebe ayant d'abord tenu à l'égard de fon
pere Schah djehan une conduite dure & barbare, Moha-
betkhan, Gouverneur de Kaboul crut avoir droit de lui
écrire à ce fujet. „ Comme le voifinage de la Perfe & des   *Id. p. 36.*
„ Patanes lui affuroit une retraite en cas de perfécution,
„ il s'exprima, dit le P. Catrou, fans crainte. Sa lettre
„ eft un monument (*a*) qu'on doit à la poftérité. Seigneur,
„ dit-il à Aurengzebe, quelque formidable que vous foyez
„ par l'ufurpation, je ne puis croire que la juftification du
„ Roi votre pere & nôtre maître, puiffe vous devenir
„ odieufe; l'ambition ne va jamais jufqu'à éteindre l'in-
„ ftinct. Les grands Princes ne font fouvent injuftes que
„ par la fuggeftion des fcélerats qui les environnent. De
„ leur fonds ils font équitables, & s'ils trouvent un fervi-
„ teur affez fidele pour expofer la vérité à leurs yeux, la
„ nature & l'éducation reprennent le deffus, & diffipent
„ l'illufion. Nous n'en difconvenons pas, Schah djehan
„ eut fur le Trône de ces foibleffes pardonnables à fon
„ tempérament, & qui deviennent comme néceffaires, lorf-
„ qu'on eft dans la licence de tout ofer. Confultez vous,
„ Seigneur, & voyez fi depuis vôtre élévation au Trône,
„ vous n'avez pas permis l'effor aux vices de votre tem-
„ pérament. Celui de Schah djehan l'entraîna vers le plai-
„ fir. Le vôtre vous emporte à la févérité. Le Roi vo-
„ tre pere porta la volupté jufqu'à des éclats fcandaleux.

(*a*) On fait que le P. Catrou, auteur de l'*Hiftoire gén. de l'Emp. Mog.*, a
travaillé fur les mémoires de M. Manouchi Vénitien, médecin à la Cour du Mogol. J'ai vu ces mémoires, en 1763, dans la Biblioth. des Jéfuites de la maifon
Profeffe. „ Si perfonnellement, dit le P. Catrou. (*Préf. du 3e. Vol.*) j'étois
„ fufpect d'avoir altéré les mémoires de M. Manouchi, j'ai en main de quoi con-
„ tenter les incrédules".

„ & vous, Seigneur, vous portez la rigueur jufqu'à ré-
„ pandre le fang de vos freres, & à groffir les rivieres de
„ celui de vos fujets. Telle eft l'injuftice des hommes;
„ ils n'ont d'horreur que pour les vices dont leur naturel
„ les préferve, & ils fe pardonnent ceux où leur penchant
„ les conduit. Eft-ce donc un moindre crime de nager
„ dans le fang & dans le carnage, que de mener une vie
„ voluptueufe dans la liberté d'un Serail? à dire le vrai,
„ tous les hommes font prefqu'également coupables. Mais
„ heureux font les peuples dont les Rois ont des inclina-
„ tions moins nuifibles à la félicité publique! Chaque jour
„ Schah djehan s'afféyoit fur le Trône pour entendre les
„ plaintes de fon peuple. On s'avifoit peu de lui en por-
„ ter. Vous vous y afféyez, Seigneur, aux mêmes heu-
„ res que vôtre pere, & vôtre Tribunal retentit de mille
„ plaintes différentes. C'eft qu'un Prince pacifique met la
„ paix dans tous les efprits, & qu'un Prince févere anime
„ les mauvais cœurs à des vengeances mutuelles. Conten-
„ tez vous, Seigneur, de jouir des fruits d'une ufurpation
„ nouvelle, fans vous donner fur un pere malheureux une
„ préférence qui vous deshonore".

Id. p. 40, 44,
152, 250. T. IV. p.
263. Usage de
B. n. T. I. p. 246.
Doc. Hift. of Hin-
doft. T. III. p. 352.
AINSI parloit au Monarque le plus abfolu un Perfan qui le reconnoiffoit pour fon Souverain: la cérémonie du facre étoit faite. „ Aurengzebe, loin de lui favoir mau-„ vais gré de fes repréhenfions, le fit paffer du Gouverne-„ ment de Kaboul à celui du Guzarate " & le renvoya dans la fuite dans cette premiere Province, comme un homme dont la probité lui étoit auffi connue que le mérite. Que l'on dife après cela que tout eft permis, le jufte comme l'injufte, aux Monarques de l'Indouftan.

Voyage d'Ouing-
ton. T. G. T. I.
p. 118. Hift. gen.
des Voyages.
T. II. p. 87.
Doc. ... H. Orig.
LA cérémonie même qui s'obferve à leur inftallation, prouve qu'il y a des loix au deffus d'eux. Quoique le Roi ait le pouvoir de fe nommer un fucceffeur, & encore le confentement des Grands, chez les Mogols, ainfi que chez

les Indous , eft - il néceffaire (*a*) ; quoique les Indiens foient dans l'opinion que le droit de fucceffion réfide dans l'héritier mâle, que le préjugé foit en faveur de l'aîné, malgré les prétentions de ceux qui feroient nés depuis l'élévation de leur pere au Trône, la confécration n'eft pas moins néceffaire „ c'eft une loi parmi les Mahométans qu'un „ nouveau Souverain ne peut ufer du droit de vie & de „ mort fur fes fujets, s'il n'a reçu du Cafi ou du chef de „ la loi une efpece de confécration, qu'on regarde parmi „ les Mogols comme le fceau de la jurisdiction. Le bon „ vieillard qui pour lors (au commencement du regne „ d'Aurengzebe) étoit à la tête de la Religion , & le „ grand interprête de l'Alkoran, regardoit avec indignation „ l'invafion d'Aurengzebe. Il s'obftina donc à refufer du „ vivant de Schah djehan de fervir à la cérémonie qui reftoit à faire pour mettre l'Empereur en poffeffion d'une „ autorité abfolue. Aurengzebe fit dépofer le vieillard, „ & fit élire un Cafi moins fcrupuleux & toujours prêt à „ favorifer les inclinations de la Cour. Ce fut de lui qu'Aurengzebe reçut avec la confécration (*b*) le pouvoir de „ difpofer à fon gré de la vie de fes fujets".

Angl. p. 13, 14. *Tr. fr. p.* 148. *Hift. gén. de l'Emp. Mog. T. III. p.* 107, 115, 174. *Dow hift. of hindoft. T. II. p.* 62. *Hift. gén. de l'Emp. Mog. T. II. p.* 216, 217.

J'observe trois chofes dans ce récit. I. La néceffité d'une confécration pour complctter la puiffance de tout Souverain Mahométan, & en particulier du Monarque de l'Indouftan : ce Prince eft donc foumis à un ordre national. II. Un fujet qui refufe de prêter fon miniftere, & qui en a le droit, puifque ne pouvant l'y forcer, on fe contente de le dépofer. III. Un Confécrateur Chef de la Loi que profeffe le Prince, & qui en conféquence l'oblige plus ftricte-

(*a*) En 752 de l'Hegire, Ferofchah, malgré le choix du feu Empereur Mohammed, fon coufin germain, femble ne recevoir la couronne que des Omarahs. *Dow hift. of hindoft. T. I. p.* 323 — 325. Son oncle, Kciaffeddin Togholok fchah, n'avoit voulu accepter l'Empire que de la main des Grands, du peuple même. *Id. p.* 293, 294. Les Rajahs eux-mêmes ne fondent leur droit que fur le choix primitif des peuples. *Hift. gén. de l'Emp. Mog. T. IV. p.* 39.

(*b*) Tavernier (*Voyage T. I. p.* 473.) nie que cette cérémonie ait lieu. Mais fon autorité eft de peu de poids fur un fait de cette nature. *C. 1—d. p.* 98, *note* (*a*) ; & *Dow hift. of hindoft. T. II. p.* 360, 361.

ment par la cérémonie du facre à obferver cette loi, en même tems que le Prince, en reconnoiffant qu'il a befoin de
cette confécration, fe foumet, à cette obligation.

VOILA des engagemens directement contraires au pouvoir arbitraire & illimité, qu'on prétend donner au Grand
Mogol.

*Revol. Ind.
&c. edit. au
Bengale, &c.
par M. Hol-
well.
In. E. T. I.
p. 32.* AJOUTONS les fermens que ce Prince peut faire à fon
inftallation.   En 1719 on reprocha au Mogol Ferrokhfeir
d'avoir violé celui qu'il avôit fait à fon avénement au Trône, en impofant la capitation fur les Indiens, & ce crime
fut une des caufes de fa dépofition.

LES Indiens croyent donc qu'il y a entre le Monarque
de l'Indouftan & fes fujets, des obligations réciproques,
dont les unes ne peuvent manquer, fans anéantir les autres.   Les favans de cet Empire ne craignent pas de mettre ces paroles dans la bouche d'Aurengzebe, parlant à fon
*Voyage de
B ... T. I.
p. 212,* Précepteur. ,, Ne devois-tu pas, flatteur que tu es, m'ap-
,, prendre quelque chofe de ce point fi important à un
,, Roi ; quels font les *devoirs* réciproques du Souverain en-
,, vers fes fujets, & des fujets envers leur Souverain".
Auffi dans l'Inde a-t-on, auffi bien qu'en Europe, l'idée
d'un Gouvernement mixte.   Thamas Koulikhan rend la
*Lett. Edif.
T. XVI.
p. 450.* couronne au Mogol Mahmoud Schah, aux conditions que
l'Empire fera gouverné par Nizam-elmoulk, accompagné
de 29 Omrahs formant un Confeil choifi par le Roi de Perfe.   Voilà une Monarchie mêlée d'Ariftocratie : le Mogol
fe foumet à ce réglement.

§. II.

LE Code de Loix auquel les Monarques de l'Indouftan
font foumis en qualité de Mahométans, eft l'*Alkoran*.   Il
y en a un plus ancien dans le Nord de l'Inde, que ces
Princes doivent regarder comme un Code de famille, ce-

lui qui porte depuis le 13e. fiecle le nom de *Jafade Genghiskhan.*

Si l'on en croit les Orientaux, ces loix viennent originairement de Turk, fils de Japhet. Augmentées par les
Rois fes fucceffeurs, elles ont toujours fait le Code des
Tartares. Genghiskhan y ajouta plufieurs articles en partie militaires, qu'il augmenta dans la fuite lorfqu'il fe pré-
paroit à la guerre contre le Roi de Carifme. ,, Ce Monar-
,, que défend fous peine de la vie, de prendre la fuite,
,, fans avoir combattu quelque danger qu'il y eût à vou-
,, loir réfifter. Comme toute l'ordonnance de fon armée
,, rouloit fur le nombre de dix, il établit une loi qui por-
,, toit que, fi de dix commandans qui feroient enfemble
,, un feul corps de leurs troupes, quelques-uns venoient
,, à fe débander & à fuir, fans la participation du refte
,, du corps, on les feroit mourir fans rémiffion. Il con-
,, damna auffi à mort ceux d'une dixaine, qui voyant leurs
,, compagnons engagés au combat, n'iroient pas à leur fe-
,, cours, on qui fe trouvant à la prife de quelques-uns de
,, leurs camarades, ne tâcheroient pas de les délivrer......
,, il fut encore ordonné que les gens de guerre foit aux fie-
,, ges, foit aux autres entreprifes, ne feroient rien que
,, fuivant la teneur des loix, & s'il arrivoit qu'ils agiffent
,, autrement, qu'on les puniroit avec beaucoup de fé-
,, verité ".

Au refte je penfe qu'on verra avec plaifir quelques traits
de ce Monarque, qui montrent qu'il ne s'occupoit pas uniquement de conquêtes.

Genghiskhan choifit quatre de fes enfans, dont il
avoit étudié les inclinations ,, pour commander fouveraine-
,, ment dans fes guerres & dans fes Etats........ il fit
,, Toufchikhan, l'aîné des fils de Purtakougim, grand Ve-
,, neur de l'Empire. C'étoit la charge la plus confidéra-
,, ble, à caufe de la chaffe à laquelle les Mogols étoient
,, indifpenfablement obligés. Il choifit le deuxieme Zaga-

p. 176.

„ taikhan, pour être chef de la justice. Il lui donna le
„ titre de Directeur des Loix, & il voulut que tous les
„ Tribunaux de l'Empire dépendissent du sien. C'étoit Za-
„ gatai-khan qui ordonnoit des peines contre ceux qui n'ob-
„ servoient pas les Loix; & il avoit soin de les conserver
„ dans toute leur pureté. Le Prince Oktai (le 3e.) eut la
„ charge de Chef des Conseils. Il faisoit paroître tant de
„ prudence, que Genghiskhan le jugea digne de cette pla-
„ ce, & ne forma presque plus d'entreprise sans le consul-
„ ter. Les affaires de la guerre furent confiées à Tulikhan
„ le plus jeune des quatre. Les Généraux dépendoient de
„ lui, & recevoient par sa bouche les ordres du Grand-
„ khan".

Voila une distribution de charges, une forme d'administration qui ne respire pas le Despotisme ombrageux &
ignorant que nous représente M. de M*. voyons quelles
en sont les suites.

Cl. 1—c. p. 125. (ligne 4.) libr. cit. p. 192.

Genghiskhan étant prêt à marcher contre le Roi
de Karisme, fit comme je l'ai dit ci-devant, différens réglemens pour ses troupes, & „ commanda que s'il mouroit
„ dans la guerre qu'il alloit commencer, on apportât les
„ volumes où les loix étoient écrites, qu'on les lût en
„ présence de ses enfans & au milieu de l'Assemblée lors-
„ qu'on éliroit un Grand Khan, afin que l'élection se fit
„ suivant les Loix, & que le nouveau Khan réglât sa con-
„ duite sur celles qui le regardoient".

Et que l'on ne croye pas tout cela de pure cérémonie.
Dans une Diette générale convoquée dans la ville de
Toukat, „ pour regler les affaires de l'Empire, il ne fal-
„ lut pas bien du tems pour en venir à bout, malgré tant
„ de conquêtes, & malgré le grand nombre de peuples
„ subjugués. Zagatai, le dépositaire des Loix de Gen-
„ ghiskhan, les avoit mises dans un si bel ordre, que tou-
id. p. 462.
„ tes les choses qui furent proposées, se trouverent réso-
„ lues sans peine par ces Loix, & il n'y eut qu'à les con-
„ firmer;

„ firmer; ce qui réjouit extrêmement le Légiflateur. Com-
„ me ce Prince .... fe plaifoit beaucoup à parler en
„ public, il ne manqua pas, avant la fin de l'affemblée, de
„ faire l'éloge de fes loix & le fien en même tems. Il en
„ recommanda l'exacte obfervation à tout le monde, & fit
„ voir combien elles étoient utiles, puifque par leur moyen
„ on avoit réglé tant d'affaires importantes en fi peu de
„ tems. Il dit encore que ces mêmes Loix étoient la cau-
„ fe de fes conquêtes & de l'honneur qui en réjailliffoit fur
„ tous les Mogols". On ne reconnoît pas à ces traits le
pouvoir arbitraire que les Publiciftes attribuent aux Monarques de l'Orient.

C E S Loix (les *Jafa*) furent en vigueur dans l'Iran & le
Touran pendant le regne de Genghiskhan & fous fes fucceffeurs. Tamerlan même, qui nâquit cent onze ans après
ce Monarque, les fit encore obferver dans tout fon Empire.
Or on fait que les Mogols actuels defcendent de Tamerlan.

Id. p. 110.

M. P E T I S de la Croix nous a donné vingt-deux articles de ces Loix, tirés de quelques Ecrivains Orientaux &
Européens. „ Je n'ignore pas, dit-il, qu'il fe trouve
„ dans le Levant un Recueil intitulé *Jafa Genghiskhani*
„ (c'eft-à-dire, les Loix de Genghiskhan): mais perfon-
„ ne ne l'a encore apporté en France, ainfi l'on ne peut
„ fur ce point pleinement fatisfaire la curiofité du lecteur".
Sans doute que le défir de joindre ce Code refpectable, à
ceux que nous avons déjà des autres nations de l'Afie, por-
tera quelque Prince ou Miniftre ami des Lettres, à le faire
chercher en Turquie, en Perfe, dans l'Inde même. Lorfque nous poffederons ce précieux monument, je me ferai
un devoir de le traduire après l'avoir comparé avec le Chapitre XLVIII. du 5e. Volume du *Rozzot-euffafa*, qui traite des réglemens, faits par Genghiskhan. Il me fuffit maintenant de rapporter plufieurs des loix de ce Monarque, &

Libr. cit.
p. 109, 110.

d'obferver qu'elles obligent le Chef & fes fujets (*a*), fouvent fous peine de mort.

Id. p. 101.

AINSI l'article 3. „ défend fous peine de la vie, qu'au„ cun Prince, ou autre homme, quel qu'il fût, entreprît
„ de fe faire proclamer Grand Khan ou Empereur, fans
„ avoir auparavant été élu par les Princes, Khans, Émirs
„ & par les autres Seigneurs Mogols affemblés légitime„ ment dans une Diette générale". Ce qui s'eft obfervé du vivant de Tamerlan, à l'élévation de Kabul Schah Oglen à la dignité de Khan. La même chofe fe pratique en Perfe. Les Germains & les Francs choififfoient auffi leurs Rois. Une pareille élection rend toujours le Souverain refponfable de fes actions, à la nation qui l'a choifi.

Vie de Tamerl. Tr. par Pet. de la Cr. T. I. p. 77.

Tacit. Germ. Cap. VII, XI. Bibl. Germ. T. XV. p. 131. Comm. de bell. Gall. Lib. V. p. 57. édit. francf. 1575. Libr. cit. p. 101—103.

L'ARTICLE 4e. regle les titres d'honneur donnés aux Chefs des nations; le 5e. à quelles conditions on devoit leur accorder la paix. Ceci eft du droit des gens.

LA Difcipline militaire eft traitée dans les articles 6, 7, 8 & 9. La conduite des Commandans dans l'article 22.

p. 103.

L'ARTICLE 10. défend de tuer le gibier entre Mars & Octobre, pour que la Cour & l'armée en trouvent fuffifamment dans les chaffes qu'elles feront tous les ans. Ce réglement tient à la vie militaire des Mogols. Gengiskhan „ favoit qu'un exercice continuel étoit néceffaire aux gens
„ de guerre pour les tenir en haleine, & la chaffe lui pa„ rut une occupation propre à exercer fes troupes". En conféquence dans l'article 9, il ordonne que tous les hivers on faffe la chaffe aux bêtes. Nos droits exclufifs de chaffe

(*a*) Actuellement, chez les Cofaques Kirgifes, à l'Eft-Sud-Eft de la Kama, le Khan lui-même eft fujet envers le moindre de fes efclaves à la Loi qui condamne à une amende de cent chevaux, de deux chameaux, d'un Caftan de drap, d'un Renard noir, d'un Epervier, d'une cotte de maille & d'autres armes, celui qui a commis un homicide, ou à la moitié de l'amende, s'il n'y a que mutilation. *Extrait du Journ. du Capit. Rytfchkow, dans le Journ. de Berlin, T. XVII. p.* 42.

ont fans doute la même origine, & ne devroient par conféquent appartenir qu'aux militaires.

LES immunités & privileges attachés à certains états,
font l'objet des articles 2 & 13.

DES pratiques particulieres font prefcrites dans les articles 11, 12, 20.

L'ARTICLE 14. mérite d'être remarqué „ pour bannir
„ l'oifiveté de fes Etats, Genghiskhan impofa à tous fes
„ fujets la néceffité de fervir le public en quelque chofe.
„ Ceux qui n'alloient pas à la guerre, étoient obligés dans
„ certains tems de travailler à des ouvrages publics gratui-
„ tement, & ils employoient un jour de la femaine pour
„ le fervice du Prince ”.

Id. p. 104.

CE réglement, fi le motif exprimé dans cet article eft
réellement celui qui l'a dicté, fuppofe une grande abondance chez les Mogols ; ce qui ne s'accorde guere avec le
Defpotifme, tel qu'on le repréfente ordinairement. Au
refte, les Corvées peuvent avoir ici un motif légitime, bien
différentes de celles qui n'ont d'autre principe que l'efclavage ou les conquêtes.

CE qui concerne le vol, les efclaves, les mariages, les
alliances, l'adultere, les efpions, les faux témoins, les So-
domites, Sorciers, eft réglé dans les articles 15 — 19, 20.

IL me femble qu'on ne peut refufer au Recueil de ces
Loix le nom de Code. S'il n'a plus en Perfe & dans l'Inde, la force qu'il avoit dans l'origine, il faut s'en prendre
à la Religion dominante, c'eft-à-dire au Mahométifme.

§. III.

LE Code des Mufulmans Turcs, Perfans, Mogols eft
l'*Alkoran.*

A ce mot je vois les savans se révolter. L'opinion a fait de cet ouvrage un point de comparaison pour le ridicule. La soumission aveugle, le sacrifice absolu de ses propres lumieres, disposition de l'ame dont les enthousiastes dans toutes les sectes s'efforcent d'établir le mérite, est stupidité; c'est un crime quand elle se trouve chez les Mahométans. Je passe condamnation sur tout ce qu'on a coutume de blâmer dans le Code du Législateur des Arabes, parce que je désapprouve dans cet ouvrage ce que je désapprouve partout. Encore si l'on a égard au génie des peuples, à la nature du climat, à l'état des connoissances humaines en Orient dans le septieme siecle, aux Religions qui y dominoient alors, peut-être trouvera-t-on dans Mahomet autre chose qu'un Imposteur enthousiaste & livré à une imagination absolument déréglée.

L'ALKORAN est chez ses disciples un Code civil & criminel; la société se régle sur les Loix qu'il renferme; c'est sur ce point de vue que je l'envisage : & je dis que toute loi, toute opinion qui sert de base au gouvernement des hommes, mérite d'être examinée, sur tout si ce sont des peuples nombreux, si c'est une portion considérable du genre humain, qui se soumet à cette Loi. Il y a dans les hommes réunis en corps, une raison antérieure aux réflexions, & qu'ils ne sentent point, laquelle donne le branle à leurs actions, & leur fait choisir, suivre, dans des institutions, en apparence entierement vicieuses, le seul bien que ces institutions renferment.

DÉPOUILLONS nous de nos préjugés & tâchons de découvrir ce qui a pu, dans l'Alkoran, fixer l'attention d'une multitude immense, d'une des plus grandes parties de la terre. Je laisse de côté les passions qu'il favorise : sur vingt millions d'hommes, il y en a dix-neuf & demi qui ne sont pas dans le cas de satisfaire ces passions, qui n'y pensent pas. Considérez le pauvre, l'homme d'un état médiocre dans toutes les nations, vous leur verrez les mêmes mœurs. Le mari travaille, la femme a foin du ménage, des enfans. Enfuite des jours de fêtes, de repos, quelques marques extérieures de Religion. Changez le nom, & c'eft prefque par tout la même chofe. Il y a dans le gros du genre humain une uniformité qui étonne, quand on ne fait pas attention à ce qui doit la produire, l'uniformité des befoins, qui doit de même produire l'uniformité des Loix. Je m'explique; l'homme nait, fe marie, a des enfans, une famille, des biens, tient à une fociété; la fociété eft conduite par un chef ou par plufieurs & cette fociété a des voifins. Voilà le genre humain, voilà fes befoins. Vouloir que les hommes foient malheureux & fans loix, s'ils ne font pas régis par ces énormes compilations qui forment le droit en Europe; c'eft plaindre un homme fain, vigoureux & qui de lui-même fuit un régime fimple, de ce qu'il ignore l'ufage de cette multitude de recettes inventées pour le foulagement des hôpitaux. Or il n'y a pas de peuple au Monde chez qui le peu d'objets que j'ai indiqués ne foit réglé, & fi l'on y fait attention, avec uniformité, quand les intérêts font peu confidérables. De là naît la tranquillité que l'on remarque par tout chez le bas peuple, c'eft-à-dire dans la majeure partie du genre humain. Les divifions, fubdivifions dans les Loix, les exceptions, les injuftices font pour les Grands, pour les Riches, c'eft-à-dire pour dix hommes fur mille, & comme les révolutions ne font à craindre que lorfque le peuple fouffre, de là vient que, fous un un Empire dur, injufte même à bien des égards, mais dont il ne fent pas l'impreffion, l'injuftice, la paix regne fouvent auffi longtems que fous le Gouvernement le plus équitable.

Le moyen, dira-t-on, de vivre tranquille dans un Etat où le Prince peut de fa feule autorité ôter la vie à qui il lui plaît?

Je réponds que le Prince tient ce pouvoir de fon inau-guration; que fon ordre eft une fentence de juge, & qu'il

Hift. gén. de l'Emp. Mog. T. II. p. 210.

ne peut le faire exécuter que dans les cas & avec les formalités prescrites par la Loi. Son pouvoir n'est donc pas arbitraire : s'il en abuse, la constitution de l'Etat ne l'y autorise pas.

Et préf. du Roi de Perse, p. 130-131.

EN Perse Schah Soliman ordonne de couper la tête à son Connétable. L'Etemaddaulet „ lui représente que les Rois „ ses prédécesseurs avoient confirmé la Loi qui défend „ d'exécuter de semblables commandemens avant qu'ils „ eussent été réiterés trois fois. Hé bien, dit le Roi..... „ je vous le commande, je vous le commande pour la „ troisieme fois". Dans l'Inde Aurengzebe veut se défai-

Hist. gén. de l'Emp. Mog. T. II. p. 214— 216.

re de son frere Moradbaksch. On lui suscite deux faux témoins, qui l'accusent d'avoir usé tyranniquement de son autorité, tandis qu'il étoit Vice-roi du Guzarate. Sur leur

Voyage de Bern. T. I. p. 146.

déposition le Monarque, pressé par ses Astrologues, condamne son frere à la mort. C'étoit, il est vrai, emprunter le masque de la justice pour couvrir une grande iniquité ; mais ce trait & ceux que j'ai rapportés dans le cours de cet ouvrage, prouvent du moins qu'il y a en Orient des formes pour les procédures criminelles, comme pour les civiles.

REVENONS à l'Alkoran, & voyons si cet ouvrage présente des décisions sur les objets qui regardent indispensablement l'homme en Société.

JE ne parle pas de la morale; la justice ; la droiture, la douceur, la charité, l'aumône, le pardon des injures &c. toutes ces vertus y sont recommandées très-souvent. Mahomet, dans l'Alkoran, s'adresse aux grands comme aux petits, aux riches comme aux pauvres. Si le Prince viole ses Loix il est infidele, & comme tel cesse d'être Souverain légitime.

Esprit des Loix, I P. p. 60.

S'IL est vrai que dans quelques Etats Mahométans, ce soit de la religion que les peuples tirent en partie le respect étonnant qu'ils ont pour leur Prince, la religion y est donc auffi l'appui des peuples, l'interprête & le foutien de leurs droits.

LA *Surate* 4e de l'Alkoran ordonne d'obéir à ceux qui ont autorité; la 16e défend l'oppreffion; la 9e prefcrit les furetés qu'il faut accorder aux Idolâtres, ordonne l'exécution des Traités faits avec eux; la 8e & la 59e. reglent de quelle maniere les dépouilles des ennemis doivent être partagées. Voilà qui regarde le Gouvernement en général & relativement aux Etrangers.

LA *Surate* 9e. traite de l'impofition des tributs.

DANS la *Surate* 2e. il eft défendu de tromper la juftice; dans la 2e. & la 16e. de violer fon ferment. La 29e. ordonne la douceur dans les conteftations. La 2e. & la 5e. défendent les jeux de hazard; la 2e. de voler les Orphelins. La 2e. la 4e. & la 30e. l'ufure; la 24e. regle la conduite que l'on doit tenir à l'égard des Efclaves.

LES enfans voyent dans les *Surates* 17, 46, les honneurs qu'ils doivent rendre à leurs parens. Tout ce qui regarde les mariages, les dégrés de confanguinité, les enfans, fe trouve dans les *Surates* 4, & 24. Les rapports mutuels de l'homme & de la femme dans la *Surate* 2e. Il eft queftion du divorce dans les *Surate* 2, 4, 33, 65, des héritages, pour la femme, *Surate* 4e. pour les enfans, *Surate* 2, 4, de la conduite que l'on doit tenir à l'égard des veuves, *Surate* 2e. des Legs, *Surate* 2, 5, des teftamens, des contrats, *Surate* 5; des gages qu'il faut donner quand on ne fait pas de contrat, *Surate* 12e. des témoins, en général, *Surate* 4, 5, 2; dans les marchés, *Surate* 2, 4, 5, 17, 22. La *Surate* 2e. prefcrit la conduite humaine que le créancier doit tenir à l'égard de fon débiteur.

ENFIN le vol eft puni dans la *Surate* 5e; l'adultere & la fornication, *Surate* 3, 4, 17, 24, avec les précautions qu'on doit employer pour en convaincre la femme,

Surate 4, 24; le commerce avec une fille publique, *Surate* 24. Le meurtre, *Surate* 2, 4, 5, 17, 22.

Edit. Théod.
Marcil. Part.
1603.

QUE l'on compare ces loix avec celles des 12 *Tables* & avec les *Loix Saliques & Ripuaires*; car ce font les loix primitives qu'il faut comparer ici, & non les collections faites d'après ces loix; la forme propre au caractere Oriental mife à part on verra que les Legiflateurs fe font occupés des mêmes objets. Il réfultera feulement à l'avantage des Orientaux que les crimes ont dû être moins communs chez eux, la fimplicité des mœurs plus générale, puifque leurs loix préfentent fur ces articles moins de détails que celles que je viens de citer.

JE crois qu'il n'eft pas néceffaire de m'étendre davantage fur ce qui eft compris dans l'Alkoran. Il réfulte de l'extrait que je viens de donner, que cet ouvrage doit être regardé comme un Code Civil & Criminel propre à regler les actions des hommes, Princes & fujets, qui jurent de l'obferver; qu'en conféquence on ne peut pas dire que les peuples foumis à ce Recueil de Loix, n'ayent pas de loix écrites; enfin que la fureté des perfonnes & des biens eft établie par ce Code. Il y a propriété, où l'Alkoran eft la bafe du Gouvernement, de l'adminiftration Politique & Civile. C'eft le troifieme point que je vais tâcher d'établir.

TROISIEME.

LÉGISLATION ORIENTALE.

TROISIEME PARTIE.

Ici se présente la foule des Voyageurs, qui répétent continuellement: *Le Mogol est propriétaire de toutes les terres de son Empire.* C'est sur de pareilles assertions, que le Comte de Boulainvilliers, parlant du fondement des propriétés en France, ne craint pas d'imputer à l'Orient des Loix qu'il n'eut jamais. „ Graces au Ciel, dit-il, nos „ Princes nés Chrétiens, abhorrent aussi sincerement que „ nous le pouvons désirer, les maximes du Mahométisme, „ & *la barbare loi de l'Orient qui anéantit la propriété* „ *des biens*".

Je vais rapporter le témoignage des Voyageurs, selon l'ordre des tems. On verra les doutes sur cette prétendue propriété universelle du Mogol, naître à mesure que l'Inde sera plus connue.

Mais auparavant, je crois devoir jetter les yeux sur la Turquie & sur la Perse.

Fragment
sur l'Inde
p. 34.

Hist. du Gouvern. Fr.
T. I. p. 167.

PREMIERE SECTION.

Propriété des biens en Turquie.

Libr. Cit. L.
I. C. II. p. 5.

p. 64.

Hist. de la
dern. Guerre
entre les R.
& les T. T. I.
p. 42.

Préface p. 9.

Mém. des
Miffion. Jéf.
dans le Lev.
T. VII. p. 95.
101.

RICAUT avance que toute la Turquie appartient en pro-pre au Grand Seigneur, & que c'eft par grace fpéciale, lorfqu'il laiffe les enfants héritiers de leurs peres. On lit dans le voyage du Miffionnaire Jéfuite que j'ai cité plufieurs fois „ que les particuliers en Turquie n'ont que l'ufufruit „ de leurs biens, que le Grand Seigneur en eft le maître". M. de Keralio parlant des Turcs en guerre avec les Ruffes, s'exprime ainfi : „ une nation affoiblie par l'efclavage, *n'a-* „ *yant que des propriétés précaires*, ne cherchant pas dans „ la guerre l'intérêt d'Etat, mais chacun le fien, adonnée „ par-conféquent au brigandage, indifciplinée, robufte, „ brave par inftinct & par fuperftition, fobre par pauvre-„ té, dépourvue de Chefs affez inftruits & de connoiffan-„ ces affez étendues pour faire ufage de fes forces &c." Cet écrivain avoue qu'il a travaillé fur les pieces qui lui ont été fournies par le Prince de Galitzin, Ambaffadeur de Ruffie auprès des Provinces-Unies. Le *Journal des Opé-rations de l'armée Ruffe, eft celui du Général même.* M. de Kéralio avertit que fi on *foupçonne les mémoires Ruffes de partialité*, & qu'on veuille bien lui en communiquer d'autres, il *corrigera fes erreurs.* L'aveu eft d'un militai-re qui aime la vérité. Mais eft-il permis fur le *factum* d'u-ne des parties de porter un jugement, de prétendre fixer les idées fur le caractere d'une nation confidérable, de la préfenter à l'univers du côté le plus odieux?

Au refte, pour montrer la fauffeté de ce qui eft dit ici & dans Ricaut, des propriétés précaires chez les Turcs, il fuffit peut-être de rapporter un trait qui fe trouve dans les mémoires du P. Sicart. „ Les Bourgs & les Villages (en „ Egypte), dit ce Miffionnaire, ont leurs feigneurs parti-

„ culiers qu'on nomme *Multefems* .... fi un *Multe-*
„ *fem* meurt fans avoir vendu ou réfigné 40 jours avant fa
„ mort, les terres dont il eft feigneur, fes biens font con-
„ fifqués. Le Pacha les fait vendre à l'encan, & en reçoit
„ l'argent au profit du Grand Seigneur".

CERTAINEMENT la vraie marque de la propriété, eft
le pouvoir de vendre; le *Multefem* a ce pouvoir; il eft
donc propriétaire de fes terres & de fes biens.

CITONS d'autres autorités.

I. LES voyageurs obfervent que les biens des Turcs
qui meurent captifs appartiennent au Grand Seigneur; c'eft
pour cela qu'il ne fe preffe pas de les racheter: ceux des
autres Turcs ne lui appartiennent donc pas. Ils nous apprennent qu'il y a des „ Zaïmets, qui peuvent fe refigner
„ à la maniere de nos Bénéfices, en prenant l'agrément du
„ Beglerbey ou Gouverneur Général de la province". La
réfignation fuppofe propriété.

*Lacedém.
Anc. & Mod.
p. 135.*

*Athén. Anc.
& Nouv. p.
362. 2e. édi.*

II. LE Solitaire Turc nous dit qu'il y a des *Zaïmets* &
des *Timars* héréditaires; que s'il meurt un Beig de galere,
pendant la campagne, la Capoudan Pacha met fon héritier,
s'il eft en âge, en poffeffion de la Galere. Or où il y a
droit d'hériter, il y a propriété.

*Et gén. de
l'Emp. Otto-
man. T. I. p.
230, 282.*

M. DE LA CROIX va plus loin que Ricaut & le Miffionnaire Jéfuite que j'ai cité. „ Les Loix, dit-il, con-
„ ftituent le Grand Seigneur héritier des biens de fes fu-
„ jets; & comme le maître peut difpofer du bien de fes
„ efclaves, les mêmes loix lui permettent de les dépouil-
„ ler fans injuftice ".

*Mém. T. I. p.
188, 189. Et.
gén. de l'Emp.
Ottom. T. I.
p. 17, 58.*

ON voudroit favoir où font ces Loix alléguées fans preuve. Ce ne font ni celles de Genghiskhan, ni celles de
l'Alkoran: on l'a vu ci-devant. Le Solitaire Turc nous
apprend que ce font les *Légiftes* qui donnent ces droits exor-
bitans au Grand Seigneur.

*Libr. citat.
p. 57.*

Q 2

Mais si les Loix qu'on allégue sont claires & positives, pourquoi ne les pas exécuter à la lettre? En Franche-Comté, les huissiers des Chanoines du Chapitre de St. Claude, à la mort de leurs vassaux, vont tout simplement enlever le mobilier, si les enfans n'ont pas toujours vécu avec leur pere dans la même maison, à la même table; ils enlevent jusqu'au lit de la fille, si elle n'a pas couché chez son pere la premiere nuit de ses noces. S'il arrive qu'un particulier occupe un an & un jour une maison dans le domaine de ce Chapitre, & aille ensuite mourir ailleurs, les mêmes huissiers viennent s'emparer des meubles de la veuve & de ses enfans, avec des *pareatis*, les vendent au nom de St. Claude, & chasse une famille entiere de la maison de son pere. Voilà ce qui se fait chez un peuple libre.

En Turquie, chez les esclaves, ,, sa Hautesse ne se sert ,, pas de ses privileges. Mais lors qu'il meurt quelqu'hom- ,, me de considération, l'on cherche un prétexte pour cou- ,, vrir une loi si tyrannique. C'est pourquoi ceux qui ont ,, du bon sens, & qui aiment leurs héritiers, affectent de ,, paroître pauvres & ne possédent que de l'argent comp- ,, tant, & des pierreries que l'on écarte de leur vivant. "

Et moi je conclus de ces subterfuges, que cette loi prétendue est la force, malgré les exemples d'obéissance que cite M. de la Croix.

Pour ce qui est des droits que le Grand Seigneur, dans quelques-uns de ses Etats, prend sur les successions, cela ne détruit pas les propriétés, puisque cet usage ne les détruisoit pas sous les Empereurs Romains, à qui, en certains cas on payoit de pareils droits. Les ventes, les mutations, certaines successions, même en Europe, sont sujettes à de pareilles redevances; les biens des criminels mis à mort, y sont confisqués comme en Turquie: & cependant on ne dira pas que la propriété n'y ait pas lieu.

Mais pour ne rien laisser à désirer sur cette question,

voyons ce que dit la Guilletiere cité par M. de Montesquieu. Lorsqu'un pere de famille est mort, les Officiers du Grand Seigneur „ viennent faire l'inventaire & l'appré- „ ciation des biens du mort, & font payer là-dessus les „ droits du Sultan, qui font de trois pour cent". Le reste est mis en sept lots partagés entre la veuve & les enfans.

Lacedém. Anc. & Mod. p. 463.

Tous les biens du défunt n'appartiennent donc pas de droit au Grand Seigneur. Ce que ce voyageur ajoute plus bas, est plus positif.

„ Moyennant les trois pour cent (pris au profit du „ Grand Seigneur fur les biens du mort) le frere hérite „ d'un autre frere qui ne laisse point d'Enfant; faute d'un „ frere, ce droit passe toujours au plus proche parent. Vé- „ ritablement quand il ne reste que des filles, s'il y a des „ fonds de terre, le Grand Seigneur en aura la propriété; „ mais il leur en laisse le revenu. Que si, enfin il ne se „ présente aucun héritier, il y a d'autres Officiers......... „ qui s'emparent de tout le bien au nom du Sultan. Et „ voilà positivement quel est le droit des successions parmi „ les Turcs".

p. 464.

On voit qu'en Turquie le Grand Seigneur n'a gueres d'autres droits fur les successions que les Souverains de l'Europe. La Guilletiere ne dit pas, comme l'avance M. de M*., que „ lorsqu'un homme meurt fans enfans mâles, „ le Grand Seigneur a la propriété, & que les filles n'ont „ que l'usufruit". Cela n'arrive, selon ce Voyageur, que quand il n'y a ni frere ni autre parent mâle, enfin qu'il ne reste absolument d'héritiers que des filles; ce qui, comme l'on voit, ôte plus de la moitié du *la plûpart* de M. de M*. *la plûpart des biens de l'Etat,* si on l'en croit, *font possedés d'une maniere précaire.*

Loc. cit.

C'est fur ce que vient de dire la Guilletiere mieux instruit, qu'il faut corriger ce qu'il avance dans son *Athènes ancienne & nouvelle.* Parlant de la maniere dont „ les

p. 96.

Q 3

„ maifons & les biens immeubles appartiennent aux Turcs,
„ le Grand Seigneur, dit-il, en a toujours la propriété; & il
„ ne les y loge que comme fes concierges, qu'il change
„ quand il lui plaît. Il eft vrai que pour peu qu'on ait d'a-
„ mis à la Porte, on s'en fait de tems en tems renouveller
„ les titres de jouiffance. Par là on les peut faire paffer
„ de pere en fils, mais faute de faveur, il les faut céder à
„ de nouveaux venus".

p. 159. LA Guilletiere confond ici les biens d'héritage ou d'acquifition, avec les *Zaïmets* & les *Timars*. D'ailleurs, felon ce voyageur, les Grecs d'Athênes ont confervé, par
le traité fait avec Mahomet IIe. la propriété de leurs biens,
meubles & immeubles, dont ils difpofent librement. Le
Secrétaire du Tribunal de leurs Anciens, garde les minutes
des contrats de vente des biens immeubles: le Cadi les ra-
tifie fimplement. Quant aux Turcs, la Guilletiere nous a
dit ci-devant, que c'eft uniquement au défaut d'hoirs mâ-
lés, quelqu'éloignés qu'ils puiffent être, que le Grand Seigneur s'empare de la propriété; ce qui même n'a plus lieu,
comme on le verra plus bas. Au refte un feul trait fuffit,
pour prouver en général la propriété des biens en Turquie.

Libr. cit. p.
195. M. DE LA CROIX rapporte que les defcendans de
Sultan Soliman furent obligés, pour fe foutenir, d'engager
leur Domaine ; que fous Sultan Ibrahim les revenus de
l'Empire fe trouverent aliénés pour fept ans. Celui qui
eft proprietaire réel d'un terrein, ne peut l'aliener à un
particulier dont les biens lui appartiennent & qui n'eft qu'u-
fufruitier; ce feroit l'aliener à foi même : ou du moins cette alienation forme une propriété réelle pour l'acheteur.
Sans cela on ne trouveroit pas à qui aliener. D'ailleurs le
maître légitime de toute la Turquie, n'a qu'à tout prendre, au lieu d'aliener fon Domaine : le befoin l'autorife
à ufer de fes droits. Il ne le fait pas, & reconnoît par
là que fes fujets font proprietaires réels de leurs biens.

JE raifonne de la même maniere fur la conduite de Me-

hemet III. au commencement de fon regne. „ Ce Monar-
„ que paye les dettes de fon pere, auquel les principaux
„ habitans de Conftantinople avoient prêté leur argent,
„ pour faire fubfifter fes armées, & appaifer les féditions
„ de fes troupes”.   Qui paye les dettes de fon pere, reconnoît que fon pere eft débiteur.   L'argent des fujets de
Mehemet III. étoit donc dans leurs mains une propriété reconnue par le Prince.

Etat gén. de l'Emp.Ottom. T.III. p. 222.

MAIS le témoignage de M. Porter leve tous les doutes
qui pourroient refter fur cette matiere.   Ce Miniftre l'a
examinée particulierement, & ne peut s'empêcher de marquer fon étonnement fur les affertions de l'auteur de l'Efprit
des Loix.   „ L'illuftre Préfident de M*., dit M. Porter,
„ trompé par des autorités équivoques, femble ôter abfo-
„ lument aux Turcs le droit de propriété, le droit d'héré-
„ dité & de fucceffion.   Il exclut de ces droits les filles
„ & les femmes, & réduit, pour ainfi dire, à rien toutes
„ leurs loix civiles.   A l'en croire le Defpotifme du
„ du Grand Seigneur abforbe dans cet Empire tout le Co-
„ de de la Légiflation”.

Libr. cit. l'art. p. 59.

APRÈS des réflexions judicieufes fur la foibleffe de l'efprit humain, M. Porter ajoute, que fi M. de M*. avoit
ouvert l'Alkoran, le feul Chapitre des *femmes* „ lui eut
„ fait connoître avec quelle précifion le Prophete a fixé &
„ déterminé l'ordre des fucceffions dans les familles, foit
„ pour les hommes, foit pour les filles & les femmes, &
„ par conféquent combien les propriétés des particuliers
„ font affurées par la Loi, combien elles font hors des at-
„ teintes & au deffus du pouvoir du Sultan”.

Etat p. 117.

„ L'AUTRE point ne demandoit qu'une recherche bien
„ fimple.   Il lui étoit aifé de fe faire informer fuivant quel-
„ le méthode les procès fe jugent actuellement dans les
„ Tribunaux, quels livres on fuit, comme faifant autorité
„ pour les décifions légales.   Il auroit trouvé qu'il y en a

Et. p. 92.

„ plufieurs qui fpécifient & fixent jufqu'aux termes & aux
„ circonftances qui donnent la légalité à un marché, foit
„ qu'il s'agiffe de l'acquifition de terres, de maifons, foit
„ de denrées, de bétail, ou marchandife de toute efpece.
„ Il y a tout lieu de croire qu'il eût pris dans ces livres
„ une idée du Defpotifme de la Turquie tout-à-fait diffé-
„ rente de celle qu'il a adoptée".

M. Porter parle ailleurs des contrats de vente de
terre, des procès, actions légales qui prouvent clairement
II. Part.
p. 10 & 19.
la propriété.

Pour procéder avec ordre, il examine fur quel fondement le Grand Seigneur prétend avoir droit d'hériter de
quelques-uns de fes fujets. Ce droit regarde les perfonnes
I. Part.
p. 93.
employées au fervice du Prince. Elles tiennent leur office
à titre de fief; elles connoiffent la coutume, & en accep-
tant ces fiefs à cette condition, elles font fenfées confen-
tir que leur fucceffion tombe après leur mort dans les mains
du Souverain.

p. 94.
„ La conformité de l'ancien droit féodal avec cet ufa-
„ ge, qui n'eft en cet occafion que ce droit tranfporté de
„ la poffeffion fonciere à l'office, nous porteroit à croire
„ (c'eft M. Porter qui parle) que c'eft de là qu'il tire fon
„ origine........ fuivant la jurifprudence féodale, les ter-
„ res poffedées à titre de fiefs, à la mort du poffeffeur re-
„ tournoient abfolument & irrévocablement au Prince, ou
„ au Seigneur Suzerain, & la famille reftoit en proie à la
„ mifere, fans avoir aucun droit à réclamer, ni d'autre
„ reffource que la commifération & l'humanité".

Voila le droit d'hérédité du Grand Seigneur bien ex-
pliqué: il hérite comme premier Seigneur de fief. Et encore ce droit n'eft-il pas général, puifqu'au rapport des
Turcs eux-mêmes, il y a des Zaïmets & des Timars hé-
Etat gén. de
l'Emp. Ott.
T. I. p. 230.
réditaires.

Mais

Mais la Loi de Mahomet donne un moyen d'affurer fon bien à fa famille. „ Les biens en fonds de terres ou „ maifons, annexés à l'Eglife, foit en reverfion, foit en „ poffeffion actuelle, font regardés par le Prince & par la „ nation comme facrés & inviolables. De là il arrive „ qu'un propriétaire, de quelque maniere qu'il ait acquis, „ en donnant la réverfion de fes biens à quelque fondation „ religieufe, les tranfmet fans trouble & fans conteftation „ à fon héritier mâle direct......... on en eft quitte pour „ payer annuellement un cens de peu de valeur, jufqu'à „ ce que par l'extinction des hoirs mâles, l'objet fubftitué „ foit dévolu à la fondation à laquelle il eft reverfible ".

Porter. loc. cit. Ricaut. libr. cit. c. 2. p. 5. Port. loc. cit. &c. p. 95.

„ Cette loi, ainfi revêtue du fceau de la Religion, eft „ inviolablement obfervée par le Prince, au point qu'il „ n'y a pas d'exemple que jamais on ait entrepris de l'a- „ bolir ou ofé l'enfreindre ". L'Alkoran, les inftitutions religieufes font la bafe de la fouveraineté. „ Si le Prince „ viole les Loix, il devient un infidele, & ceffe d'être „ Souverain légitime ".

En conféquence de cette Loi, les Turcs, les Chrétiens, les Juifs établiffent leurs poffeffions fur la Mecque, ou fur quelqu'une des Mofquées de Conftantinople, & jouiffent tranquillement de leur bien.

Mais il manquoit aux preuves qui établiffent en Turquie la propriété des biens, l'aveu même du Prince. On le trouve, cet aveu, dans le fait fuivant. En 1755 la Porte (Palais du Grand Vizir qui renferme les Archives) fut détruite par un incendie. Pour garantir le nouveau bâtiment d'un pareil malheur, on voulut laiffer autour un efpace vuide. Pour cela il falloit acheter & abattre plufieurs maifons contigues. „ La plûpart des propriétaires confen- „ toient à vendre; il n'y eut qu'une vieille femme, qui „ déclara qu'elle ne pouvoit ni ne vouloit céder la fienne; „ que c'étoit un bien qui s'étoit confervé dans fa famille, „ depuis plufieurs générations; qu'aucune fomme ne pou- „ voit compenfer le prix infini qu'elle y attachoit. Offres

Porter Ecr. cit. à l'art. p. 113——115.

R

„ & menaces, rien ne put l'ébranler. Les gens en place
„ crierent beaucoup contre cette femme ; on la maltraita.
„ Mais il parut que ce feroit un coup d'autorité trop in-
„ jufte & trop violent que d'employer la force". La maifon eft reftée fur pié. Lorfqu'on demandoit au Sultan pourquoi il n'ufoit pas de fa puiffance, pourquoi il ne prenoit pas
ce terrein, en payant ce qu'il valoit, il répondoit : c'eft chofe impoffible, cela ne peut fe faire ; c'eft fa propriété (X).

Il étoit pourtant queftion du bien public, & l'on of-
froit de payer la maifon.

Peut-on douter après un pareil exemple, qu'il n'y
ait des propriétés en Turquie ?

*Et gén. de
l Emp. Ottom.
T. I. p. 54.
152. Hift.
cit. de la
Mon. Fr. T.
IV. p. 125.
Port. libr.
cit. II Partie
p. 56, 57.
Libr. cit. T.
II. p. 306.*

Ajoutons, contre ce que l'on avance dans plufieurs
ouvrages, qu'il y a dans ces contrées fi defpotiques, des titres d'honneur, attachés par ordonnance du Prince à certaines familles, que l'on y a une forte de refpect perpetué
pour ces familles ; que les defcendans des perfonnes en
place qui fe font diftinguées par leur mérite, y jouiffent
d'une grande confidération. „ Quoique, dit M. de Kera-
„ lio, le mérite de la nobleffe foit compté pour peu de
„ chofe en Turquie, on prétend que Moldavangi (nommé
„ général de l'armée Turque en 1769) s'étoit acquis fur
„ ce titre quelque confidération à la Porte". Ce qui femble, dit M. Porter, établir une diftinction bien marquée,
c'eft que „ tout homme qui époufe une fille iffue d'un
„ Pacha, ou de quelque perfonnage éminent dans la Ma-
„ giftrature, ou dans une autre profeffion, eft obligé de
„ s'en tenir à fa femme, fans ofer avoir de concubines, au
„ moins dans la même maifon".

*Libr. cit.
VIII Partie
p. 58.*

Si l'on n'appelle pas cela de la nobleffe, & de la nobleffe reconnue, ces diftinctions, ces titres montrent au
moins clairement qu'en Turquie les hommes font quelque
chofe par eux-mêmes, furtout puifqu'ils jouiffent en propre des biens que leurs peres leur ont laiffés. Nous allons
voir les mêmes droits en vigueur dans la Perfe.

(X) Voyez la Note X à la fin de l'ouvrage.

SECONDE SECTION.

Propriété des biens en Perse.

TAVERNIER dit fimplement „ que la plus grande par-
„ tie des biens de la Perfe appartient au Roi, & que plu-
„ fieurs particuliers les tiennent à ferme, les autres font
„ accenfés; & chaque mefure doit tant par an". Voilà
un Domaine particulier pour le Roi, des fermes, des biens
tenus à cens, & par conféquent des propriétés en terres.

AILLEURS il nous apprend que „ les charges du Ro-
„ yaume paffent ordinairement du pere au fils & font com-
„ me héréditaires". Oléarius avance le contraire : mais le
rapport de Tavernier eft confirmé par Chardin qui dit :
„ j'ai vu deux grands Seigneurs en Perfe qui tenoient leurs
„ charges de pere en fils, depuis 200 ans". Quand le
fils étoit en bas age, le Roi lui nommoit un vice-gérent.
Tavernier lui-même rapporte que Schah Abas, pour re-
compenfer le grand Portier du Palais, lequel par fa bravoure
avoit arrêté des foldats qui vouloient forcer la garde, & venir l'affaffiner dans fon Haram, ordonna que la charge de
Grand Portier refteroit de pere en fils dans fa famille, &
que cet ordre, avec l'action, feroit mis dans les Archives.

UN bien héréditaire eft une propriété : il y a donc en
Perfe des charges mêmes tenues en propriété.

CES charges héréditaires forment une vraie nobleffe. Je
fais que Chardin avance „ qu'il n'y a pas de nobleffe en
„ Perfe, non plus que dans tout l'Orient; qu'on n'y por-
„ te refpect qu'aux charges, aux dignités, au mérite ex-
„ traordinaire , & particulierement aux richeffes": mais
les Enfans des Grands Seigneurs, au rapport d'Oléarius,
„ font confidéres à caufe du mérite de leur pere & fucce-
„ dent en leurs biens"; Chardin lui-même convient qu'on

Voyage T. I.
p. 543.

Idem p. 524.
la Boull.
Voyage p. 104.
Voyage &c.
en Perfe in
4o. p. 648.
Voyage T. VI.
p. 83, 37, 89,
102, 152.

Hift. du Se-
rail p. 24.

Voyage T. VI.
pag. 60.
Lettres édif.
T. XXX. p.
302.
Voyage &c.
p. 648,

R 2

a de la confidération pour les perfonnes forties du fang de Mahomet; ainfi ce qu'il a dit plus haut ne doit pas être pris à la rigueur.

REVENONS aux propriétés. Un Moullah difoit un jour à Thevenot „ qu'ils ne faifoient jamais la priere fur „ les terres qui appartenoient au Roi, par ce qu'elles font „ comme excommuniées, le Roi les ayant prifes par force „ au pauvre peuple. Car, difoit-il, il ne les a pas ache- „ tées; mais elles ne font à lui que par ufurpation ".

LE trait fuivant reffemble à celui-ci. Chardin rapporte que le Gouverneur d'Ispahan „ avoit fait bâtir à côté (du „ Palais de Savoutaki, ancien Vizir mis à mort, & qu'il „ occupoit), un appartement fort propre & un grand Bain „ fur un fonds particulier qu'il avoit acheté. Ce n'eft pas „ que ce palais, ajoute le voyageur, manque de bains ni „ de terrein pour en bâtir plufieurs autres: Mais c'eft que „ les Mahométans tiennent que les prieres, les purifications „ & toute la dévotion, en un mot, que leur religion com- „ mande, eft vaine, & défagréable à Dieu, quand elle „ eft faite dans un lieu acquis par fraude, ou par violence: „ Or ils prétendent que la confiscation des biens n'eft ja- „ mais bien légitime, parce que les biens *appartiennent* „ *aux familles & non pas aux perfonnes*; & qu'ainfi, „ quand le Roi s'empare des biens d'un grand Seigneur, „ pour quelque caufe que ce foit, c'eft toujours avec in- „ juftice, & que s'il les donne ou les prête, il difpofe „ d'un bien qui ne lui appartient pas ".

VOILA des Mufulmans, des Grands de Perfe qui croyent que le Souverain n'a pas droit fur les biens des par- ticuliers même à titre de confiscation, *les biens apparticn- nent aux familles, & non fimplement aux perfonnes.* Voi- là un Moullah qui dit pofitivement qu'il n'y a de propriété, même pour le Souverain, que par achat; que les terres du Roi ne font pas à lui, par ce qu'il ne les a pas achetées. Elles font donc à fes fujets: & la violence du Prince n'eft

pas appuyée fur la conftitution de l'Etat, malgré ce qu'a-
vance le Miffionnaire Jéfuite que j'ai déjà cité. „ Le Gou- *Voyage p.*
„ vernement de Perfe, fi on l'en croit, eft fi fort defpoti- 508.
„ que, que la volonté du Souverain fert de loi; il difpofe *Lett. édif.*
„ abfolument des biens & de la vie de fes fujets". *T. XXX. p.*
302.

Examinons avec quelque détail la nature des biens
en Perfe, & nous verrons que le Gouvernement de cet
Etat n'exclut pas la propriété.

D'abord la Boullaye nous apprend que „ fi un étran- *Voyage p.* 105.
„ ger meurt en Perfe, fon bien eft confervé à fes héri- *Vie de M.*
„ tiers". Le droit des étrangers eft donc facré en Perfe. *Picq. p.* 524,
Celui des naturels ne l'eft pas moins. 525.

Chardin partage la Perfe en terres cultivées, & ter- *Voyage T. II.*
res non cultivées. „ Les terres cultivées font de quatre *p.* 122.
„ fortes; les terres de l'Etat, celles du Domaine, les biens
„ d'Eglife & les fonds des particuliers".

Les terres de l'Etat qui forment la partie du Royaume
la plus confidérable, font poffedées par les Gouverneurs,
qui rendent au Roi des contributions annuelles. „ Le Roi
„ n'y a pas de fonds en propre".

„ Les terres du Domaine font le bien propre & par- *Idem p.* 133,
„ ticulier du Roi". Il eft employé à différens ufages. 134.
Il y a des portions de ce Domaine „ d'alienées par do-
„ nation, à tems ou à vie, qui continuent quelque fois
„ de pere en fils, à plufieurs générations. Le furplus eft
„ en économie, en régie dans les mains des Vizirs ou In-
„ tendans qui font valoir les biens du Roi".

On peut dire, que toutes les terres qui ne font pas te- *Idem p.* 124.
nues & occupées actuellement, ou qui ne font pas en état
de l'être, appartiennent au Roi, en quelqu'endroit de l'Empire que ce foit, parce qu'il peut, quand il le veut, rendre bien du Domaine le bien de l'Etat.

R 3

p. 103 & 258. „ Le bien d'Eglife (donné ou acquis) eft facré en
„ Perfe. Le Roi, ni les donnateurs n'ont aucun droit re-
„ fervé deffus; il n'eft pas fujet non plus à être confif-
„ qué........"

„ Les terres qui appartiennent aux particuliers, font à
„ eux pour 99 ans, & jamais plus, durant lequel tems ils
„ les vendent & en difpofent comme il leur plait, fans
„ qu'on puiffe leur en rien ôter, à moins qu'ils ne tom-
„ bent dans quelque crime qui emporte la privation de
„ leurs biens. Quand les 99 ans font échus, on prend un
„ nouveau bail pour pareil terme, en payant le revenu
„ d'un an. Les fonds de terre des particuliers font appe-
„ lés............ *propriété permanente.* La plûpart font
„ chargés d'un petit tribut annuel envers le Roi, qui ne
„ va pas à 40 ou 50 fols par *guirib* ou arpent. Les autres
„ ne payent rien du tout".

p. 124. On difpofe des terres hors d'ufage, c'eft-à-dire, qui
ne font pas cultivées, de la maniere fuivante. Si quelqu'un
veut un terrein, il s'adreffe au Gouverneur ou à l'Intendant
de la Province. „ La donation, laquelle s'obtient fans
„ peine, fe fait ou fimplement & fans condition, ou avec
„ condition de payer tant par an, ou de faire un ufage du
„ terrein qui rendra du bénéfice au Roi. La donation fe
„ fait pour cent ans moins un an, felon les termes exprès
„ de leur Code Civil, au bout du quel tems il faut payer
„ un droit, qui eft une maniere de renouvellement de bail
„ pour un pareil terme; & s'il arrive devant ce tems qu'on
„ vende la terre, il faut en paffer le contrat devant l'Inten-
„ dant des lieux, & payer ur petit droit, comme on diroit
„ en France les Lods & ventes; & alors le terme de 99 ans
„ recommence à courir du jour de la datte du Contrat; voi-
„ là quel eft le droit de la propriété des terres".

p. 125.
p. 132. Chardin expofe enfuite de quelle maniere on tire le
revenu des terres affermées. Le fermier donne le tiers des
grains en nature, les femences prélevées; le tiers du bé-

tail, les deux tiers des fruits, des arbres, des bois. Ce voyageur parle encore des Corvées aux quelles les Seigneurs affujetiffent leurs payfans.

Je fais plufieurs obfervations fur le paffage de Chardin que je viens de rapporter.

1°. Ce voyageur nous apprend ailleurs que les particuliers qui reçoivent des gages du Roi en terres d'affignation, les regardent comme leur bien propre à perpetuité.

2°. On a vu par l'aveu du Moullah cité ci-devant, que tout le monde, en Perfe, ne reconnoit pas la legitimité du Domaine du Roi; & ce que difoit ce Moullah eft fi bien fondé, que Schah Abas le grand avoit légué à l'Eglife tous les biens attachés à fa perfonne, fon Palais, fa Garde robbe, fes chevaux, & payoit une certaine fomme par an de chaque chofe, afin, difoit-il, de s'en pouvoir fervir légitimement. C'étoit reconnoître qu'il n'en étoit pas maitre légitime.

Mais, fans contefter fur ce point, on voit déjà des propriétés chez les Gouverneurs, chez ceux qui ont à vie le Domaine aliené, dans les biens de l'Eglife. Pour ce qui eft des autres poffeffeurs, Chardin auroit dû nous dire fi après les 99 ans le bien retournoit au Prince.

Nous voyons dans d'autres voyageurs, acheter fimplement & pour toujours. D'ailleurs donner une année de revenu pour recommencer un fecond bail de 99 ans, affurément cela ne reffemble pas à un achat. Ces propriétés font nommées *permanentes*, & lorfqu'on vend, moyennant des efpeces de Lods & ventes, le bail recommence pour l'acheteur fur le pied de 99 ans. Un terrein cultivé, une maifon batie & arrangée fe donneroit-elle pour 99 ans. Moyennant une fimple année de revenu? en Europe les Gens d'Eglife, qui vendent à bail amphythéotique pour 99 ans, le terme échu, vendent une feconde fois, plus cher fouvent que la première.

J E conclus de là que la propriété eſt perpétuelle en Perſe; mais qu'au bout de 99 ans, on doit payer au Prince
une année de revenu, (c'eſt, ſi l'on veut, nòtre droit de
franc fief, de rachat &c.): faute de quoi le bien peut être
ſaiſi. Mais auſſi le droit payé, le Prince ne peut pas reprendre le bien du particulier. Et en effet, parmi les différens objets qui forment le revenu du Roi de Perſe, &
dont les confiſcations font partie, on ne voit pas que le retour de ces biens y ſoit compris; ce qui pourroit cependant
faire un article confidérable.

Oléar. Voya-
ge en Perſe,
p. 652.
Chard. Voya-
ge T. II. p.
135, 142.

PASSONS à l'Indouſtan.

TROISIEME

TROISIEME SECTION.

Propriété des biens dans l'Indouſtan.

§. I.

LES anciens nous diſent que dans l'Inde tout le pays étoit au Roi, & qu'aucun particulier ne pouvoit y poſſéder de terre : mais en examinant la choſe avec attention, on voit qu'il eſt queſtion d'une poſſeſſion exempte de tribut, de cens, & qui par là eût exclu la Suzeraineté ; ou des terres qui formoient le Domaine du Roi. *Strab. Geograph. L. XI. p. 704. Diodor. Sic. L. II. p. 125.*

PARMI les voyageurs modernes, pluſieurs avancent „ que „ toutes les terres dans l'Empire du Mogol lui appartiennent „ (au Prince) ; qu'il les donne & reprend ſelon ſon bon „ plaiſir (*a*), que ſes ſujets n'ont aucun fonds de terre en „ propriété ; que ceux qui en poſſédent, ne les poſſédent par „ aucun autre titre, que par don gratuit du Roi”. Il ſuit de là qu'il eſt héritier univerſel de tous ſes ſujets. Cependant Thomas Rhoe dit ſeulement „ qu'il eſt héritier univerſel „ des plus riches de ſes ſujets”. Il eſt vrai que ce voyageur ajoute que tous les ſujets du Mogol, à l'exception des marchands, des artiſans & des laboureurs, vivent de ſon Domaine, ſur lequel ils ont des penſions, & qu'à leur mort ces penſions retournent au Tréſor, le Prince laiſſant ce qu'il lui plait à la femme & aux enfans. C'eſt d'après cet uſage que le Capitaine Hawkins dit que le Mogol „ eſt „ héritier univerſel de tous ceux qui tiennent de lui quel- „ que penſion”, & que le même Thomas Rhoe met au nombre des fonds de revenu de ce Monarque „ la dépouil- „ le de tous ceux qui meurent dans ſes Etats ”. *Rélat. du Cap. Hawkins dans Purch. p. 522. & Recueil de Theven. T. I. P. I. p. 4. ibid. Rélat. de Terry, p. 27. — Rélat. lib. cit p. 69. — Loc. cit. — Libr. cit. p. 70.*

(*a*) Terry avance „ que les perſonnes qui ont du pouvoir, vendent quelque „ fois ceux qui leur doivent, avec leurs femmes & leurs enfans, la coutume du „ pays autoriſant cette forte de vente”. Le fait eſt abſolument faux.

Voila trois claſſes d'hommes, les marchands, les artiſans & les laboureurs, leſquels ne vivant pas de penſions du Prince, peuvent être propriétaires réels & laiſſer leurs biens à leurs enfans: or ces trois claſſes forment plus de la moitié des ſujets du Mogol. Ajoutez les particuliers, qui, ſans être de ces trois claſſes, ne reçoivent pas de penſions du Prince, le Clergé & ceux qui ne ſont pas riches, & vous aurez plus des trois quarts des habitans de l'Inde. Il eſt donc faux même ſelon Thomas Rhoe, qu'il n'y ait pas de propriété dans l'Empire du Mogol.

La conſéquence eſt naturelle; malgré cela, dans l'extrait d'une lettre de Thomas Rhoe, donné par l'auteur des Mémoires du Colonel Lawrens, on lit ces mots ſans correctif: „ tout le pays lui appartient (au Mogol)....., ſes ſujets „ n'ont pas un pouce de terre en propre........ le Mogol „ eſt héritier né de tous ſes ſujets, tant de ceux qui vi- „ vent de leur induſtrie, (comme les marchands) que de „ ceux qui ſubſiſtent de ſes bienfaits; il s'empare de tout „ leur argent". Le texte Anglois dit ſimplement qu'il hérite: mais le fait eſt prouvé faux par ce que je viens de dire, & par ce qu'on verra plus bas.

Les propriétés, dira-t-on, s'il y en a dans l'Inde, ne regardent que le mobilier. Car „ il n'y a perſonne dans „ tout l'Etat du Mogol qui poſſede des terres en propre; „ mais au tems de la ſemaille les payſans s'adreſſent au „ Gouverneur, ou à celui qui eſt l'homme du Roi, & lui „ déclarent combien de terre ils prétendent labourer cette „ année, à la charge de donner le tiers ou la moitié du „ revenu au Roi; enſorte que bien ſouvent les payſans „ n'en retirent pas les frais qu'ils y ont faits pour la fa- „ çon ".

On verra plus bas que ce que dit ici Mandeſlo eſt trop général. Cela ne doit s'entendre que de ceux qui cultivent les terres tenues en fiefs, ou comme Domaine de la Couronne. Il y a dans l'Inde des fermiers & des ſous-fermiers, comme en Europe pour les terres du Domaine, pour celles des Seigneurs, pour les terreins abandonnés; ce qui n'exclut pas les propriétés particulieres.

„ Le Mogol, dit ailleurs Mandeslo, eft le maître de „ tous les biens de fes fujets ". *Lib. . . . .*
170, 171.

On fait déjà que cette affertion générale eft abfolument fauffe.

„ Il n'y a pas de dignité héréditaire en tous fes Etats. „ Celle de *Rasgi* ou *Raja* qu'il donne au mérite, plûtôt „ qu'à la naiffance, eft perfonnelle, comme celle de Kan „ en Tartarie, & ne paffe à la poftérité que par le moyen „ de la vertu ".

Le mot *Raja* fignifie *Roi* en Samskretam (de la viennent les mots *Rex*, *regere* &c.) C'eft le nom que portent les Princes gentils de l'Inde, dépendans ou indépendans du Mogol. Ce n'eft pas toujours ce monarque qui donne ce titre. Parmi ceux qui le portent, on voit des Princes qui le tiennent de pere en fils, comme les Rajas Jeffing, Jeffomfing &c. dont la nobleffe fe perd dans la nuit des tems. *Voyage de*
Bern. T. I.
p. 122, 250,
280.

Ovington femble renchérir encore fur les voyageurs précédens. „ Tout le Royaume, dit-il, de l'Indouftan, „ appartient en propre au Grand Mogol, qui fe rend l'hé-„ ritier de tous fes fujets; de maniere que la veuve ni les „ enfans des perfonnes les plus confidérables ne peuvent „ prétendre à la moindre chofe, après leur mort, à moins „ que l'Empereur ne la leur laiffe par bonté ". *Voyage T. I.*
Trad. Fr. p.
176, 194, 196.

Ovington confond ici le peuple avec les Grands, & ne dit pas pourquoi les biens de ceux-ci retournent au Souverain.

„ Un laboureur qui cultive la terre, n'a pour fes pei-

„ nes que la moitié de ce qu'elle produit. L'autre moitié
„ eſt reſervée pour le Prince; il y a des Officiers deſtinés
„ à ramaſſer tout ce qui vient de là. Ils en rendent comp-
„ te à des Receveurs Généraux, qui en remettent le pro-
„ duit dans le Tréſor Royal".

ENCORE les terres en ferme, en fiefs, ou du Domaine
confondues avec celles des particuliers. Ovington, qui a
reſidé à Surate, auroit pu ſe convaincre par lui-même que
des particuliers y avoient des terres, des Jardins. Au reſte
on ſait en Europe que la propriété n'empêche pas le Prince d'abſorber la moitié du revenu des terres.

„ SEULEMENT pour encourager le commerce dans
„ les villes maritimes, le Prince laiſſe aux marchands qui
„ y bâtiſſent des maiſons, la liberté de les faire paſſer en
„ propriété à leur famille".

AINSI voilà des fonds de terre tenus en propriété. „ Au
„ reſte on en voit peu à qui l'on accorde la ſucceſſion de
„ leurs peres. C'eſt une grace ſinguliere qui peut même
„ être révoquée".

CEPENDANT à Surate & ailleurs, il y a mille particuliers qui poſſedent les biens de leurs ayeux.

p. 254.

APRÈS ce qu'on vient de lire, on ne doit pas être ſurpris d'entendre le même Voyageur dire que „ dans le Mo-
„ gol..... ni les honneurs ni les biens ne ſont pas héré-
„ ditaires, & que tout dépend de la volonté du Prince......
„ à qui toutes choſes reviennent par la mort de ceux qui
„ les poſſédoient".

ON a vu ci-devant les exceptions avouées par Ovington.

Hiſt. des Re-
volut. de l'In-
de. T. I. p. 8.

CE ſont ces aſſertions générales, priſes à la lettre, qui
font répéter dans d'autres ouvrages, „ que (dans l'Inde)
„ toutes les terres de l'Empire appartiennent en propriété
„ au Souverain, qui les donne, ou qui les ôte, comme

„ bon lui femble & qui feul eft héritier né des biens de
„ tous fes fujets.........que le Mogol eft le feul proprié-
„ taire des biens de fes fujets & de toutes les terres de
„ l'Empire ".

Ici tout eft confondu, biens meubles & immeubles.

Au refte on n'eft plus furpris de lire dans *l'hiftoire générale de l'Empire Mogol* „que l'étendue du Domaine Impé-
„ rial égale l'étendue des Terres de l'Empire ; que le Mogol
„ eft feul propriétaire de tous les fonds de fa Souveraineté,
„ & l'unique héritier de fes fujets........ que les labou-
„ reurs (dans l'Inde) cultivent la terre fans profit, & feu-
„ lement pour leur nourriture........ que les Enfans n'ont
„ pas droit à la dépouille de leurs peres, & que le feul
„ Empereur eft l'héritier univerfel de fes fujets ". Les Anglois conviennent eux-mêmes que peu d'Européens connoiffent l'intérieur de l'Inde, que ce n'eft que depuis nos
rapports avec les Soubahs du Dekan, ceux des Anglois
avec les Nababs du Bengale, que l'on a été inftruit de ce
qui concerne ces contrées.

Ceci doit s'appliquer à Bernier comme aux autres, quoi
qu'il fût homme de Lettres, & qu'il fût le Perfan. Bernier, tout philofophe qu'il eft, ne paroit occupé que des
événemens généraux, des coutumes générales, comme c'eft
l'ordinaire de ceux qui font attachés aux Grands.

Par exemple, „ dans ces quartiers là, dit-il en par-
„ lant de l'Inde, excepté quelques marchands, la Juftice
„ n'eft qu'entre la Canaille & entre des miférables d'égale
„ condition, qui n'ont pas le moyen de corrompre les Ju-
„ ges, & d'acheter de faux témoins qui y font fans nom-
„ bre, à grand marché & qui n'y font jamais punis ".

Ce Voyageur s'éleve plus bas contre ceux qui voyant
autour d'un Cadi trois ou quatre *crocheteurs*, c'eft fou
terme, ou autres gens pareils, que l'on renvoye fur le

champ, souvent après avoir fait donner la bastonnade aux deux parties, s'écrient: O la prompte justice!

M a i s le Tribunal d'un petit Cadi est-il le modele de tous les Tribunaux de l'Indoustan?

p. 318, 319. L a Justice, dit-on, excepté quelques marchands, n'est qu'entre la *Canaille*. Voilà qui est avancé très gratuitement, malgré l'attention que Bernier prétend y avoir apportée, & quoiqu'il se donne pour bien instruit. Il est faux que dans l'Inde les Grands n'ayent pas d'affaires qui soient portées devant le Divan: nous avons vu ci-devant que cet Officier arrête la cupidité des Gouverneurs. Il est faux que les riches n'ayent rien à demêler devant les Tribunaux.

A p p r é c i o n s, après cela, les paroles de Bernier, qui, ici n'est rien moins que philosophe. Sur un million d'hommes il y aura 50000 soldats, 1500 Officiers, mille personnes en charge. Le reste est cette *canaille*, marchands, artisans, laboureurs, manouvriers, gens sans emploi. Voilà le cas que l'on fait de l'espece humaine, comme si le pauvre étoit d'une autre nature que le monarque, le premier Ministre, le Nabab! la justice est pour cette *canaille*, & ce n'est rien: Il faut des procès entre des Rajas, des Nababs, des Omrahs, pour que l'on puisse appeler cela de la justice. Revenons en Europe. N'est-ce pas ce qu'il plaît à Bernier d'appeler *canaille*, qui occupe la plûpart des Tribunaux? le peuple, les pauvres s'adressent aux juges: voilà ce qui frappe un voyageur. Les affaires des Grands intéressent souvent les Rois, qui dans l'Inde, comme en Europe, ont des raisons pour les attirer à eux.

A u reste ce que je vais rapporter d'une lettre d'Aurengzebe, pourra nous apprendre si la justice dans l'Inde est un objet aussi négligé, aussi vil que Bernier le prétend.

Voyage de Bern. T. I. p. 223, 225. „ I l semble, dit ce Monarque à Schah-djehan, son

„ pere, que je paſſe dans vôtre eſprit pour un ſuperbe &
„ pour un orgueilleux, maintenant que je ſuis Roi; com-
„ me ſi vous ne ſaviez pas, par une expérience de plus
„ de 40 ans que vous avez regné, quel peſant ornement
„ c'eſt qu'une Couronne, & combien de triſtes & inquiet-
„ tes nuits elle traîne avec elle; comme ſi je pouvois igno-
„ rer ce beau trait de Mir-Timur, que nous propoſe ſi
„ ſérieuſement notre grand Ayeul Akbar, dans ſes mémoi-
„ res, afin de nous faire entendre quelle eſtime nous en
„ devons faire, & ſi nous avons ſujet de nous en tant or-
„ gueillir. Vous ſavez bien qu'il dit que le même jour que
„ Timur prit Bajazet, il le fit amener devant ſoi, & que
„ le conſidérant attentivement au viſage, il ſe mit à rire.
„ De quoi Bajazet tout indigné lui dit fiérement: ne te ris
„ pas de ma fortune, Timur, ſache que c'eſt Dieu qui eſt
„ le diſtributeur des Royaumes & des Empires, & qu'il
„ t'en peut arriver autant demain, qu'il m'en arrive au-
„ jourd'hui. Que ſur cela Timur lui fit cette ſérieuſe &
„ galante reponſe. Je ſais auſſi bien que toi, Bajazet, que
„ Dieu eſt le diſtributeur des Royaumes & des Empires.
„ Je ne ris pas de ta mauvaiſe fortune, à Dieu ne plaiſe;
„ mais c'eſt qu'en conſidérant ainſi ton viſage, ceci m'eſt
„ tombé en penſée, qu'il faut que ces Royaumes & ces
„ Empires ſoient devant Dieu, & peut-être en eux-
„ mêmes, bien peu de choſe, puiſqu'il les diſtribue à
„ des gens ſi mal faits que nous ſommes tous deux, à un
„ vilain borgne comme toi, & à un miſérable boiteux
„ comme moi".

ON aime à voir ces héros nourris de ſang & de carnage, ces Deſpotes devant qui ſe taiſent les droits de l'humanité, reconnoître, au milieu de l'ivreſſe que devroit
produire ce qu'on appelle des triomphes, des victoires, le
néant des choſes humaines, & réduire à leur juſte taux la
condition des maîtres de l'univers.

AURENGZEBE continue: „ vous voulez encore qu'a-

„ bandonnant tous mes autres emplois, que je crois être
„ très nécessaires pour l'affermissement & le bonheur de
„ cet Etat, je ne songe qu'aux conquêtes, & a étendre les
„ bornes de l'Empire.   Il faut avouer que c'est là l'emploi
„ d'un grand Monarque, d'une ame véritablement royale,
„ & que je ne mériterois pas d'être du sang du Grand Ti-
„ mur, si je n'entrois dans ces sentimens, & si je ne m'y
„ sentois point porté.   Toute-fois il me semble que je ne
„ me tiens pas les bras croisés, & que mes services ne sont
„ pas inutiles dans le Dekan, & dans le Bengale: mais il
„ faut avouer aussi que les plus grands Conquérans ne sont
„ pas toujours les plus grands Rois, qu'on ne voit que
„ trop souvent un Barbare conquêter, & que ces grands
„ corps de conquêtes tombent ordinairement d'eux-mê-
„ mes; peu d'années assez souvent nous en font voir la
„ décadence.   *Celui-là est un grand Roi, qui se fait di-*
„ *gnement acquitter de ce grand & auguste métier & de-*
„ *voir des Rois, de faire rendre la justice à leurs sujets*".

Libr. cit.
p. 319.
The Hist. of
Hindost. T. III
p. 397. Disser-
tat. sur le De-
spot. p. 26, 27.
Bern. Voya-
ge T. II. p.
132, 133.
Zend-av. T.
I. I Part. p.
365, 368.
Duhalde,
Hist.de laChi-
ne.T.II.in-4°.
I. 112. Lettr.
éd. T. XXX.
p. 168, 170,

C'EST-A-DIRE, selon Bernier, à deux ou trois *cro-cheteurs*, *à la canaille* & à quelques marchands! M. Dow nous apprend avec quel soin Aurengzebe s'acquittoit de l'auguste fonction qu'il appelle le *métier*, le *devoir* des Rois.

ON est encore fâché de voir un voyageur instruit se livrer aux préjugés trop communs en Europe.   Il est surpris que les Brahmes se comparent aux Religieux Européens qu'ils voyent dans l'Inde.   C'est un philosophe qui dit, parlant des *Sciouras*, prêtres d'une caste particuliere d'Indiens; *impertinente & idolatre canaille*; parlant des faxirs Indous; ces *gueux de gentils*.   Voilà comme à la Chine les Lettrés traitent les Bonzes de Fo.

Libr. cit.
T. II. p. 158,
172.

BERNIER n'avoit rien lu, même en Persan, sur la Théologie Indienne.   Le trait suivant va nous en convaincre.   Etant à Benarès, il consulta le Chef des Pandets sur leur Religion.   „ Nous avons véritablement, lui dirent ces
„ Docteurs Indous, dans nos Deuras ou Temples, quan-
„ tité

„ tité de ftatues diverfes, comme celle de Brahma, Ma-
„ hadeo, Genifch & Gavani, qui font des principaux &
„ des plus parfaits Deutas, & même de quantité d'autres
„ de moindre perfection, auxquelles nous rendons beau-
„ coup d'honneur, nous proftemant devant elles, & leur
„ préfentant des fleurs, du Ris, des huiles de fenteur, du
„ fafran & autres chofes femblables avec beaucoup de cé-
„ rémonie. Néanmoins nous ne croyons pas que ces fta-
„ tues foient ou Brahma même, ou Befchen lui-même, &
„ ainfi des autres, mais feulement leurs images ou repré-
„ fentations: & nous ne leur rendons ces honneurs qu'à
„ caufe de ce qu'elles repréfentent. Elles font dans nos
„ Deuras, parce qu'il eft néceffaire pour bien faire la prie-
„ re, qu'il y ait quelque chofe devant les yeux qui arrête   ,
„ l'efprit; & quand nous prions, ce n'eft pas la ftatue que
„ nous prions, mais celui qui eft repréfenté par la ftatue.
„ Au refte nous reconnoiffons que c'eft Dieu qui eft le
„ maître abfolu & le feul tout puiffant. Voilà, fans ajou-
„ ter ni diminuer, dit Bernier, la réfolution qu'ils me
„ donnèrent: mais, à vous dire le vrai (il parle à M. Cha-
„ pelain), cela me fembloit un peu trop bien concerté à
„ la Chrétienne, au prix de ce que j'en avois appris de
„ plufieurs autres Pandets".

CEPENDANT Bernier n'avoit qu'à confulter celui qui
étoit aux gages de fon Omrat. Ce Pandet avoit fervi le
Prince Dara Schako, & avoit fans doute travaillé à la traduction de l'*Oupnekhat.* Le fyftême des Brahmes de Benarès, fe trouve développé dans cet ouvrage; l'*Oupnekhat*
venoit d'être traduit en Perfan, il pouvoit y avoir alors
douze ans; & Bernier ne le connoît pas; il croit que les
Pandets veulent le flatter, qu'ils lui cachent le fond de
leur Religion.

MAIS comment ce Pandet auroit-il développé fes dogmes à un homme qui le rendoit le jouet de fon Agah?
„ Quand j'étois las, dit Bernier, d'expliquer à mon Agah

Chriftian. des
Ind. 2. édit.
T. II. p. 261.
Voyage de
Bern. T. I.
p. 11. T. II.
p. 133.

Idem T. II.
p. 134.

T

„ les dernieres découvertes d'Herveus & de Pecquet fur
„ l'anatomie, & de raifonner avec lui fur la philofophie
„ de Gaffendi & de Defcartes, que je lui traduifois en per-
„ fien (car ça été là ma plus grande occupation pendant
„ cinq ou fix ans) le Pandet étoit nôtre refuge, & alors
„ c'étoit à lui à raifonner, & à nous conter fes fables,
„ qu'il débitoit férieufement, & fans jamais rire. Il eft
„ vrai que nous nous dégoutames fi fort à la fin des raifon-
„ nemens bourrus, que nous ne le pouvions prefque plus
„ entendre”.

Voila le François qui rit de tout. Si Akbar ou Dara Schako n'avoient eu à leur Cour que des gens (je parle des gens d'efprit) de ce caractere, nous n'aurions aucune traduction des Livres Indiens. Au refte il eft bon de favoir que pendant cinq à fix ans Bernier ne s'étoit gueres occupé à connoître le pays où il étoit.

Ce que je conclus de là, c'eft que fans s'arrêter à l'autorité, il faut examiner les raifons, pefer les preuves, difcuter les faits, les actes, les aveux.

Id. T.I.p. 10, 286, 307, 310. Bernier avance par tout que chez le Mogol „ toute
„ la terre du Royaume étant en propre au Roi, il n'y a
„ point de Marquifats, de Comtés, & de Duchés, dont
„ les Grands puiffent porter les noms; qu'il n'y a aucune
„ famille riche en fonds de terre, & qui fubfifte de fes
p. 310. „ revenus & patrimoines”. Enfin que la Turquie, la Perfe & l'Indouftan ont ôté *le mien & le tien*, à l'égard des fonds de terre, & de la propriété des poffeffions entre les particuliers, tels qu'ils font en Europe. D'après ces prin-
p. 287. cipes, ce voyageur doit foutenir que le Mogol eft héritier de tous ceux qui poffedent des terres, des Omrahs de ceux
p. 217. qui meurent à fon fervice, parce que leur bien vient des places qu'ils ont remplies.

p. 276. Cependant il convient „ qu'il y a quelques maifons
„ & jardins que le Mogol permet à fes fujets de vendre,

„ partager ou acheter entre eux, comme bon leur
„ femble ”.

VOILA déja une exception à la Loi générale, „ à cet- *p. 217.*
„ te ancienne & barbare coutume qui fait que les Rois des
„ Indes fe portent héritiers de ceux qui meurent à leur
„ fervice ”.

Barbare, cela eft vrai. Mais *ancienne*; certainement
elle n'eft pas autorifée par les loix de Mahomet ou de
Genghiskhan. Au refte remarquons que c'eft une fimple
coutume.

APRÈs cela Bernier peut peindre des couleurs les plus
triftes les terres mal cultivées, le commerce abandonné, *p. 277, 309 —*
les maifons tombantes en ruine, les villes défertes &c. tous *313.*
ces malheurs font une fuite du mauvais gouvernement, des
guerres, des rapines, des paffions enfin, & non de la conftitution de l'Etat, de cette *coutume* qui n'eft pas fi généralement établie que le prétend ce célebre voyageur, &
qui d'ailleurs ne regarde pas le peuple, l'artifan, le cultivateur, comme on va le voir.

JE foutiens donc

I. QUE ce n'eft pas une Loi, dans le Gouvernement
Mogol, que le Prince foit propriétaire de toutes les terres
de fon Empire, des biens de fes fujets; & que tous les
Empereurs ne s'attribuent pas cette propriété, non plus
que le droit d'hériter de leurs fujets.

II. QU'IL y a dans l'Indouftan des Principautés, des *Bern. Voya-*
biens confidérables appartenans en propre à des familles; *ge T. I. p.*
des titres honorifiques ou de nobleffe, qui repondent à *292—295.*
ceux de Ducs, Marquis &c. en Europe. Bernier n'a pas *Hift. des guer-*
fait attention à l'origine de nos titres de Ducs, Comtes, *res de l'Inde*
Marquis. Ces titres, comme ceux d'Omrahs, de Man- *orig. Angl.*
febdars, de Rouzindars, chez le Mogol, tenoient à un *p. 53, 54. Tr.*
fervice militaire qu'ils défignoient. *fr. T. I.*
p. 97, 99.

T 2

III. Qu'il y a de même propriété pour les terres des cultivateurs, pour des maisons, autres même que celles des marchands; qu'en conséquence le droit d'hérédité chez les Grands comme chez les petits est reconnu dans l'Indoustan.

§. II.

Dissertat. &c. orig. Angl. p. 27. Diss. Prélim. Trad. Fr. p. 49.

Dans *l'histoire des guerres de l'Inde* on avance „ que „ dans tous les Cantons absolument soumis, le Grand Mo-„ gol se dit propriétaire de toutes les terres".

Il faudroit produire des titres, quand on avance des propositions aussi générales & aussi absolues. D'abord c'est un fait avoué que les terres des Mosquées appartiennent en propre à ces établissemens Religieux; & ce que je vais citer d'une lettre d'Aurengzebe, prouvera clairement, que ce qu'on dit du Mogol n'est qu'une coutume, qui ne tient pas à la constitution de l'Etat, puisqu'un Prince aussi jaloux de son autorité, que l'étoit Aurengzebe, ne craint pas de s'élever contre, de la violer.

Voyage de Bern. T. I. p. 222.

„ Vous voulez (ce Prince parle à son pere Schah dje-„ han) que je suive indispensablement ces anciennes cou-„ tumes, & que je me porte héritier de tous ceux qui „ sont à ma solde, avec cette rigueur accoutumée : un „ Omrah, & même un de nos marchands n'étant pas plu-„ tôt mort, & quelque fois ne l'étant pas encore, que „ nous faisons sceler ses coffres, nous nous emparons de „ ses biens, & nous faisons une recherche exacte de ce „ qu'il peut avoir, faisant emprisonner & maltraiter les „ Officiers de la maison pour les contraindre à nous dé-„ couvrir tout, jusqu'aux moindres joyaux. Je veux croi-„ re qu'il y ait quelque politique en cela; mais on ne sau-„ roit aussi nier qu'il n'y ait bien de la rigueur & bien sou-„ vent de l'injustice; & à dire sincerement la vérité, nous „ mériterions assez qu'il nous arrivât tous les jours autant

„ qu'à vous, au fujet de votre Neik nam khan, & de la
„ veuve de votre riche marchand Indou".

Que répondre à une lettre fi précife? Aurengzebe re- *p. 217.*
fufe de faire ce qu'une *politique barbare* a fait paffer en
coutume & encore n'eft-ce qu'une *coutume.* Il la traite
d'injufte, & approuve l'action d'un des premiers Omrahs
de Schah djehan, qui fut lui enlever par adreffe fa fucceffion, en diftribuant de fon vivant fes biens, & faifant
remplir fes coffres de vieilles férailles, d'os, de haillons; *p. 219.*
celle d'une femme Indou qui ofa bien demander en plein
Divan à ce Monarque, „ quelle parenté il pouvoit avoir
„ avec fon défunt mari, pour s'en porter héritier", & fut
maintenue dans la poffeffion de fes biens. Auffi la commis- *Hift. gén. de*
fion de l'Officier chargé de recueillir les héritages de ceux *l'Emp. Mog.*
qui meurent au fervice du Prince, quoique lucrative, eft- *T. II. p. 321.*
elle regardée comme odieufe :

Le trait fuivant fait voir qu'Aurengzebe agiffoit d'a- *Hift. manu-*
près les principes avancés dans cette lettre. En 1085 de *fcr. de l'Inde,*
l'Hégire (1674. *de J. C.*) ce Prince étant campé à Affa- *p. 137, 138.*
nabad, quelqu'un des fiens detourna l'eau d'un moulin qui
faifoit vivre une pauvre femme avec fa famille. On l'en
avertit. Auffitôt il ordonne qu'on remette l'Eau dans l'é-
tat où elle étoit, ne voulant pas que pour fa commodité
on nuisît à perfonne. Le jour même il envoye à manger à cette pauvre femme & cinq roupies d'or (*a*) ordonne de la faluer de fa part & de lui demander pardon
de la peine que devoit lui avoir caufé l'injuftice qu'on lui
avoit faite. Le lendemain il l'envoya chercher dans un
Palanquin, & l'ayant fait venir en fa préfence, il lui de-
manda qu'elle étoit fa fituation. La vieille lui répondit
qu'elle avoit un mari, deux filles & deux garçons à marier;
ce qui l'inquiétoit fort. Aurengzebe lui fit donner 200

____

(*a*) La roupie d'Or varie felon les endroits. Celle de Dehli, l'an 13 du
regne de Mohammed Schah, étoit de cinquante grains plus forte que notre
Louis d'Or: *Zend-avefta, T. I. I Part. p.* 514.

T 3

roupies, & l'envoya dans le ferail où fes femmes lui donnerent deux cens autres roupies d'or, des bijoux & des habits. Ses filles vinrent enfuite. Ce Prince leur fit donner mille roupies; les femmes du Sérail leur donnerent quantité d'étoffes, & les femmes des Princes en firent autant. Le village où étoit le moulin lui fut donné ainfi que fes dépendances. Enfin Aurengzebe envoya fes enfans vifiter cette femme, & y fut enfuite lui-même.

Ceci eft tiré de l'hiftoire manufcrite de l'Indouftan faite par M. Gentil. De pareils traits font honneur à l'humanité , malheureufement ils font rares chez les gens en place.

Hift. gén. de l'Emp. Mog. T. III. p. 264. Lorsque le même Empereur, obligé d'élargir l'entrée de Dahli, du côté de Lahor, y fit élever trois portes magnifiques, „ on abatit quelques Palais. Ce Prince „ en tint compte aux propriétaires, & fon peuple ne fouf„ frit pas de fa magnificence". Aurengzebe reconnoiffoit donc le droit de propriété pour les maifons chez les Grands de fon Empire. Ces deux traits reffemblent à celui d'Osman IIIe. rapporté dans la Ie. Section de cette IIIe Partie.

Hift. gén. de l'Emp. Mog. T. IV. p. 109. Si dans la fuite Aurengzebe s'empare avec rigueur des fucceffions de fes fujets, on voit que c'eft pour fournir aux frais des conquêtes que l'ambition légitimoit à fes yeux. Dans ces circonftances les loix fe taifent; la voix de l'humanité eft étouffée.

II. Il y a des propriétés en fonds de terres confidérables dans l'Indouftan.

Ou il y a aliénation de fonds, il y a propriété, parce que l'aliénation n'eft que la vente ou le tranfport de la propriété. Or l'hiftoire nous apprend que les Empereurs Mogols ont aliéné des portions de leur domaine à des particuliers, Grands & autres, vivants dans leur Empire.

„ **Toutes** les terres du Royaume, dit Bernier, étant
„ en propre au Roi, elles fe donnent comme bénéfices qui
„ s'appellent *Jah-guirs*, ou comme en Turquie Timars, à
„ des gens de la milice pour leur paye ou penfion, felon
„ que porte le mot *Jah-guir*, qui fignifie *lieu à prendre*
„ ou *lieu de penfion*; ou bien elles fe donnent de même
„ aux Gouverneurs pour leurs penfions & entretien de
„ leurs troupes, à la charge que du furplus du revenu des
„ terres, ils en donneront certaines fommes au Roi tous
„ les ans, comme fermiers; ou bien le Roi fe les réferve
„ comme un Domaine particulier de fa maifon, qui ne fe
„ donne jamais ou que très-rarement en *Jah-guir*, où il
„ tient des fermiers qui lui doivent auffi bailler une Somme
„ par an, moyennant quoi les gens à Timars, Gouverneurs
„ & fermiers, ont une autorité comme abfolue fur les pay-
„ fans, & même encore fort grande fur les artifans & mar-
„ chands des villes, bourgades & villages de leur dépen-
„ dance".

Voyage T. I.
p. 307 . 308.

*Hift. gén. de
l'Emp. Mog.
T. II. p. 302,
303. Dow,
An Enquiry
&c. p. 101,
102. & H.
Verelft a
view &c. p.
70. appendix
p. 227.*

Il n'eft queftion, dans ce que je vais citer, d'aucune de
ces trois manieres de tenir les terres de l'Empire. Voici
ce qu'on lit dans *l'hiftoire générale de l'Empire Mogol.*

„ **Personne** n'ignore que l'Empereur des Mogols eft
„ le feul maître des fonds de terre de fon Empire, & que
„ fes fujets n'en font que les fermiers, & jamais les pro-
„ priétaires".

*Hift. gén. de
l'Emp. Mog.
T. III. p. 23.
& H. Verelft
Libr. cit.
p. 65.*

On eft accoutumé à ces affertions générales : ainfi je
ne les releverai plus.

„ **Cependant** fous Akbar il s'étoit fait des aliénations
„ du Domaine. Certains territoires étoient devenus héré-
„ ditaires à des familles Perfannes tranfplantées chez le
„ Mogol. En effet la politique d'Akbar avoit été d'attirer
„ à fon fervice les mécontens de la Cour de Perfe, & de
„ les fixer dans fes Etats par de folides établiffemens. Il
„ avoit donc fait une Loi, que les exilés & les fugitifs de

„ Perfe trouveroient à fa Cour ou dans fes armées des em-
„ plois égaux à ceux qu'ils occupoient à la Cour ou dans
„ les armées du Sophi, fouvent même en aliénant en leur
„ faveur, furtout pour de grands fervices rendus dans les
„ combats, quelques portions du Domaine des Empereurs.
„ Les Perfans, au refte, depuis Akbar, s'étoient tellement
„ fignalés par les armes, que prefque tous les grands Ca-
„ pitaines de l'Indouftan étoient fortis de leur nation : delà
„ les aliénations confidérables qui s'étoient faites pour fer-
„ vir de récompenfe à leur mérite".

Je demande pourquoi on aliénoit en faveur de ces étrangers. C'eft, qu'en Perfe il y avoit des propriétés. Mais
on auroit violé pour eux les Loix fondamentales de l'Empire, tandis qu'il y avoit mille moyens de les récompenfer ! Djéhanguir & Schah djehan auroient laiffé les chofes
dans le même état ! concluons au moins que d'Akbar à
Aurengzebe, il y a eu dans l'Indouftan des propriétés confidérables en fonds de terre.

Id. T. I.
p. 151—152.

Au refte Akbar n'avoit fait que fuivre l'exemple de fon
ayeul Omayoun. „ Ce Monarque affura au Fakir Schadau-
„ la, pour récompenfer fes fervices, des revenus en pro-
„ pre, contre les Loix du Royaume ; on les affura même
„ à fa poftérité. Les defcendans de cet illuftre Fakir font
„ les feuls Mahométans de tout l'Empire qui poffédent un
„ Domaine fixe & des terres en propriété".

Voila au moins quelques terres en propriété, mais
par une exception fpéciale. Toujours le même fyftême.

An Inquiry
&c. p. 43.

Cependant, les Mogols, dit M. Dow, après avoir conquis
l'Inde, *au lieu de s'emparer des terres des vaincus, les
confirmerent dans leurs poffeffions. Et ailleurs, affura
les propriétés par fes édits.* Akbar fon fils *établit* de mê-

*Differt. fur
le Defpotifme
p. 24, 25.*

me *par Edit, chez fes fujets, le droit de tranfmettre
leurs propriétés fans le confentement de la Couronne* (a).

II

___

(a) On a peine à concilier ces paffages avec ce qu'avance ailleurs M. Dow.

During

Il en donna un, renouvellé dans la fuite par Aurengzebe, portant que *les rentes dues par fes fujets, ne feroient pas augmentées, lorfqu'ils auroient amélioré leurs terres.* Il eſt trifte d'être obligé de louer, comme quelque chofe d'extraordinaire, un édit qui ne fait qu'aſſurer les droits de l'homme, & donner à l'agriculture l'encouragement que lui doit tout Prince qui entend fes intérêts, & qui veut les allier folidement avec ceux de fes fujets.

AURENGZEBE fentant que fes revenus fouffroient de fes aliénations, cherche le moyen de reprendre fon Domaine. Il n'attaque pas l'aliénation comme contraire aux Loix de l'Etat, perfonne ne pouvant, dans l'Indouſtan, avoir de terres en propre. Il avoit lui-même, étant Vice-Roi du Dekan, cedé à perpétuité & fans retour (c'eſt-à-dire aliéné) au Cévagi plufieurs places de ce Soubah, & par conféquent du Domaine de l'Empire, par un Traité dans les formes, écrit fur une lame d'or & atteſté par des fermens faits fur l'Alkoran. Ce Monarque tâche de trouver des défauts de formalité dans les Firmans accordés aux Perfans. Malgré cela „ il ne reſtoit que trop de ces fonds „ aliénés dont le tranfport avoit été fait dans les formes". Pouvoit-il y avoir des formes légales pour autorifer un tranfport contraire à la conſtitution de l'Etat?

LE prétexte de la Religion fut plus efficace. Les Perfans, regardés comme des hérétiques à caufe de leur attachement pour Ali, furent envoyés par Aurengzebe dans le Kafchmire avec des appointemens.

RECONNOIT-ON là ce Defpôte qui n'a qu'à vouloir, ordonner, à qui tout appartient?

During the domination of the houfe of Timur, dit ce Voyageur, there was no transferable landed property in Hinduſtan; excepting Gardens, Orchards, Houfes, and Some fmall portions of grou. i, in the environs of great cities, for which merchants and wealthy tradesmen had obtained particular grants, diſtinguished by the name of Peltas. An Enquiry &c. p. 50.

PASSONS maintenant aux naturels mêmes de l'Inde. Les Rajas se présentent d'abord. „ Toutes les terres dans „ l'Inde, dit M. Dow, sont considérées comme la pro-„ priété du Souverain, à l'exception de quelques districts „ héréditaires, possédés par des Princes Indous, pour les-„ quels, lorsque l'Empire est en vigueur, ils payent des „ redevances annuelles, mais dont ils ont la juridiction ab-„ solue ".

M. HOLWEL nous explique à quel titre ces Princes sont Souverains. „ Lorsque l'Empire de l'Indoustan, dit „ ce Voyageur, fut envahi & conquis en partie par les „ Tartares Mogols, vers le commencement du 15 siecle, „ plusieurs Rajas ou Princes Indous du pays se soumirent „ volontairement aux usurpateurs, à condition qu'ils con-„ serveroient leurs Terres & leurs Principautés, moyen-„ nant un Tribut annuel ": d'autres refuserent ce Tribut.

CES passages sont clairs & précis. La force a beau éri-ger en droit aux yeux de quelques Monarques, la coutume de s'emparer des biens des défunts, ces Districts Indous sont toujours de leur nature héréditaires. En conséquence on voit dans le Bengale plusieurs Rajas puissants, maîtres de-puis très-longtems, de pere en fils, des pays qu'ils occu-pent, lesquels se contentent de donner à la Couronne la taxe imposée, sans craindre qu'on les dépossede, ni qu'à leur mort la Cour s'empare de leurs biens.

LES Seiks, classe particuliere d'Indiens, divisés en plu-sieurs Etats „ possedent actuellement toute la Province du „ Pendjab, la plus grande partie du Moultan & du Sind, „ les deux rives de l'Indus depuis le Kaschmire jusqu'à „ Tatta, & tout le pays du côté de Dehli, depuis Lahor „ jusqu'à Sarhind ". Ils tirent leur origine de Gobinsin-gue, disciple de Nanek, Religieux célebre, dans la pro-vince de Lahor, par son désintéressement & sa douceur, sur la fin du regne d'Aurengzebe. Ces Indiens vivent en République (*a*), & s'engagent par ferment à être ennemis du Gouvernement Monarchique. Certainement les propriétés ont lieu chez un peuple de ce caractere.

„ La Ville d'Agra, avec une très-grande étendue tout „ au tour le long du Jemna, depuis quarante Courours (*b*) „ au deſſous de cette ville, juſqu'à cinq courours de Deh- „ li, & en s'élargiſſant par derriere (en deſcendant) juſ- „ qu'à Gualier & Barampulla, eſt poſſedée par une nation „ appellée les *Iates*", diviſés en pluſieurs Tribus & ſectes ſéparées. „ Le Raja qui les commande, deſcend de l'an- „ cienne race des Jets qui poſſéderent les rives de l'In- „ 'dus, dès le regne du Sultan Mahmoud le Gazneirde", dans le 11ᵉ. ſiecle.

Orig. angl. p. 17. Tr. fr. p. 175 - 178. H. Verelſt libr. cit. ap- pend. p. 104, 105, 111.

Voila une famille bien ancienne, bien noble, & décorée en même tems par le Mogol, ſelon M. Dow, de titres honorifiques.

Le Raja d'Odeypour, dont les Etats confinent à ceux du Marwar, prétend, à cauſe de la nobleſſe de ſa race, la prééminence ſur tous les Rajas de l'Indouſtan. Mais il ne peut l'emporter ſur les Rajas Jeſſingue & Jeſſom Singue. Il y a donc dans l'Inde, chez les Gentils, de la nobleſſe, des Principautés héréditaires.

Orig. angl. p. 389. Tr. fr. p. 180.

Passons aux Mahométans.

On ſe rappelle le trait d'un des premiers Omrahs de Schah djehan, qui ne ſe fit pas ſcrupule de lui enlever ſa ſucceſſion, & que ſa conduite fut approuvée indirectement par Aurengzebe.

On voit maintenant dans l'Indouſtan pluſieurs Princes

Dow lib. cit. Orig. angl. T. I. p. 385. 386. Tr. fr. p. 172.

(*a*) Les anciens Indiens ont connu cette forme de Gouvernement. *Diod. Sic.* L. II. p. 124.
(*b*) Les *Coureurs* ou Coſſes, dans cette partie de l'Indouſtan, ſont, ſelon le P. Tieſſentaller, de 37½ au degré. *Journal des Sçavans, Décembre* 1776. *in-*12. 1ᵉʳ *Vol.* p. 2420.

V 2

Patanes indépendans commander des Tribus féparées au nord de Dehli.

E N 1740, le Miniſtre du Mogol engage les Marates à marcher dans le Bengale, pour rétablir la famille de Soudjahkhan contre l'uſurpation d'Aaliverdikhan. Soudjahkhan étant mort, ſon fils Sarferaskhan, reconnu par le Mogol, avoit des droits légitimes à la Nabobie. Mais comment, après la mort de celui-ci, les Marates pouvoient-ils exiger d'Aaliverdikhan „ qu'il reſtituât à la fa- „ mille de Soudjahkhan le Gouvernement qu'il avoit uſur- „ pé à Sarferaskhan ſon aîné" & cela en conſéquence des ordres de l'Empereur?

I L ne reſtoit de cette famille que Maſſoudkoulikhan, qui avoit époufé la fœur de Sarferaskhan; & l'ordre de l'Empereur, donné du vivant de ce dernier Prince, ne pouvoit regarder ſa fœur & le reſte de ſa famille (ſon beau frere) qu'en ſuppofant le droit héréditaire ou naturel, ou donné par le Mogol même aux filles.

A A L I V E R D I K H A N, reconnu Nabab du Bengale, dé-ſigne pour ſon ſucceſſeur ſon neveu, & après la mort de ce jeune Prince, adopte ſon fils, Mirza Mahmoud. Tout cela ſe fait comme de droit. En 1756 Mirza Mahmoud, petit neveu d'Aaliverdikhan, & ſon fils adoptif, lui ſuccede ſous le nom de Saradjeddaulah. Il eſt obligé de lever l'oppoſition qu'une partie de ſa famille avoit faite à ſa ſucceſſion.

S'I L n'y a pas dans l'Inde de ſucceſſions réglées pour les biens des Grands Seigneurs, quelle réſiſtance pouvoit faire la famille d'Aaliverdikhan? L'Empereur n'avoit conferé la Nababie à aucun autre parent de ce Prince (*a*).

______

(*a*) On lit dans les mémoires particuliers (*Supplém. au mém. de M. Maiſſin p.* 13.) qu'Aaliverdikhan avoit demandé le Firman à Dehli. Alors comment la famille de ce Prince ofoit-elle s'oppofer à la ſucceſſion contre les difpoſitions du Grand Mogol? au moins cette réſiſtance fait voir qu'elle croyoit avoir un droit héréditaire que rien ne pouvoit annuler.

A Surate, le Nabab Teighbeighkhan meurt en 1716, après avoir ordonné que ses esclaves partageroient ses biens avec ses enfans; la chose s'exécute sans que le Mogol s'immisce dans la succession. *Zend-av. T. I. I. Part. p. 274—276.*

La Beigom, veuve d'Azeretkhan, successivement Gouverneur de la forteresse & de la ville, possede des biens immenses, marie ses filles tranquillement. Et qu'on ne croye pas qu'un Gouvernement tel que celui là soit négligé du Mogol. Au milieu des troubles excités à Surate en 1747 & 1748, on voit paroître les ordres de Nizam-elmoulk, Soubab du Dékan, & de Nazerzingue son fils. *p. 279.*

Sans entrer dans un plus grand détail, je crois pouvoir conclure des faits précédens que dans l'Indoustan il y a des Principautés, des Gouvernemens, des terres, des biens tenus en propre par des particuliers sujets du Mogol; qu'il y a de même un droit de succession reconnu par le Prince, soutenu par ses sujets, & en conséquence des titres d'honneur (*a*) qui passent des peres aux enfans. Si le Monarque, quand il se sent le plus fort, juge à propos de troubler cet ordre, c'est un acte d'autorité dont on se plaint comme d'une violence, bien loin de le regarder comme une suite de la constitution de l'Etat: & „ suivant la „ coutume du pays, les personnes de haute naissance, si „ pauvres qu'elles soient sont toujours respectées". *Dow Inquiry &c. p. 53, 101. H. Verelst, a view &c. p. 66, 70. append. p. 58. Voyage d'O-vingt. T. II. p. 237.*

On verra plus bas de quelle conséquence dans les événemens politiques est ce droit de succession.

(*a*) Il y a dans l'Inde, pour les Mahométans, deux autres sortes de Noblesse; la premiere, en quelque sorte d'éducation, prise de la succession de maîtres, qui, par exemple, de disciples en maîtres, remontent jusqu'à Mahomet, ou jusqu'à Aali. *Zend-avesta. T. II. Table des mat. au mot noblesse.* Cette noblesse ne donne que de la considération. La 2e. sorte de noblesse est celle des *Sayeds*, Mahométans qui sont censés être de la famille de Mahomet. Celle-ci a des privileges. *Libr. cit. au mot* Sayed *Ovingt. T. II. p. 230.* Chez les Turcs, les descendans de ce Mahomet ont le droit de n'être jugés que par les Chefs de leurs Tribus. *Port. libr. cit. Part. II. p. 3.*

III. L ES cultivateurs, les marchands, les artifans, les fimples fujets du Mogol, qui n'ont pas d'état particulier, jouiffent du même droit de propriété, c'eft-à-dire qu'ils poffédent en propre des terres, des maifons, des biens enfin qu'ils laiffent à leurs héritiers légitimes, enfans & autres.

TOUS ceux qui ont paffé quelques années dans l'Inde à la côte, dans le Bengale, ou du côté de Surate, y ont vu des particuliers poffëder des champs, des maifons; ils ont vu des Européens même acheter des Indiens, Mahométans ou Gentils, & revendre à d'autres, des terreins, des jardins; ils ont vu les fermiers, fous fermiers, faire valoir les terres avec la même tranquillité, la même activité qu'en Europe, les Journaliers travailler comme nos payfans, pour le falaire qu'on leur avoit promis. Moi-même, dans le cours de mes voyages, obligé de communiquer avec toutes les claffes d'hommes qui forment l'Empire de l'Indouftan, je n'ai guere trouvé d'inquiétudes réelles que chez les Grands, chez les perfonnes opulentes; & l'on fait que c'eft par tout l'appanage des richeffes & des honneurs. Je voyois le fimple peuple manger fon ris, fans fonger non plus au Gouvernement Mogol, que s'il n'avoit pas exifté. Jamais dans ces contrées l'homme d'un état médiocre, le peuple, c'eft-à-dire 19000 fur 20000, ne dit : mon bien eft au Prince, mon fils n'a pas droit à ma fucceffion. Auffi les Officiers du Fifc ne fe tranfportent-ils pas dans la maifon du Vieillard mourant, pour enlever le lit fur lequel il attend fa derniere heure. Les Indiens craignent les fuites du Gouvernement fous lequel ils vivent, comme on craint les voleurs, les brigands; & il y en a partout, même chez les honnêtes gens. Pourquoi, dans l'Inde, leurs rapines, qui ne font pas plus fréquentes qu'en Europe, feroient-elles regardées comme une fuite de la Légiflation?

MAIS citons des autorités.

„ L'EMPEREUR de l'Indouftan, dit M. Dow, eft

„ l'arbitre unique & abſolu de toutes choſes, ſans être
„ contraint ni ſurveillé par aucune loi".

Nous avons vu Aurengzebe, Monarque abſolu, s'il
en fût jamais, penſer bien différemment, & agir en conſéquence.

„ La vie & les propriétés des plus grands Omrahs, *Libr. cit.*
„ ſont autant à ſa diſpoſition, que celles de ſes moindres *Orig. angl.*
„ ſujets, avec cette ſeule différence, que les premiers ſont *p. 13.*
„ ſouvent aſſez puiſſants pour braver le châtiment, tandis
„ que les autres ſont eſclaves, non ſeulement du Souve-
„ rain, mais encore des Gouverneurs Provinciaux".

La veuve qui revendiquoit le bien de ſon mari, en pré-
ſence de Schah djehan, ne ſe croyoit pas Eſclave. Quand
le pouvoir ſe trouve dans les mains d'un Monarque violent, il diſpoſe quelquefois arbitrairement de la vie & des
biens des perſonnes qui l'approchent: & où ces actes d'autorité n'ont-ils pas lieu? Mais le peuple, ſi éloigné du
Trône, a le bonheur de ne pas ſentir, ou du moins que
dans des occaſions extraordinaires, les effets de ce Gouvernement oppreſſif: & les Gouverneurs ſont retenus par *Id. Orig.*
la crainte que les cris des malheureux opprimés ne percent *angl. p. 21.*
juſqu'au Souverain. *Tr.fr. p. 152.*

„ Ces Gouverneurs, appellés Nababs, ont dans leurs
„ juridictions le droit de vie & de mort, & ſont revêtus
„ en tout point de l'autorité royale".

Il y a dans tous les Gouvernemens des Cours de Juſti-
ce, des Caſis, Sayeds, Cotouals, qui jugent ſelon les Cou- *Orig. angl.*
tumes & ſur l'Alkoran. L'auteur nous dit lui-même ail- *p. 13. Tr.fr.*
leurs que les Caſis ſont aſſez integres dans leurs jugemens; *p. 155.*
que le Divan s'oppoſe aux nouvelles impoſitions, aux in- *Orig. angl.*
novations dans les Loix; d'ailleurs l'office du *Vakée-nevis* *p. 16, 17.*
eſt de ſurveiller les Nababs & les Gouverneurs.

„ Le Roi eſt l'héritier univerſel de tous ſes ſujets (ail- *Id. Préf.*

p. 13. Tr. fr.
p. 147. Dis-
fert. fur le
Defpot. p. 28.

„ leurs des Officiers de la Couronne).   Mais lorfqu'il y a
„ des enfans pour fuccéder, rarement on les prive de la
„ fortune de leurs peres, à moins qu'elle ne foit exorbi-
„ tante & acquife par l'oppreffion d'une Province".

C'est-a-dire qu'alors on confifque le bien du coupable.   Ce n'eft pas là hériter.   Dans les Etats les plus
libres on punit les concuffionnaires en appliquant leur bien
au Fifc.

„ En ce cas on alloue aux enfans ou aux plus proches
„ parens une certaine portion de la fucceffion pour leur
„ fubfiftance, à la difcrétion du Cafi ou Juge".

Jusqu'ici rien de plus jufte, rien qui reffemble moins
au droit d'un héritier univerfel.   C'eft le juge qui prononn-
ce felon la loi, & les parens ne portent pas, par un dé-
pouillement total, la peine d'un crime dont ils ne font pas
coupables.

„ Les biens des Marchands, Négociants & artifans ne
„ font jamais confifqués au profit de la Couronne, tant qu'il
„ refte des enfans ou des parens".

Dow, an
Enquiry &c.
p. 50.

Voila qui eft pofitif.   M. Dow nous dit ici ce qu'on
ne fait pas; il entre ailleurs dans de plus grands détails:
d'autres Voyageurs donnent à entendre que c'eft par un
réglement particulier, fait pour encourager le commerce,
que les maifons des marchands, furtout dans les villes maritimes, & d'autres biens fonds paffent aux héritiers.

J'ajoute au témoignage de M. Dow (XI), celui du
Capitaine Scrafton, qui a fervi comme lui dans le Bengale.

Fragm. fur
l'Inde p. 36.

„ Je vois avec furprife, dit cet Officier, tant d'auteurs
„ affurer que les poffeffions des terres ne font pas hérédi-
„ taires dans ce pays, & que l'Empereur eft l'héritier uni-
„ verfel.

(XI) Voyez la Note XI à la fin de cet ouvrage.

„ verfel. Il eſt vrai qu'il n'y a point d'acte de Parlement
„ dans l'Inde, point de pouvoir intermédiaire qui retienne
„ légalement l'autorité Impériale dans ſes limites. Mais
„ l'uſage conſacré & immémorial de tous les Tribunaux,
„ eſt que chacun hérite de ſes peres. Cette loi non écri-
„ te eſt plus conſtamment obſervée qu'en aucun Etat Mo-
„ narchique ".

Bernier Voyages T. J. p. 308, 309.

CE morceau établit clairement l'hérédité des terres dans
l'Inde. J'obſerve cependant que l'auteur a tort de ne donner qu'à l'uſage ce qui eſt fondé ſur la loi. L'Alkoran,
nous l'avons fait voir, eſt un Code qui aſſure les propriétés. Par le même Code l'autorité impériale eſt retenue légalement dans ſes limites. Les Tribunaux, le Corps des
Moullahs, des Caſis, des Sayeds, dépoſitaires des Loix,
forment une ſorte de pouvoir intermédiaire, qui rappelle le
Souverain à celle qu'il a juré d'obſerver, au riſque s'il la
violoit de paſſer pour infidele, & d'être expoſé aux ſuites
que peut avoir ce caractere flétriſſant.

Dow an En- quiry &c. p. 66.

IL réſulte des différens paſſages que j'ai rapportés, que
les Voyageurs, affectés ſelon l'état dans lequel ils ont vu
le Gouvernement Mogol, ont porté ſur les mêmes choſes
des jugemens ſouvent aſſez différens. L'un a pris pour
coutume conſtante, générale, l'autre pour loi, ce qui ſe
paſſoit ſous ſes yeux, ſans porter ſes vues plus loin, ſans
pénétrer dans le ſanctuaire de la juſtice. Hé! pourquoi
n'en auroit-elle pas un dans l'Inde comme en Europe? en
même tems, ils rapportent des traits qui les mettent en
contradiction avec eux-mêmes. Selon quelques-uns, ce
ſont des exceptions; & un ſpectateur impartial dira que ces
exceptions ſont la Loi, le droit commun malheureuſement
trop ſouvent violé.

L'AUTEUR de l'*Hiſtoire des guerres de l'Inde* a ſenti
la difficulté. Voici comment il s'exprime. „ Dans les
„ parties de l'Indouſtan fréquentées par les nations Euro-
„ péennes, nous trouvons par rapport aux terres des cou-

Orig. Angl. p. 26. Tr. Fr. T. I. p. 48, 49.

X

„ tumes ou loix dont il eſt très-difficile d'accorder les con-
„ tradictions. Le payſan qui poſſede quelques champs, a
„ le pouvoir de les vendre & de les donner par teſtament,
„ en même tems que le diſtrict dans lequel ces champs
„ ſont enclos, eſt laiſſé annuellement par le Gouverne-
„ ment à un rentier qui paye une certaine ſomme au Sei-
„ gneur du pays, & reçoit du cultivateur une portion des
„ fruits de la terre".

& Dow, an Enquiry &c. p. 102, 103. & H. Verelſt, à Vieuw. &c. p. 66, 69. appendix p. 227, 228, 232, 234, 235.

VOILA le droit, la propriété énoncée clairement. Le vrai propriétaire eſt le payſan, qui paye un cens en nature au Rentier à qui le Gouvernement a affermé ce cens.

„ LE Rentier a ſouvent diſpute avec le payſan, & le
„ chaſſe de ſes poſſeſſions".

LE payſan eſt donc le vrai poſſeſſeur du fonds.

„ CELUI-CI éleve ſes clameurs comme ſouffrant la
„ plus haute injuſtice. Le Prince intervient, & ordinai-
„ rement eſt favorable au pauvre qui n'a pas d'autre
„ ſoutien".

EN Europe le Rentier eſt ordinairement favoriſé.

„ SI le Prince manque à donner cette preuve de ſon in-
„ clination pour la juſtice, il eſt en exécration, & on le
Hiſt. des guerres de l'Inde Orig. Angl. p. 27. Tr. Fr. p. 66.
„ juge capable de toute ſorte d'iniquités. Dans tous les
„ Cantons abſolument aſſujettis, le Grand Mogol ſe dit
„ propriétaire de toutes les terres & en donne à ſa volonté
„ des portions qui forment des revenus pour la vie de ſes
„ feudataires; mais ces dons n'ôtent pas au cultivateur le
„ droit de vendre & de teſter".

IL eſt viſible que l'auteur applique mal ici le mot *pro-priétaire*. D'après ce qu'il a dit plus haut, le Mogol eſt ſeulement Seigneur Suzerain de la plus grande partie des terres de ſon Empire, & donne en arriere fief à ſes Offi-ciers, les rentes que les terres lui doivent. Mais cela même confirme le droit de propriété, dans ceux qui font valoir ces terres avec le pouvoir de vendre & de tefter.

„ La Politique de tout le Gouvernement Indien de
„ l'Indouftan, ainfi que celle du Grand Mogol, paroît con-
„ fifter en une perpétuelle attention à empêcher que quel-
„ que famille n'obtienne de grandes poffeffions, plutôt qu'à
„ rendre le corps du peuple efclave, d'autant qu'un tel
„ efclavage laifferoit peu de grandeur pour la vanité du
„ Souverain, & peu de fujets à fon commandement".

On fuit à-peu-près le même principe dans les Monarchies bien réglées.

„ Comme toutes les acquifitions de terres font fujettes
„ à l'infpection du Gouvernement, fi quelqu'un effayoit
„ de fe rendre maître d'un terrein fort étendu, on lui re-
„ fuferoit les certificats néceffaires pour s'en mettre en
„ poffeffion, & il feroit marqué comme une victime qu'il
„ faudroit facrifier à la politique de l'Etat".

Il eft ici queftion d'acquifitions réelles, c'eft-à-dire en fonds de terre, & non fimplement de rentes en fiefs. On peut acquérir: mais le Gouvernement a des moyens, que j'appellerai extrajudiciaires, d'empêcher les fuites que pourroient avoir les grandes acquifitions; il en reconnoît donc la légalité, la légitimité & ne les borne que par politique. Des biens confidérables tenus en propriété réelle peuvent rendre un fujet redoutable.

La même politique fait qu'on change fouvent les Nababs. „ Il y eut un tems où ces changemens devinrent
„ fi fréquens, qu'un nouveau Nabab fortit de Dehli; le
„ dos tourné vers la tête de fon éléphant, contre l'ufage
„ ordinaire, & en donna pour raifon, qu'il le faifoit pour
„ voir venir fon fucceffeur".

Id. Orig. angl. p. 28. Tr. fr. p. 52, 53.

„ De ce que nous voyons dans l'hiftoire de l'Inde, &
„ dans celle des autres pays Orientaux (c'eft le même au-

Id. Orig. ang. p. 27. Tr. fr. p. 50.

& Dow dis-
fert. fur le
defp. p. 22.

„ teur qui parle) fur les violences commifes contre les
„ Grands, nous fommes portés à juger que les hommes de
„ baffe condition font expofés à en éprouver de beaucoup
„ plus odieufes; & au contraire leur baffeffe eft la meilleu-
„ re de toutes leurs protections”.

V O I L A ce que j'ai obfervé plus haut.

Hifl. des
guerres de
l'Inde, Orig.
angl. p. 27.
Tr. fr. p. 51.

„ L E S feudataires au moyen de quelques titres, & de
„ quelques penfions qui y font attachées, reconnoiffent le
„ Grand Mogol pour leur héritier. Perfonne, depuis le
„ Vizir, jufqu'aux plus bas Officiers, ne poffede aucune
„ place de confiance qu'à cette condition; & fouvent tout
„ ce qu'on peut trouver de fes biens eft faifi au profit de
„ l'Empereur, qui rend à la famille la portion qu'il juge
„ à propos”.

O N a vu ci-devant des grands feudataires, comme des
Rajas, des Nababs, ne pas reconnoître le Mogol pour leur
héritier. On a vu leur famille hériter des biens & même
des fiefs dont ils jouiffoient. Au refte fi cette efpece d'hérédité du Mogol a lieu à l'égard de ces feudataires, c'eft
qu'ils tiennent leur fief de fa libéralité, & que leurs biens
font cenfés acquis depuis & par le moyen des fiefs mêmes.
Or on fait comment les Bénéfices étoient poffédés fous la
Hifl. des
guerres de
l'Inde, Orig.
ang. p. 127,
128. Tr. fr.
T. I. p. 265.
premiere & la feconde race de nos Rois; on fait qu'actuellement en Europe il y a de même des fiefs qui de droit retournent au Souverain. D'ailleurs ces fiefs Indiens ne font
pas des propriétés de biens fonds. Ainfi quand le fait feroit vrai, & le droit d'hérédité légitime dans la perfonne
du Grand Mogol, ce droit ne nuiroit pas à la propriété
des terres. Auffi l'auteur ajoute-t-il: „ les biens de tous
Orig. angl.
p. 27. Tr.fr.
p. 51.
„ ceux qui ne font pas feudataires, paffent à leurs héri-
„ tiers naturels”.

C E S derniers mots décident la queftion: mais il n'y a
pas, comme l'auteur le prétend, de contradiction dans les
coutumes qui s'obfervent dans l'Inde, fur le fermage, la
poffeffion, la vente des terres.

ABSTRACTION faite du caractere violent de tel Monarque de l'Indouftan, des raifons politiques qui peuvent avoir lieu contre un Prince, un Gouverneur trop puiffant ou appuyé d'une bonne armée; abftraction faite des intrigues de Haram, de Cour, de la cupidité attifée par les rapports des courtifans, qui portent le Prince à dépouiller un Vizir devenu odieux, à s'emparer des biens d'un Omrah, qui étale à la Cour un fafte fcandaleux; rien dans l'Inde, ne gêne un poffeffeur de terre; perfonne ne le trouble dans fa poffeffion. Il peut vendre fa terre, en acquérir d'autres. Si fon bien fe trouve dans une Nababie, il paye en nature un cens plus ou moins fort au fermier du Gouverneur, qui a reçu du Mogol ce cens en fief, & rend lui-même tous les ans pour cela une fomme fixe au Tréfor. Par là le Mogol eft premier Seigneur, Seigneur Suzerain, mais non propriétaire des terres de fes Etats. Il n'eft propriétaire que de fon Domaine. D'ailleurs le droit des premiers poffeffeurs eft facré. Le Defpotifme ne peut donc avoir dans l'Indouftan les fuites funeftes attachées à la non propriété.

Mém. de M. Dupleix p. 36, 38.

Si les compagnies Européennes qui font des acquifitions dans l'Inde, demandent le Firman du Mogol, c'eft que ce Firman eft en même tems un titre pour la fureté de leur commerce, de leurs perfonnes; ou bien cela dépend de l'endroit où elles acquierent: on fait qu'en Europe il y a de même tel fief dans lequel on ne peut acquérir fans la permiffion du Seigneur Suzerain.

Le Gouvernement de l'Indouftan n'eft donc en grande partie, malgré ce que dit M. Dow, que le régime des Bénéfices ou des fiefs, non en fond de terre, mais en rentes fieffées & prifes fur des terrains dont les propriétaires difpofent librement.

Ceci explique les contradictions nées du rapport des Voyageurs, & confirme les droits imprefcriptibles de l'humanité, qui affurent par tout, pour me fervir des termes de Bernier, & contre Bernier même, *le mien & le tien.*

L A propriété dans l'Inde, s'étend fur tous les biens: elle regarde donc les maifons. Quelques Voyageurs nous apprennent que le Mogol a accordé aux marchands de fes ports, le droit de laiffer leurs maifons à leur poftérité; c'eft-à-dire qu'ils ont refpecté un droit fondé fur la nature & confirmé par la Loi. Mais ce droit s'étend à toutes les maifons, de marchands & autres. Ce que j'avance eft prouvé par la forme des contrats de vente des maifons.

§. III.

L O R S Q U E j'étois à Surate, je fis chercher un de ces actes chez le Cafi *(a)*; & l'on me donna la copie d'un contrat de vente de maifon pris indifféremment entre beaucoup d'autres. Cette piece mérite toute l'attention de ceux qui étudient l'homme dans fes mœurs, fes ufages, fes loix. Elle fervira peut être à rétablir dans l'eftime des gens défintéreffés une portion confidérable du Genre-humain, que l'on croit livrée au defpotifme le plus arbitraire, & à peine imbue des premiers principes du droit naturel & du droit des gens. La voici traduite le plus littéralement qu'il m'a été poffible; j'ai mis en parenthefe les mots que j'ai cru devoir ajouter, pour rendre le fens plus clair.

L'O R I G I N A L Perfan eft une feuille de papier, fait

(a) Il feroit digne des Princes de l'Europe de faire chercher & copier en Afie tous les actes qui regardent la Légiflation publique & la juftice diftributive. Un pareil Recueil nous donneroit fur le Gouvernement des peuples d'où ces actes feroient tirés, des notions plus juftes & plus fûres que les relations des Voyageurs. Cela répondroit à nos *Formules* de Marculf, ou *Parfait Notaire* &c. M. Dow à la fin du 3e. Vol. de fon *hiftoire de l'Indouftan*, a donné la traduction de neuf *firmans*, ou brevets de charges & commiffions émanées de la Cour de Dehly, lefquels font mention des loix, des coutumes de l'Empire, des droits des fujets, & montrent par conféquent que le pouvoir dans l'Indouftan n'eft pas arbitraire. *Libr. cit. T. III. append. p.* 407—415. *an Enqui-ry. p.* 42.

de linge de cotton, longue de 29 pouces & demi, large de 13, & écrite d'un feul côté.

Au haut du contrat, à gauche, eft le fceau du Cafi; il eft rond, & porte ces mots: *Cafi Scherfeddin, ferviteur inébranlable de la Loi* (a).

Les Orientaux ne fignent pas leur nom. Ils appofent leur fceau en l'imprimant fur le papier. Les lettres gravées en creux, laiffent en blanc fur le papier, que l'on mouille auparavant légérement, les caraéteres du cachet, dont la furface couverte d'encre, forme le fond, qui eft noir.

A côté du fceau eft écrit transverfalement : *ce fceau affure l'accord des deux parties.*

Ensuite commence le contrat en ces termes. *Ceci eft pour faire fayoir que chacun (des nommés ci après) a fait un accord légal, & a confirmé fa déclaration de fon fceau, ayant fait connoître fon nom & fa famille; (fayoir) Mohammed Kaffem, né d'Aabdulkarim, fils d'Ibrahim, & Mohammed Saaïd, né de Mohammed Djamal, fils d'Aabdurrahim, habitans de la ville de Surate, port beni: le fufdit Mohammed Saaïd, comme ayant été établi Procureur abfolu (univerfel), chargé de procuration pour toute affaire de vente, délivrer ce qui aura été vendu, & mettre le prix en fequeftre, & (faire) ce qui fera néceffaire pour cela, & relativement à ce qui va être dit; de la part de Scheikh Ttaïb, né de Scheikh Moufi, fils d'Omerhi; fur le témoignage de chacun des répondans (ci après nommés) Saïed Hoffein, né de Saïed Djeftouddin, fils de Saïed Kouban, & Scheikh Kaffem, né d'Aabdulkarim, fils de Mohammed Ibrahim, lefquels ont été reçus (agrées) en juftice. Et la procuration fufdite, par le bénéfice d'une conteftation (aétion) légale, felon la forme de la juftice*

Voyage de Chard. T. VI. p. 177, 183. Hift. des guerres de l'Inde Orig. p. 127. Tr. Fr. T. I. p. 265.

(a) Chardin (*Voyage T. VI. p. 183.*) dit que les Indiens Gentils n'ont pas l'ufage du fceau. Il fe trompe. Les Rajas & autres, qui fe fervent de papier, cachettent avec leur fceau ; & cela de tout tems.

*ordinaire en pareil cas, a acquis la force qui lui est né-
cessaire; savoir l'action propre (de Mohammed Kassem),
& la procuration pour vendre, & en entier, une maison de
Poste pour les chevaux, couverte en tuilles, formant deux
portions de terrein, (la maison) en bois de Sadj (a), à
Colonnes, (avec) Salle; esteres brillantes, Divan, & trois
treillis (ou séparations) de bambou; laquelle (maison) est
située dans le quartier au poisson, en dedans de la forteresse de la ville susdite, Port (beni); mesurée par gazes (b), des quatre côtés, les gazes bien distinguées jusqu'au bout (du terrein), ainsi qu'il a apparu. Et l'on
rappelle que c'est un bien laissé par le susdit Ibrahim. Il
mourut & laissa pour héritier un fils (nommé) Aabdulkarim, & une fille nommée Bibidjan; ensuite la susdite Bibidjan étant morte laissa deux fils, Sar Mohammedkhan
Lameiguin, & Scheikh Ttaïb nommé ci-dessus. Ensuite
le susdit Aabdulkarim étant mort, laissa pour héritier un
fils, Mohammed Kassem susdit qui a atteint l'âge de ma-
jorité; & depuis la mort du susdit Ibrahim, nul empêchement ni besoin pressant n'est survenu à ses (héritiers). Ils
ont été maîtres absolus de leur bien jusqu'au tems de la vente légitime de cette maison (faite) avec équité sans nuages
dans la vente, ni vice dans le marché, (qui est) exécuté
dans toute l'étendue, la justice, & la convenance légitime, (ayant égard) à ce qu'il y a de petit comme à ce qu'il
y a de grand, dans cette affaire, relativement au droit,
(qui viendroit) d'un seul empêchement intérieur ou extérieur: (la dite vente faite) pour la somme de trois cents
cinquante neuf roupies courantes du (Mogol) Mohammed
Schah, montagne toute lumiere, le gain du tems, frappées à Surate, & de quinze anas & demi (c) dont la moitié*

(a) Ou tec. *Sagam*, tec. en Indou.
(b) La Gaze est selon Tavernier (*Voyage T. II. p.* 236.) de 2 pieds, 1 pouce, 6 lignes. Elle comprend 24 *Tassons*.
(c) La *roupie* d'argent est de 16 *anas*, & revient à près de 50 sols de notre monnoye.

tié fait 179 roupies de celles qui ont été décrites, men-
tionnées, & quinze anas & demie & trois quarts (de la
demie, payables) par les mains de (l'acheteur) qui a déclaré fon nom & fa famille, Scheikh Mohammed, né de
Hadji Hoffein, fils de Scheikh Baboudji, habitant de la
ville fufdite, Port (beni). Et le fufdit Scheikh Mohammed s'eft engagé légalement, (déclarant) qu'il achete la
maifon fufdite, vendue (préfentement telle qu'elle a été)
décrite, mefurée par Gazes jufqu'au bout, pour la fomme
fufdite, par les jeunes perfonnes fufdites; (qu'il l'achete)
de fon chef, de fes deniers, pour lui-même, & comme
chargé de procuration, de l'argent appellé; le befoin en
eft le principe (de l'emprunt), de Mohammed dji, né
d'Oomerhi, femme de Hadji Hoffein fufdit, & de Karim
Mohammed, né de Hadji Hoffein fufdit, pour eux, les
rendans participans également (du revenu de la maifon)
la vente & l'achat authentiques, légaux, inftrument,
plante qui a la fève néceffaire, rempli de ce qui convient,
convention vuide de conditions dangereufes, & pures d'in-
terprétations qui l'annulent, fans (aucune) condition; les
détails & les acceptations légales (réciproques) balancées
dans les échanges fufdits bien & dûment compris & reconnus.   Et les jeunes perfonnes fufdites reconnoiffent ferme-
ment tout ce qui va être dit: que cet accord & fans prétentions trompeufes, le marché fans léfion, fans (fujet
de) honte, confirmé par le vendeur fusdit à l'acheteur fusdit, auquel ils donnent quittance (par les préfentes). Par
le moyen du confentement de toutes (les parties), y compris les répondans (les témoins, Procureurs), conformé-
ment à la juftice fublime, (cet accord) eft ferme & certain. Si cela eft, eft arrivé, & celui qui agit ainfi, eft
félon la loi dans l'étendue de fes actions. Et chacun des
(ci-après nommés) qui ont déclaré leurs noms, leurs familles, Saïed Hoffein, témoin pour la procuration fufdite, & Saïed Hoffein, né de Saïed Ahmed, fils de Saïed
Hoffein, fe font préfentés, & ont déclaré que la maifon
de Pofte décrite, fusdite, dans la vérité eft un Domaine

Y

des jeunes perfonnes fusdites, que de la maniere fusdite elle a été par eux tenue en propriété, fans qu'ils l'ayent partagée avec perfonne.

Mefure des quatre côtés.

Et le mefuré par Gazes de la Maifon de Pofte vendue décrite, fusdite, eft tel.

A l'Eft elle tient à un mur de briques qui eft au bas d'une maifon laiffée par Mirza Maatem né de .... fils de ....

A l'Oueft elle joint une place très paffagere, & le chemin.

Au midi elle joint le paffage d'une maifon laiffée par Fatch Mohammed, né de Saleh Mohammed, fils .... une partie (eft attenante) à la Cour de la maifon du Fakir Mohammed, né d'Aali Mohammed, fils de .... & le Domaine de la maifon vendue, fusdite, tombe au paffage fusdit; & une portion joint à une place très paffagere, & au chemin.

Au Nord elle tient au grand chemin public.

PREMIERE PORTION.

La longueur, du midi au Nord a été prife de deux endroits. Du côté de l'Eft, quinze gazes & treize taffous; la moitié (fait) fept gazes, huit taffous; 15 gazes, 13 taffous. Du côté de l'Oueft, vingt trois gazes & dix neuf taffous; la moitié (fait) onze gazes & dix-huit taffous, 23 gazes, 19 taffous.

La largeur de l'Eft à l'Oueft a été prife de deux endroits. Du côté du midi, dix-neuf gazes & neuf taffous la moitié (fait) neuf gazes & feize taffous & demi, 19 gazes 9 taffous.

Du côté du Nord, dix-sept gazes & quinze taffous ; la moitié (fait) huit gazes & dix-neuf taffous, 17 gazes 15 taffous.

La somme totale donne trois cents soixante trois gazes & vingt taffous.

SECONDE PORTION.

La longueur, du midi au Nord, a été prise d'un seul endroit ; vingt trois gazes, dix neuf taffous. La moitié (fait) onze gazes & vingt un taffous & demi. 23 gazes 19 Taff.

La largeur, de l'Est à l'Ouest a été prise d'un seul endroit ; deux gazes. La moitié (fait) une gaze. 2 gaz.

La somme totale donne quarante sept gazes, quatorze taffous.

Le total des deux portions (donne) 411 gazes, 10 taffous.

Ecrit le vingt quatre du mois de Schaval benit l'an 24 de l'installation sublime, qui repond à l'an 1154 onze cens cinquante quatre de l'Hégire. (1741 de Jésus-Christ).

Suit le plan figuré de la maison. Le long de chaque côté est marqué à quoi ce côté tient, comme ci-dessus. Au midi, après *tombe*, on lit de plus : *à cette Cour susdite.*

En marge, à droite, le long du Contrat, en travers est le signalement des deux vendeurs & des deux témoins ou repondans.

Portrait (ou signalement) de Mohammed Kassem, jeune homme majeur, susdit (vendeur). Couleur de froment, ferme sur ses cuisses, les sourcils larges, les yeux de brebis, le nez grand, barbe & visage de Roi, s'il n'étoit pas ridé ; toute la taille (le corps) très noire ; agé de 25 ans. Y 2

Portrait de Mohammed Saaïd, jeune homme majeur, susdit (vendeur) fondé de procuration. Couleur de froment, ferme sur ses cuisses, les sourcils larges, les yeux de brebis, le nez grand, la barbe & le visage de Roi, toute la taille très noire; agé de 35 ans.

Portrait de Saïed Hossein dénommé, susdit (répondant pour le procureur). Couleur (comme) marqué d'un fer, ferme sur ses cuisses, les sourcils larges, les yeux de brebis, le nez grand, la barbe & visage maintenant avec des taches en sillons larges qui lui gâtent la physionomie; toute la taille très noire; agé de 43 ans.

Portrait de Saïed Hossein dénommé, susdit (répondant de la propriété des vendeurs). Couleur, marqué d'un fer, ferme sur ses cuisses, les sourcils larges, les yeux de brebis, le nez grand, la barbe & le visage maintenant tantôt bien, tantôt mal, toute la taille très noire; agé de 65 ans.

Au bas, en marge du Plan, en travers, on lit:

A été témoin Mohammed Zahed fils de Fateh Mohammed (voisin).

A été témoin Mohammed Fazel, fils de Gomal Mohammed.

A été témoin Saïed Saman, fils de Saïed sur Mohammed.

A été témoin Fakir Mohammed, fils de Schah Mohammed (voisin).

A été témoin Bamdji, fils de Ssoul.

A été témoin Selim Khan, fils de Hossein Khan.

A été témoin Khadjedji fils.......... (a)

______

(a) Les Actes qui concernet les affaires publiques ne se font pas dans l'Indoustan avec moins de précautions, moins de solemnité, que ceux qui regardent les affaires des particuliers: & ces précautions sont pour la sûreté des deux parties.

J R confidere ce Contrat de vente relativement aux différens fujets traités dans cet ouvrage.

I. O N prétend qu'il n'y a ni connoiffances ni loix dans

A côté du fceau des Contractans, on voit quelquefois le témoignage des *Ka-
nounggois* de l'endroit, ces Docteurs chargés, felon M. Dow, d'expliquer les coutumes au peuple.

Dans les *Paravanas* pour les grandes conceffions (*Zemindaries*) en terres faites par les Princes du pays, on voit paroître le *Nabab*, fon *Naéb*, le *Secrétaire
de la Cour*, qui certifie que l'Acte eft couché fur le Regître de l'Empire (voilà
le *vifa* du Garde des Sceaux), & le *Divan* ou Controlleur Général qui l'infcrit
de même dans le Regître du *Divani.*

Le Paravana eft précedé du *Sanad* du *Divan.*

Pour obtenir ce dernier Acte, le Suppliant préfente une premiere requête,
s'engageant à payer telle fomme au Tréfor Royal; une deuxieme, par laquelle il
déclare qu'il remplira tous les devoirs auxquels un *Zemindar* eft obligé envers le
Roi & le peuple, entre autres, *qu'il fe conduira à l'égard des habitans & des
perfonnes du plus bas état, de telle maniere, que par fon adminiftration le Pa-
raganah puiffe fleurir & augmenter ; qu'il ne fouffrira dans fon diftrict ni vo-
leur, ni brifeur de maifon ; qu'il prendra un tel foin des grandes routes de l'Empire, que les Voyageurs & paffagers puiffent aller & venir fans rien craindre
ni être moleftés ; que (ce qu'à Dieu ne plaife) fi les effets de quelques perfonnes
font pillés ou volés, il découvrira & produira les voleurs, les pillards, avec
les effets qu'il rendra aux propriétaires, & livrera les coupables pour qu'ils
foient punis comme ils le mériteront, qu'autrement il fera lui-même refponfable des fufdits biens ; qu'il aura particulierement foin que dans les limites de
fon Zemindari perfonne ne fe rende coupable d'aucun crime, d'ivrognerie &c.*

La déclaration précedente ne fuffit pas. Il faut que le Donataire produife un
répondant, qui, par un 3e Acte, certifie que lui, donataire, remplira tout ce
qu'il a promis, & fe rende fa caution.

Après les frais promis ; l'état du bien fpécifié, & le montant confirmé, *felon la
coutume*, par les *Kanoungois* du *Soubah*, le tout figné du *Nabab*, fuit une derniere Requête au *Divan*, laquelle fait mention de tous ces actes fignés du Nabab, pour qu'il donne fa décifion.

Alors le *Divan* du *Soubah* donne fon *Sanad* fcelé, adreffé aux perfonnes chargées des affaires de l'endroit, dans lequel il relate les Actes précedens fignés du
Nabab, pour le *Zemindari*, aux conditions promifes par le fuppliant.

Suit l'endoffement, qui préfente le prononcé du *Sanad*, avec le certificat des
Kanoungois pour le produit du terrein.

Voilà, felon M. Verelft (*ouvr. cité, appendix p.* 159, 141, 146, 147, 148,
152, 148—151, 147, 148) ce qui fe pratique dans le Soubah du Bengale.

Cette marche, ces procédés, ces engagemens, marquent une adminiftration
bien formée. Dans les contrées où elle a lieu, on n'eft plus furpris de voir le
premier Souverain (le Mogol Schah Aalem), en 1764, dans le *Firman*, par lequel il donne aux Anglois de nouvelles poffeffions leur enjoindre, non pas feulement de gouverner felon la juftice, de rendre fes peuples, les propriétaires de terres (*Raaïet*) heureux, mais (*ouvr. cité append p.* 164) *de décider les affaires
& de regler les chofes felon les loix de Mahomet & celles de l'Empire, de maniere
que les habitans puiffent s'appliquer avec la paix de l'efprit, avec fatisfaction
à la culture des terres, à l'exercice de leur profeffion, & que le foible ne pâ-
tiffe pas fous l'oppreffion & la violence.*

les Etats Defpotiques. Voilà pourtant un acte fait dans les formes qu'une longue expérience, que l'étude profonde du droit, a introduite en Europe.

Un particulier meurt, laiffe un fils & une fille. Ses deux enfans partagent le bien. Le fils a un fils, la fille en a deux. On veut vendre la maifon du défunt. Le petit fils paroit en juftice, accompagné d'un fondé de procuration, felon les formalités requifes, pour le fils reftant de la fille, fous la caution de deux témoins, dont les peres & grands peres font nommés, ainfi que ceux des vendeurs. Après avoir fait la defcription de la maifon, du terrein où elle eft fituée, pour plus de fureté on montre à quel titre elle appartient aux vendeurs. Le grand pere en mourant laiffe tel bien, tels héritiers; ceux-ci de même, & leurs enfans ont toujours joui de ce bien pleinement & fans aucun empêchement. On voit que toute vente fimulée, toute hypothéque eft anéantie.

Suit le prix de la vente, partagé en deux, parceque le fils de la fœur hérite également avec le fils du frere. En quoi les Orientaux ont des idées plus faines du jufte & de l'injufte, que les publiciftes Européens qui s'expriment ainfi: „ la loi naturelle ordonne aux peres de nourrir leurs „ enfans, mais elle n'oblige pas de les faire héritiers; le „ partage des biens, les loix fur ce partage, les fucceffions „ après la mort de celui qui a eu ce partage, tout cela ne „ peut avoir été reglé que par la fociété, & par conféquent „ par des loix politiques & civiles".

Efprit des Loix, II Par-*tic*, *p.* 147.

„ Il eft vrai que l'ordre politique ou civil demande „ fouvent que les Enfans fuccedent aux peres; mais il ne „ l'exige pas toujours".

„ Les loix de nos fiefs ont pu avoir des raifons pour „ que l'aîné des mâles ou le plus proche parent par mâles „ euffent tout, & que les filles n'euffent rien; & les loix „ des Lombards ont pu en avoir pour que les fœurs, les

„ enfans naturels, les autres parens & à leur défaut le fisc
„ concouruffent avec les filles ".

CE que peut la prévention fur les meilleurs efprits! Il n'eft pas queftion de favoir fi les hommes peuvent avoir des raifons de mal faire, de fuivre les maximes d'un intérêt qui viole l'humanité. On avance que *la loi naturelle n'oblige pas les peres de faire leurs enfans héritiers.* C'eft-à-dire que celui qui tire fa fubftance de fon pere, qui n'en eft en quelque forte que l'extenfion, n'a pas un droit naturel à fes biens. On avance que *l'ordre civil n'exige pas toujours que les Enfans fuccedent au pere;* c'eft-à-dire qu'il y a un ordre civil contraire à celui que dicte la nature, qui tend à délier les nœuds, à anéantir les rapports que la nature a formés (*a*).

JE reviens au Contrat de vente. L'acheteur paroit à fon tour. Il fait connoître fon nom, fa demeure, fa famille; il déclare qu'il connoit la maifon en queftion, laquelle a été mefurée des quatre côtés; qu'il l'achete de fes deniers & de ceux de deux particuliers, qui ont par là hypotheque fur le revenu. Les contractans confirment leur marché, toujours fait felon la Loi, la juftice; claufe qui eft continuellement répétée. La quittance eft inferée dans le contrat. A la fin de l'acte les témoins affirment que les vendeurs ont toujours été maîtres légitimes de cette maifon.

LES précautions font portées plus loin. On n'a pas be-

(*a*) L'intérêt prétendu public eft l'écueil contre lequel échouent la plûpart, pour ne pas dire tous les publiciftes. C'eft ainfi que M. Loys de Bochat, dans l'ouvrage ou il tâche de juftifier *l'ufage de permettre les enrollemens aux fervices étrangers,* ou de s'y enroller foi même, obligé d'examiner la nature des obligations qui réfultent, de la parenté, de l'amitié, & de la communauté de Patrie, ne craint pas d'avancer que celles qui font impofées par les relations de parenté les plus étroites, par exemple, par *celle de frere, ne font nullement indiffolubles* de leur nature.

Cependant les Sociétés n'ont été établies par les particuliers, que pour le bien des individus dont le droit eft imprefcriptible : autrement l'intérêt public ne feroit plus, comme il doit l'être, la fomme des intérêts particuliers. Et les décifions des publiciftes pofent fur ce faux Principe : que les individus n'exiftent que pour le bien des Sociétés. *Ouvrage pour & contre les fervices étrangers. T. II. p.* 164, 186. *&c.*

foin de nouvelles furetés de la part de celui qui achete ; la maifon eft un effet vifible fur lequel fes créanciers pour-roient avoir leur recours : Il n'en eft pas de même des ven-deurs & de leurs témoins, ou cautions ; en conféquence l'acte préfente leur fignalement.

L e Plan figuré de la maifon eft accompagné des noms des particuliers dont les maifons font attenantes , de ceux de leurs ayeux, & ces particuliers paroiffent au nombre des témoins. Voilà des claufes inconnues en Europe.

J e demande maintenant s'il eft poffible de prendre plus de précaution pour affurer la vente d'un bien, la tranquili-té des familles, enfin le droit de propriété.

Dow, an En-quiry &c. p. 118, 119. II. I l n'y a dit - on, ni juftice, ni propriété, ni fucceſ-fion par conféquent dans l'Inde. Tout y appartient de droit au Monarque.

D a n s cet acte tout tend à conftater que le vendeur a droit de vendre, non par la conceffion du Prince, mais de fon chef. Les voifins paroiffent en juftice, & leurs biens font connus. La diftribution du prix de la maifon, & cel-le du revenu font énoncées clairement. C'eft comme héri-tiers de leurs peres & meres, que les vendeurs difpofent de la maifon. Voilà leur droit perpétuel dans le contrat, dans cet accord légal.

L e Procureur a montré la procuration dont un des héri-tiers l'a chargé : d'un autre côté un des voifins paroît en qualité de témoin, comme propriétaire par héritage d'une maifon à laquelle la maifon vendue eft attenante.

S i le Prince avoit un droit primitif, le Cafi, Notaire en cette partie, n'auroit pas manqué de mettre, *héritier par grace fpéciale du Prince, vend ou achete par permis-fion du Prince, fans préjudice des droits du Prince.* Un acte, où tout eft circonftancié avec tant de foin, contien-

droit

droit fans doute ces referves. Il n'eft cependant parlé dans le contrat que de la poffeffion réelle & non interrompue, par droit d'héritage. La claufe eft énoncée deux fois, affirmée par témoins, & la propriété eft tranfportée à l'acquéreur, qui la partage avec ceux dont il employe les deniers.

OBSERVONS que la maifon en queftion n'eft pas une boutique, un Magazin de marchand. C'eft une Pofte aux chevaux *Manzel Khaneh,* comme il y en a dans toutes les grandes villes du Royaume. Il n'eft pas dit, non plus, que celle du voifin, laiffée de même & poffédée par héritage, foit une maifon de marchand.

JE conclus de cet acte qu'à Surate, dans l'Inde, les habitans font propriétaires réels des biens, maifons, terreins qu'ils achetent, fans rapport au Gouvernement, à moins que pour des raifons particulieres les biens ne foient grévés de rentes; que les enfans, filles & garçons, héritent de droit, & également des biens fonds & autres de leurs peres, acquis des deniers de ceux-ci. Voilà ce qui conftitue la propriété. Car, que les grands fiefs, les Gouvernemens donnés par le Prince, lui reviennent à la mort des feudataires, comme anciennement les Margraviats en Allemagne; que ces fiefs foient mafculins, comme dans le droit féodal des Lombards, ou que les filles puiffent les poffëder comme dans la France Ripuaire, c'eft une queftion abfolument différente.

Biblioth. Germ. T. XXVII. p. 154. N. (1.) Leg. Ripuar. d'Eccard. cap. LVI. p. 221.

§. IV.

LES Européens qui ont dans l'Inde des charges, avec titres honorifiques émanés du Mogol, des Principautés accordées par ce Monarque, ou que le fort des armes a rendus maîtres d'une grande étendue de pays, ces Européens, n'ont donc pas droit de s'emparer des terres des naturels, de prétendre enfuite les leur vendre, de les troubler dans la poffeffion de leurs biens; de mettre fur le Commerce des

Z

droits arbitraires, de s'unir à des usurpateurs, de donner des Principautés à leurs protégés, & cela sur cette fausse supposition, que dans un pays d'où le Despotisme a banni les droits de la propriété, tout est permis à celui qui est le plus fort.

On voit les suites funestes pour l'humanité que peuvent avoir des principes avancés trop légerement, & malheureusement ces suites ont été réalisées (a).

Supplem. au mém. de M. de Maiss. p. 13.

Les principes dont j'ai montré la fausseté, sont exposés dans des mémoires où l'on discute les intérêts des Européens dans l'Inde. Voici comme on s'exprime. „ Par „ sa constitution le Gouvernement Mogol est purement „ despotique & militaire. Dans l'Indoustan, comme dans „ tous les autres pays des Musulmans, on ne connoit pas „ de bâtards. Les filles n'y héritent jamais, & les biens „ rentrent toujours au fisc de l'Empire, lorsqu'un pere en „ mourant ne laisse pas d'Enfans mâles. Encore dans le „ sens contraire n'est-ce qu'une tolérance précaire, mais „ toujours forcée, en cas de refus; preuve évidente de la „ foiblesse du Gouvernement ".

Les Musulmans, dans l'Inde, distinguent l'enfant né d'une personne libre, d'une personne de qualité de celui de l'esclave. L'héredité n'est pas *tolérance précaire*, quand il y a des mâles; c'est un droit; & ce droit les filles l'ont pour les biens acquis & non simplement donnés par le Prince; c'est-à-dire qui appartiennent au pere sans rapport au

---

(a) Voyez sur le Bengale, les *considérations ou India affairs de M. Bolts a l'ieuw &c. par M. Verelst, ancien Gouverneur de Calkuta*, p. 3, 5, 6 &c. *& les recherches de M. Dow sur l'état du Bengale, libr. cit. T. III.* Sur les troubles qui ont suivi à la Côte de Coromandel la déposition du Raja de Tanjaour par les Anglois, la *Gazette de France*, 14 *Avril*, 6 *Mai*, 18 *Août* 1777. articles *Londres*. La même *Gazette*, 25 *Juin*, art. *Londres*, met ces paroles dans la bouche de M. Burke, membre de la chambre des communes: *comme les Africains de tems immémorial naissent esclaves, ils ne font que changer de servitude, en passant dans nos habitations.* Ce fait est absolument faux. Mais quand il seroit vrai, pourroit-il, chez des peuples civilisés, instruits, servir à légitimer la vente des esclaves, de nos semblables?

Prince. Encore voit-on des Gouvernemens paſſer au gendre par le droit de la fille. Chez les Lombards les fiefs, au défaut de mâle, retournoient au Prince, ſans que le Gouvernement y fut arbitraire.

„ Ce Deſpote fait la Loi, & diſpoſe à ſon gré de tous „ les biens, de leur vie même. Il ceſſe de l'être, des „ qu'il ne peut plus agir; mais la puiſſance ſuprême reſte „ en apparence ".

Le Deſpote ne ceſſe pas de l'être, lorſqu'il n'eſt pas aſſez fort pour violer impunément toutes les loix de la nature & du ſang. Son autorité eſt ſimplement renfermée dans des bornes légitimes.

„ Les Firmans pour les Soubahs & les Paravanas pour „ les Nababies ſont amovibles; par conſéquent les charges „ ne peuvent être héréditaires ".

Il y en a d'héréditaires: donc tous les Firmans ne ſont pas amovibles.

„ Cependant le Soubedari, comme le Nabab ſans „ avoir égard au droit d'aîneſſe, ou à la condition de la „ mere, choiſiſſent pour leur ſucceder celui d'entre leurs „ enfans qu'ils aiment le plus, ou celui qu'ils en croyent „ le plus capable; il regne, & ſes freres ſont enfermés „ ou éloignés ".

Il y a donc ſucceſſion, hérédité indépendamment du Mogol: L'auteur de *l'hiſtoire des guerres de l'Inde,* qui eſt Anglois, s'exprime plus exactement, lorſqu'il dit : „ qu'il arrive ſouvent qu'un Prince, dans les dernieres an- „ nées de ſa vie, n'a plus aucune affection pour ſes pro- „ pres fils, & donne toute la préférence, dans la tendreſſe „ paternelle, à ſes petits fils ". Et il donne les raiſons de ce choix. Au reſte le fils de la mere libre connoit ſon droit, & fait, quand il le peut, le faire valoir.

Orig. Angl.
p. 127. Tr.
Fr. T. I. p.
264.

APRÈS plufieurs exemples d'ufurpations , on ajoute : „ C'eft donc l'ufurpateur qui fuccede toujours à l'ufurpa- „ teur. Ainfi l'ufurpation devient un droit. Ce droit paf- „ fe en coutume, & on la fuit. Chaque pays a fes ufa- „ ges qui ont fouvent la force des loix".

Supplém. au mém. de M. de Maiff. p. 14.

ON en dira autant de tous les pays du monde, dans des tems de troubles, d'invafions. La violence du moment n'éteint pas le droit. L'ufurpation foutenue ne forme pas une coutume, moins encore la loi d'un pays. Cette maniere de juger d'un peuple par ce qui s'y fait en tel tems, peut conduire à de terribles conféquences.

Idem p. 44.

AILLEURS on répete; „ chez les Mufulmans les fil- „ les n'héritent pas".

Surate 4. Hift. des guerr. de l'Inde Orig. Angl. p. 128, 133, 160, 161, 162. Tr. Fr. T. I. p. 267, 277, 344, 346. Hift. gén. de l'Emp. du Mo- gol T. II. p. 67. Voyage d'Ovingt. T. II. p. 245. Dow Hift. of Hindoft. T. II. p. 60, 61.

LE fait eft prouvé faux par l'Alkoran, s'il eft queftion de toutes fortes de biens. Mais pour ne parler que des places confidérables, le gendre d'un Nabab, à la mort de fon beau pere, croit avoir des droits par fa femme, & s'il peut les faire valoir, il n'eft pas regardé comme ufurpateur.

DANS le 9e. fiecle de l'Hégire, (le 15e. de l'Ere Ch.) Sultan Huffein Scharki fe fit proclamer Empereur en quali- té de gendre d'Elaouddin, & marcha à Dehli à la tête d'u- ne nombreufe armée, pour foutenir fes droits contre Sultan Balloldey.

Zend-av. T. I. I. Partie p. 276.

LA Beigom de Surate, en donnant fa fille à Miatchen, crut lui donner des droits à la Nababie; le fils de ce Prin- ce eft actuellement Nabab de Surate.

EN 1742 les Marates foutenoient dans le Bengale, con- tre Aliverdikhan, les droits du gendre de Soudjakhan.

Mém. de M. Morell. fur la Compag. des Ind. p. 39.

„ Par ce que vous dites, page 38 de votre mémoire (on „ parle à M. Dupleix), que l'Empereur Mogol en don- „ nant fa niece en mariage à Nizam elmoulk, avoit rendu „ le Soubah du Dekan héréditaire dans fa famille, & que

„ le dernier avoit nommé pour fon fucceffeur Mouzafer-
„ zingue fon petit fils & fon héritier, vous renverfez la
„ conftitution de l'Empire qui eft le Defpotifme".

Le Defpotifme n'eft pas oppofé aux fucceffions; je l'ai remarqué plus haut. Le Defpotifme & le Régime arbitraire font deux chofes. Celui-ci n'eft pas plus le Gouvernement de l'Indouftan, que celui de l'Europe fous certains Rois. Au refte l'auteur de l'*Hiftoire des guerres de l'Inde* avoue que l'opinion générale étoit que Nizam-elmoulk avoit fait par fon Teftament Hedaïet Moudikhan Mouzaferzingue fon petit fils, héritier de la plus grande partie de fes biens & fon fucceffeur dans les Provinces méridionales; & il avoit droit de le faire.
Orig. Angl. p. 127. Tr. fr. T. I. p. 264, 265.

Je n'entre pas ici dans l'examen des faits avancés dans les mémoires des deux parties; cela n'eft pas de mon fujet. Mais j'ai cru devoir relever des principes qui regardent la conftitution de l'Empire Mogol, par amour pour la vérité, & à caufe des fuites funeftes que pourroit avoir l'application de ces principes.
Hift. de Gen- ghiskhan. p. 174. Hift. gén. de l'Emp. du Mog. T. II. p. 67. H. Verelft, a Vieux &c. append. p. 132.

Il femble que les Européens, dans l'Inde, penfent être dans un pays appartenant au premier qui peut s'en emparer, & fe croyent tout permis pour cela. Les intérêts particuliers décident les conquêtes. „ Ofons être Soubahs nous-„ mêmes du Bengale, dit M. Holwell. L'Empereur nous „ l'a fouvent propofé". Cet Empereur, on le fait, eft maintenant un fantôme. Mais au moins on s'aftreint ici à des formes que les fuccès vont bientôt faire abandonner. M. Dow propofe à l'Angleterre la conquête de l'Indouftan. „ Mais, diront d'aufteres moraliftes, comment concilier „ une pareille entreprife avec la juftice & l'humanité? „ Cette objection n'eft d'aucun poids, répond ce Voya-„ geur. L'Indouftan aujourd'hui eft déchiré par les fac-„ tions: toutes les loix, divines & humaines, y font fou-„ lées aux pieds. Au lieu d'un Tyran, comme dans le „ tems de l'Empire, le pays gémit fous mille tyrans, &
Hift. des guerr. de l'In-de. Orig. Angl. p. 380. Tr. Fr. T. II. p. 402. Dow an En-quiry &c. p. 116.
Libr. cit. p 186.
H. Verelft, libr. cit. p. 55, 103, 144, 147. appendix, p. 58, 33, 51, 55, 56, 65, 82, 131, 143.
Libr. cit. Orig. Angl. T. II. p 402, 403. Tr. fr. p. 207, 212, 213.

Z 3

„ les cris de la multitude opprimée percent jufqu'aux cieux.
„ Ce feroit donc fervir la caufe de la juſtice & de l'huma-
„ nité, de précipiter tous ces petits Tyrans du haut des
„ Trônes qu'ils fe font érigés à force de crimes, & de
„ donner à tant de millions d'hommes un gouvernement
„ fondé fur les principes de la vertu & de l'équité .

CROIROIT-ON, à de pareils difcours, entendre parler ici des Européens qui ont rempli de fang le Bengale, les deux côtes, le Guzarate? Que ne commencent-ils à montrer ces *principes d'équité & de vertu*, dans les Etats où ils font les maîtres; au lieu de faire gémir des peuples qui ne leur doivent rien, qui ne leur ont fait aucun mal, fous la plus dure Tyrannie? où eft la miffion qui les charge de rendre heureux à leur maniere des hommes libres qui ne s'adreffent pas à eux, qui ne les font pas confidens de leurs prétendus malheurs? Rétablir la juftice & l'humanité dans des pays qu'on ne veut pourtant envahir que pour acquitter la dette nationale! „ *Les avantages de la conquête de* „ *l'Indouftan pour l'Angleterre font frappans. Elle ac-* „ *quitteroit autant de la dette nationale, qu'il plairoit au* „ *Gouvernement*". The advantages of a conqueft of Hindoftan to this country are obvions. It would pay as much of the national debt, as government should pleafe to discharge.

AVEC de pareilles vues tout devient légitime. (*a*) *Que la Compagnie*, dit, ailleurs M. Dow, *foit autorifée par un acte du Parlement, à difpofer de toutes les terres dans*

H.Verelſt, a l'ienw &c. p. 46.

Dow, libr. cit. T. II. p. 379. T. III. an Enquiry &c. p. 39, 90-93-94-96, 104-105-107, 110-113, 115 &c. H. Verelſt, al'iev &c. p. 56, 38, 45, 53, 64, 75, 84, 86, 105, 106, 146. Appendix, p. 2, 15, 41, 42, 53, 113, 120, 123, 128, 131, 135, 137 &c. guerre des Anglais avec les Marates, dans le Guzarate, en 1775.

Dow libr. cit. Origin. Angl. T. II. p. 403. Tr. fr. p. 210.

An inquiry &c. p. 119, 121.

(*a*) Let, therefore, the Compagny be impowered, by act of Parliment, to difpofe of all the lands in Bengal and Behar, in perpetuity, at an annual fum, not lefs than the prefent rents. This fingle operation would have a chain of beneficial effects. The firft fale of the lands would raife a fum which cannot be eftimated with any degree of precifion . . . . befides a certain and perpetual revenue, might be drawn from the hidden treafure of Bengale. . . . . . . *Libr. cit. p.* 119, 125.

A fum not lefs than ten millions, independent of their revenue, would, in the fpace of four years, flow from the firft fales of the land into their (the Company) coffers. *Id. p.* 147, 148, 152, 153.

le Bengale & le Behar, à perpetuité, pour une fomme annuelle non moindre que les rentes qu'elles payent maintenant. Cette feule opération aura une fuite d'effets avantageux. La premiere rente des terres donnera une fomme qu'on ne peut apprécier avec précifion . . . . independamment d'un revenu certain & perpétuel, (le tout) tiré des trefors cachés du Bengale.

CE procédé feroit jufte dans le 18e. fiecle! toutes les terres d'un pays conquis appartiennent-elles *en propre* au conquérant?

MAIS ces tréfors cachés ne font pas épuifés. La confiance n'eft pas affez grande, pour qu'on ofe montrer fon bien. Les efpeces en argent manquent dans le Bengale. Il faut donc y établir une *Banque* (a), qui retire toutes les efpeces échappées à la premiere vente des terres, & répande dans le pays le *papier Anglois*. De cette maniere, l'Angleterre en Europe, aura exactement tous les fonds, tout l'argent du Bengale.

VOILA le foulagement qu'on veut procurer à des peuples actuellement opprimés, écrafés, mais heureux avant l'arrivée des Européens dans leur pays.

L'HUMANITÉ, le droit naturel porteroit à laiffer les habitans du Bengale jouir paifiblement des biens qu'ils poffedent. L'auteur s'eft fait l'objection. Il y répond de cette étonnante maniere. *Reconnoître tacitement le droit de poffeffion dans les naturels (du pays) . . . . . . pourroit produire immédiatement un bon effet: mais l'avantage feroit borné & paffager.* Quel eft le principe de cette nou-

Margin references:
Id. p. 149.
Id. p. 77.
Id. p. 148, 149.
p. 149.

(a) Let, therefore, a paper currency be introduced . . . . let a bank be immediately eftablished at Calcutta, for the convenience of Europeans. This Would be becoming familiar to the natives, prepare them for a more general paper currency. *Id. p.* 123, 125.

The eftablifhment of a paper currency, on national faith and the Company's fecurity, would enable mankind to bring all their property into action, lower the exorbitant intereft of money. . . . . . . *Id. p.* 147.

velle morale? *Je ne crains pas d'affurer*, dit M. Dow, *que fi l'on n'adopte pas un plan quelconque pareil à ce qui a été propofé dans les fections précédentes (la vente des terres* des Bengalis aux Bengalis eux-mêmes, les billets de banque &c.) *le Bengale en peu d'années ne fera plus qu'une ombre, & difparoîtra d'entre nos mains, and will vanish from our hands.* C'eſt ainſi que les droits les plus facrés difparoiſſent aux yeux d'un vil intérêt. Ne nous faifons pas illuſion, François, Anglois! je plaide ici la caufe de l'homme. Jamais procès plus important ne fut porté au tribunal de l'univers. Nous frémiſſons encore à la lecture des horreurs commifes contre les Amériquains, lors de la découverte de cette nouvelle partie du monde. Sans doute que nous nous croyons plus juſtes, que nos droits fur les Indiens font mieux établis. L'intérêt & l'ambition, voilà le mobile de toutes les conquêtes : enfuite viennent les manifeſtes. On fait coupable celui qu'on veut dépouiller : & de quel droit?

Le Defpotifine eſt le Gouvernement de ces contrées : Le Souverain fe dit propriétaire de tous les biens de fes fujets. Devenons ce Souverain, & nous voilà maîtres de toutes les terres de l'Indouſtan.

<table>
<tr><td>

Dow hiſt. &c. T. II. p. 402, 403. *Tr.fr. p.* 207, 212.

</td><td>

Ainsi raifonne la paſſion avide. Mais elle fe cache fous des dehors qu'il faut lui arracher.

L'Empire Mogol n'a plus d'énergie.

</td></tr>
<tr><td>

Hiſt. des guerr. de l'Ind. orig. Angl. p. 17, 18. *Tr.fr. T. I. p.* 32. 33. *Hiſt. gén. de l'Emp. Mog. T. III. p.* 206, 294, 300. *T. IV. p.* 40, 159, 160. 175 — 177, 207.

</td><td>

Je le veux : mais fa foibleſſe ne donne aucun droit aux Européens abfolument étrangers dans le pays. N'eſt-ce pas d'ailleurs par ufurpation qu'Omaïoun, Akbar, Aurengzebe, fe font emparés du Guzurate, du Dékan, des Royaumes de Golconde & de Vifapour, du Bengale? La force du conquérant diminue, les Etats conquis rentrent fous la domination de leurs anciens maîtres, ou du moins des Princes du pays; c'eſt l'ordre de la nature : Et l'on appellera ces Princes des Tyrans? ,, La poſſeſſion de nos terres,

</td></tr>
</table>

,, dit

„ dit Rana à Aurengzebe, eſt bien différente du droit &
„ des prétentions des Enfans de Tamerlan. Les Ranes
„ ne regnent de pere en fils que parcequ'il a plu à des peu-
„ ples dociles de ſe ſoumettre à leur autorité, de ſe les
„ donner pour maîtres".

Hiſt. gén. de l'Emp. Mog. T. IV. p. 39.

Il en réſulte des maux de toute eſpece.

Dow. loc. cit.

C'est le Cours des choſes humaines.

Quelques particuliers profitant des troubles, ſe forment des Principautés.

Verelſt, à vieux &c. appendix p. 101.

Le peuple ne peut qu'y gagner. Il n'eſt plus véxé par
un Gouverneur amovible, intéreſſé par conséquent à le
ſucer promptement; il obéit à un Prince qui ne peut être
riche, puiſſant, qu'en le rendant heureux.

Dow an Enquiry &c. p. 67.

CONCLUSION.

Je réſume en peu de mots les preuves ſur leſquelles ſont
appuyées les trois points que je me ſuis propoſé d'établir
dans cet ouvrage.

I. Les Sciences, les arts, l'agriculture, le commerce
cultivés dans l'Orient, la politique profonde des Miniſtres,
des Monarques de la Turquie, de la Perſe & de l'Indouſtan, la communication que l'on donne au peuple même,
dans ce dernier Etat, des décisions du Conseil, des affaires publiques, par des Regiſtres que tout le monde peut
conſulter, par des Gazettes qui paroiſſent tous les deux
jours; enfin l'Etat actuel, politique & religieux de l'Aſie,
montre clairement que le Gouvernement deſpotique n'a
pas néceſſairement les ſuites funeſtes que lui attribue M. de
Montesquieu, que le Deſpotiſme, tel que ce Publiciſte le
repréſente, c'eſt-à-dire où l'autorité eſt arbitraire, eſt un
Gouvernement imaginaire qui n'exiſte & ne peut exiſter

nulle part; que par conféquent dans tous les pays les hommes font conduits par des loix, plus ou moins claires, authentiques, felon que les circonftances retiennent les Souverains dans les bornes fixées par la raifon, ou leur permettent de lâcher la bride à leurs paffions; mais qu'à la fin, & plus généralement, l'humanité reprend fes droits, en jouit paifiblement; ce qui eft moins fenfible, moins remarqué, parce que c'eft l'état naturel des chofes.

II. J'ai prouvé qu'en Turquie, en Perfe & dans l'Inde il y a des loix écrites & des coutumes ayant force de loix, felon lefquelles les particuliers font jugés, l'Etat adminiftré; que ces loix obligent même le Souverains, qui à fon facre jure de les obferver, ou du moins s'y engage par la profeffion même de la Religion qu'il fuit; que ces loix écrites, données d'abord aux Tartares, & obfervées exactement, fous le nom d'*Jafa de Genghiskhan*, jufques fous les premiers defcendans de Tamerlan, remplacées enfuite, ou du moins augmentées confidérablement par l'*Alkoran*, qui renferme tout ce qui eft néceffaire pour le bien de la fociété, font, avec les *Vedes* pour les Indous & les coutumes écrites le code de ces contrées; code très connu, commenté par les Jurifconfultes du pays, & continuellement cité par les juges & par les Souverains.

III. Enfin, j'ai établi par le témoignage même des Empereurs Turcs, Mogols, par celui des premiers Pontifes, des grands de l'Etat, du peuple, qu'il y a des propriétés en Turquie, en Perfe, dans l'Inde, en fonds de terre, jardins, maifons, biens mobiliers, en charges mêmes; que les enfans, tant les garçons que les filles, ont droit à la fucceffion de leur pere, héritent en effet de fes biens. Ce point important eft confirmé par le *Contrat de vente* dont j'ai donné la traduction; contrat qui prouve également que l'étude du droit civil & naturel eft porté auffi loin dans ces contrées qu'en Europe, & qu'on s'y occupe folidement de ce qui peut affurer la tranquilité des poffeffeurs. Les voyageurs eux-mêmes m'ont fourni des traits à l'appui de cette troisieme propofition : d'où il réfulte que s'ils affirment le contraire, c'eft qu'ils ont pris l'état de violence pour l'état légal, que d'ailleurs des intérêts particuliers ont pu les porter à ne pas toujours repréfenter les chofes comme elles étoient.

DE là je tire une derniere conclufion. L'étude des Langues & de l'hiftoire de l'Afie, n'eft pas une étude de mots, ou de fimple curiofité, puis qu'elle contribue à nous faire connoître des contrées plus confidérables que l'Europe, qu'elle offre un Tableau propre à perfectionner la connoiffance de l'homme, & furtout à affurer les droits imprefcriptibles de l'humanité.

N O T E S.

(I.) Voyez page 6. de l'Avant-Propos.

L E Précepteur d'Aurengzebe n'eut pas plutôt appris que ce Prince étoit le maître de l'Indouſtan, qu'il vint ſe préſenter devant lui, comptant d'être ſur le champ fait Omrah. Il brigue, fait parler ſes amis; il n'y a pas juſqu'à Rauchenara Beigom, ſœur d'Aurengzebe, qui ne s'intéreſſe en ſa faveur. Le Monarque, las des ſollicitations, ſe le fit amener dans un endroit retiré, où il n'y avoit que quelques-uns des Omrahs qui ſe piquoient de ſcience, & lui parla pour le congédier & s'en défaire, à-peu-près de cette façon. „ Que prétends tu de moi, Moullah dji; „ Monſieur le Docteur, que je te faſſe un des premiers „ Omrahs de ma Cour? Certainement ſi tu m'avois inſtruit „ comme tu devois, il n'y auroit rien de plus raiſonnable. „ Car pour moi je ſuis dans le ſentiment qu'un enfant bien „ élevé eſt autant, ou plus obligé à ſon maître, qu'à ſon „ pere. Mais où ſont ces beaux enſeignemens que tu „ m'as donnés? tu m'as d'abord appris que tout ce Frangiſtan n'étoit que je ne ſcais quelle petite Iſle, dont le „ plus grand Roi étoit autrefois celui de Portugal (*a*) & „ après celui de Hollande, & qu'enſuite venoit celui „ d'Angleterre, & pour ce qui eſt des autres Rois, comme celui de France & celui d'Andalouſie, tu me les as „ figurés comme de nos petits Rajas ".

B E L L E leçon pour ceux qui croyent remplir l'univers de leur nom. La puiſſance (on peut s'exprimer ainſi) du

Voyage de Bern. T. I. p. 206—213. Hiſt. gén. de l'Emp. Mog. T. III. p. 46—52.

(*a*) En effet dans une Mappemonde Perſanne que j'ai ſous les yeux le Portugal eſt nommé la Capitale (*pae takht*) du *Frang* (l'Europe), qui prend peu de place à l'Oueſt & au Nord, ſur le bord de l'Océan.

Cardinal de Richelieu, faifoit alors trembler toute l'Europe: à la cour du Monarque de l'Indouftan, c'étoit le Miniftre d'un petit Raja de l'occident. Aurengzebe continue:
„ Tu me les a figurés comme nos petits Rajas, me faifant
„ entendre que les Rois de l'Indouftan étoient bien au def-
„ fus de tout cela, que c'étoient les vrais & uniques Hou-
„ mayouns, les Ekbars, les Jehanguers, les Chah-jehans,
„ les fortunés, les grands par excellence, les premiers
„ du monde, les Rois du monde; & que la Perfe &
„ l'Usbek, Kafchguer, Tatar, & Catay, Pagu, Siam,
„ Tchine & Matchine trembloient au nom des Rois de
„ l'Hindouftan. Admirable Géographie! tu me devois
„ bien plutôt faire diftinguer exactement tous les divers
„ Etats du monde, & me bien faire entendre leur force,
„ leur façon de combattre, leurs coutumes, leurs Reli-
„ gions, leurs Gouvernemens, leurs intérêts; & par une
„ folide lecture de l'hiftoire, me faire remarquer leur com-
„ mencement, leur progrès, leur décadence; d'où, com-
„ ment, par quels accidens, & par quelles fautes, ces
„ grands changemens & révolutions font arrivées. A pei-
„ ne ai-je appris de toi le nom de mes ayeux, les fameux
„ fondateurs de cet Empire. C'eft bien loin de m'avoir
„ appris l'hiftoire de leur vie, & comme ils fe font pris à
„ de fi illuftres conquêtes. Tu m'as voulu apprendre l'A-
„ rabe, à lire, & à écrire; Je te fuis fort obligé de m'a-
„ voir tant fait perdre de tems fur une langue qui demande
„ des dix & des douze années, pour en venir à quelque
„ perfection; comme fi le fils d'un Roi fe devoit jamais pi-
„ quer de paffer pour Grammairien, ou pour quelque Doc-
„ teur de la Loi, ou d'apprendre au plus d'autres langues
„ que celles de fes voifins, lorfqu'il ne s'en peut que dif-
„ ficilement paffer, lui à qui le tems eft fi cher pour tant
„ d'autres chofes d'importance qu'il doit apprendre de bon-
„ ne heure; comme s'il y avoit aucun efprit qui ne fe re-
„ butât, & ne fe ravalât même dans un exercice fe trifte
„ & fi fec, fi long & fi importun, comme eft celui d'ap-
„ prendre des mots".

A a 3

Idem p. 207.

„ Voici ce que dit Aurengzebe avec beaucoup de
„ reſſentiment". Et ſi Bernier n'a pas rapporté les choſes mot pour mot, du moins il aſſure qu'il n'a rien omis de
la ſubſtance: il tenoit ce diſcours de ſon Agah qui étoit
préſent. „ Mais quelques-uns des ſavans, ajoute ce voya-
„ geur, ſoit pour le flater, & amplifier ce qu'il avoit dit,
„ ſoit par jalouſie qu'ils euſſent contre Moullah, ou autre-
„ ment, firent courir le bruit qu'il n'en étoit pas reſté là,
„ & qu'après s'être diverti quelque tems à parler de plu-
„ ſieurs choſes, il pourſuivit encore de cette maniere. Ne
„ ſavois-tu pas que l'enfance bien ménagée, avec cette
„ heureuſe mémoire qui l'accompagne pour l'ordinaire, eſt
„ capable de mille beaux préceptes, de mille belles con-
„ noiſſances qui demeurent fortement imprimées tout le
„ reſte de la vie, & qui tiennent toujours l'eſprit ouvert
„ & élevé pour les grandes choſes. La loi, les prieres &
„ les ſciences ne ſe peuvent-elles pas auſſi bien, ou mieux
„ apprendre dans notre langue naturelle, que dans l'Ara-
„ be? Tu faiſois entendre à mon pere Chah djehan, que
„ tu m'apprenois la philoſophie. Certainement, & il me
„ ſouvient aſſez que tu m'as entretenu pluſieurs années de
„ queſtions en l'air, de choſes qui ne donnent aucune ſa-
„ tisfaction à l'eſprit, & qui ne viennent jamais dans l'uſa-
„ ge commun de la vie, de vraies & ſêches rêveries, qui
„ n'ont que cela de bon en elles, qu'elles ne ſe conçoivent
„ que très difficilement, & s'oublient très facilement, qui
„ ne ſont capables que d'ennuyer & gâter un bon eſprit,
„ & en faire un opiniàtre inſupportable. Il me ſouvient
„ bien encore qu'après que tu m'eus ainſi entretenu, je ne
„ ſais combien de tems dans ta belle philoſophie, ce qui
„ m'en demeura de ſcience, ce fut quantité de mots bar-
„ bares & obſcurs, propres à effaroucher, embrouiller &
„ rebuter les meilleurs eſprits, & qui n'ont été inventés
„ pour mieux couvrir la vanité & l'ignorance des gens faits
„ comme toi, qui nous veulent faire accroire qu'ils ſavent
„ tout, & que ſous ces paroles obſcures & ambigues, il y
„ a de grandes choſes & de grands myſteres cachés qu'eux
„ ſeuls ſont capables d'entendre".

IL y a donc dans l'Inde des favans qui connoiffent la Charlatanerie, qui tient les Sciences captives, & qui ont le courage de s'élever contre cette pefte trop générale de l'éducation.

AURENGZEBE, ou plutôt ceux qui le font parler continuent: „ fi tu m'avois appris cette philofophie qui forme „ l'efprit au raifonnement, & l'accoutume infenfiblement „ à ne fe payer que de raifons folides; fi tu m'avois don„ né ces beaux préceptes & enfeignemens qui élevent l'a„ me au deffus des atteintes de la fortune, & la mettent „ dans une afliette inébranlable, toujours égale, toujours „ la même, fans permettre qu'elle s'éleve infolemment „ par la profpérité, ou qu'elle s'abbate lâchement par l'ad„ verfité. Si tu t'étois pris d'une bonne maniere à me fai„ re connoître ce que nous fommes, quels font les pre„ miers principes des chofes, & que tu m'euffes aidé à „ former quelques belles idées de la grandeur de cet uni„ vers, de l'ordre & du mouvement admirable de fes par„ ties, fi, dis-je, fi tu m'avois appris cette forte de phi„ lofophie, je te ferois infiniment plus obligé que ne fut „ Alexandre à fon Ariftote, & je croirois qu'il feroit de „ mon devoir de te récompenfer tout autrement qu'il ne le „ fit. Ne devois tu pas, flateur que tu es, m'apprendre „ quelque chofe de ce point fi important à un Roi; quels „ font les devoirs réciproques d'un Souverain envers fes „ fujets, & des fujets envers leur Souverain? Du moins „ ne devois tu pas confiderer que je ferois un jour obli„ gé de difputer avec l'efpée la vie & la couronne contre „ mes freres? N'eft-ce pas le deftin de prefque tous les „ enfans des Rois de l'Indouftan? & cependant as-tu ja„ mais eu le foin de me faire apprendre ce que c'eft que „ d'affieger une ville & de ranger une armée en bataille? „ Que bien m'en a pris d'avoir confulté d'autres que toi! „ va, retire toi dans ton village, que perfonne ne fache „ plus qui tu es, ni ce que tu feras devenu".

QUE ce foit Aurengzebe, les Savans de fa Cour, ou

l'Agah de Bernier, qui ayent parlé jufqu'ici, il réfulte toujours de ce difcours, que le Defpotifme de l'Indouftan n'eft pas un gouffre qui engloutiffe les lumieres, les fentimens, que dans cet Etat on fait rendre au vrai mérite, même à la Cour du Prince, la juftice qui lui eft due, & faire rentrer dans la pouffiere d'où elle eft fortie, l'ignorance préfomptueufe, qui fous la protection d'un Monarque indulgent, ofe affecter les dehors impofans de la fcience.

(II.) *Voyez page* 10 *de l'Avant-Propos.*

p. 136, 137.
edit. 1766.

„ C'est, dit l'auteur des *recherches fur l'origine du*
„ *Defpotifme Oriental*, de l'épithete *Mofée* ou *Mofaïque*,
„ qui avoit été donnée aux loix, aux ufages, & aux hym-
„ nes de l'ancienne Egypte, & de l'Epithete *Zerduft* ou
„ *Zend*, qui avoit été donnée aux inftitutions des peuples
„ de la haute Afie, qu'ont été faits des *Mufes*, des *Mu-*
„ *fées*, des Moyfes, des Zoroaftres, qui n'étoient d'abord
„ que des titres de légiflation, mais qui fe font par la fuite
„ métamorphofés en poëtes qui ont chanté, dit-on l'origi-

p. 138.
„ ne du monde, & en fameux légiflateurs, dont les uns
„ ont été fauvés de l'eau, & les autres du feu ".

„ Tout le plan de l'hiftoire nationale des Hébreux
„ marche prefque toujours fur les fombres veftiges de l'hif-
Idem. p. 139. „ toire naturelle du monde.......... n'eft-ce point là (ce
„ qu'ils ont fouffert en Egypte, dans le défert) le vrai ta-
„ bleau du trifte & ancien Etat du genre humain & du paf-
„ fage de l'ancien monde au nouveau, dont il ne paroit
„ que trop que les Hébreux fe font emparés pour fe l'ap-
„ proprier, & pour en faire les anecdotes particulieres de
„ leur merveilleufe hiftoire ? "

Idem. p. 304.
angl.
„ Cette nation (les Juifs) a tellement méprifé toute
„ les autres, que nous pouvons penfer, qu'après fes
„ tranfmigrations, leurs Prêtres ont reconftruit de leur
„ mieux leurs annales, en tâchant d'abforber toute l'anti-
„ quité

„ quité & de ramener à eux feuls l'origine de toutes les na-
„ tions. Ce qui découvre déjà leur folle vanité, & ce qui
„ ne peut manquer de les confondre un jour, c'eſt que,
„ comme ils ont reconſtruit ces annales avec plus de ſu-
„ perſtition que de génie, ils n'y ont employé en partie
„ que les matériaux primitifs, qu'ils ont deplacés & dégui-
„ fés à la vérité, mais dont cependant il n'eſt pas impoſſi-
„ ble de reconnoître la forme & la place primitive. Les
„ Annales des Hébreux, des Egyptiens, des Chinois &c.,
„ préfentent à mes yeux des bâtimens neufs conſtruits par
„ des Architectes mal adroits & trompeurs, qui en ſe fer-
„ vant des matériaux d'un bâtiment plus ancien qu'ils ont
„ démoli, n'en ont point effacé les reliefs primitifs :
„ d'où il arrive que l'on retrouve ſouvent les pieces de
„ l'entablement du premier édifice dans les fondemens du
„ fecond".

P. 305. ibid.

L'ouvrage de M. Guerin du Rocher a pour titre,
Hiſtoire véritable des tems fabuleux, ouvrage qui en déve-
loppant le vrai que les hiſtoires fabuleuſes ont traveſti ou
alteré, fert à éclaircir les antiquités des peuples & fur-
tout à vanger l'hiſtoire fainte. En 1721 Luc Cuper a pu-
blié un ouvrage qui a pu donner naiſſance à celui de M.
Guerin. En voici le titre *Paratilla* τῆ χρονολογίας *& hiſto-*
riæ facræ a mundo condito uſque ad exodum Iſraelitorum
ex Egypto ; profanam que explicat prout defumpta ex li-
bris metamorphoſean Ovidii..........ad hæc tempora ſpec-
tat. L'objet de Luc Cuper eſt d'*expliquer l'hiſtoire profa-*
ne par l'hiſtoire facrée. Il montre dans cet ouvrage, qui
n'eſt que l'annonce (*Specimen*) d'un plus grand, l'hiſtoire
fainte, depuis la création juſqu'à la fortie d'Egypte, dans
les métamorphoſes d'Ovide, qui, ſelon lui, contiennent
Syſtema aliquod Chronologicum connexum a mundo condi-
to uſque ad Jeſum Chriſtum natum fub Auguſto, quibus
diebus poeta noſter, dit Cuper, *vixerat.*

Paris 1776.
in 8vo.

Amſterdam,
in 8vo.

Preface.

De pareils excès d'imagination preparent à ce qu'on va
entendre. „ Je commence, dit M. Guerin du Rocher,

Tome I. plan
de l'ouvrage,
p. 29, 30.

B b

„ par les tems fabuleux des Egyptiens, depuis Menès,
„ leur premier Roi, fuivant tous leurs hiftoriens, jufqu'au
„ tems où l'Egypte foumife aux Perfes, devint une pro-
„ vince de leur Empire. On verra par un rapprochement
„ foutenu de toute la fuite des regnes, & des faits de cha-
„ que regne, que cette hiftoire répond à l'hiftoire fainte
„ depuis Noë, le pere de tous les hommes d'après le Dé-
„ luge, jufqu'à la fin de la captivité des Juifs à Babylone;
„ & que ce n'eft même qu'un extrait fuivi, quoique dé-
„ figuré, de ce que l'écriture elle-même nous apprend de
„ l'Egypte dans cet intervalle ; en un mot que tout ce
„ qu'Hérodote, Manethon, Eratofthene & Diodore de
„ Sicile nous racontent de l'Egypte jufqu'à cette époque,
„ n'eft, aux defcriptions près, qu'une traduction, à la
„ vérité pleine d'erreurs & de fautes groffieres, que les
„ Egyptiens s'étoient faite ou procurée des endroits de l'E-
„ criture qui les regardent, & dont ils s'étoient compofé
„ une hiftoire. C'eft le fujet des trois premiers volumes
„ que je préfente au public ".

Obfervat.
prélim. p. 78,
79.
p. 412.

UN moyen, dit plus bas M. Guerin, de concilier toutes les difficultés fur l'hiftoire d'Egypte, „ moyen que je
„ puis affurer n'avoir point imaginé par efprit de fyftême
„ ou de prévention, mais auquel j'ai été, pour ainfi dire,
„ amené par toute la fuite des faits, & qui m'a paru d'au-
„ tant plus vrai, que je l'ai plus examiné; c'eft de pren-
„ dre tout ce qui nous refte de l'hiftoire d'Egypte jufqu'à
„ l'Empire des Perfes, fur le pié d'un extrait, mais d'un
„ extrait alteré, de ce que l'hiftoire fainte elle-même nous
„ apprend de l'Egypte ; de regarder en un mot l'écriture,
„ fuivant fon texte original, qui eft l'hébreu, comme la
„ fource véritable où avoient puifé les Egyptiens, foit par
„ eux-mêmes, foit par d'autres Interprètes, d'envifager
„ enfin tout ce qu'Hérodote & les autres hiftoriens nous
„ racontent de l'Egypte, jufqu'au tems que j'ai dit, com-
„ me pris originairement d'une traduction, à la vérité plei-
„ ne de bévues, que les Egyptiens s'étoient faite ou pro-

„ curée des endroits qui les regardent dans les livres facrés
„ des Hébreux”. Mais, obferve dans la fuite l'ingénu M.
Guerin, „ je ne fuis pas obligé de deviner tout ce qui a *Idem p.* 43r.
„ pu entrer dans la tête de pareils interprêtes”. Il a raifon de fe mettre à l'aife.

D'APRÈS ce plan, les Rois d'Egypte donnés par les *Idem p.* 126,
anciens, fi l'on en excepte ceux dont l'Ecriture fait men- 127, 129.
tion, font des Rois fuppofés, de prétendus Rois. Menès 379, 428.
n'eft que Noë; la ville de Thebes, l'Arche; les 330 Rois
defcendans de Menès, felon Hérodote, les trois fils de
Noë; Binothris, Roi de la 2e. Dynaftie, Abraham; Nek- *p.* 418.
herophès, Agar; Ganymede que Minos veut enlever, *p.* 434.
Ifaäc; Toforthrus, Ifmaël; Séfoftris, Jacob; Prothée & *p.* 136, 137,
autres, Jofeph; Mycerinus & autres, Moyfe; Afychis & 155. &c. 178
autres, Salomon; Amafis, Nabuchodonozor; Enfin Loth &c. 190, 192,
eft Orphée. 209, 419.

(III.) Voyez la page 39 Premiere Partie,
feptieme Section.

SUR la fin du 16 fiecle, Abas le grand, Roi de Perfe,
irrité contre les Juifs dont les ufures exceflives avoient extrêmement appauvri fes fujets, voulut les obliger de lui di- *Hift. du ban-*
re pofitivement en quel tems ils attendoient le Meflie, *niffem. des*
ajoutant que „ paffé ce tems, s'il ne venoit pas, ils fe- *Juifs de Per-*
„ roient dignes de la mort & obligé de renoncer à leur foi *fe, Tr. de*
„ ou d'être détruits & leurs biens confifqués”. Les Juifs *l'Angl. p.*
fort embarraffés crurent fe tirer d'affaire en marquant 70 207—209.
ans. „ Le Sophi fe contenta de cette réponfe, & la fit *p.* 217, 218.
„ immédiatement enrégiftrer, après l'avoir fait mettre en
„ forme de contrat, portant qu'en cas qu'on n'eût point de *p.* 219—221.
„ nouvelles de leur Meflie, au bout de 70 ans, dont ils
„ étoient convenus, aux quels il en ajoute cinq autres de
„ grace, ils fe feroient tous Turcs (Mufulmans) ou fouf-
„ friroient la confiscation de tous leurs biens; avec cette
„ claufe, que fi dans ce tems là leur Meflie apparoiffoit,

Bb 2

„ le Sophi s'obligeoit de se faire Juif, lui & tous ses su-
„ jets. Ce contrat, dressé de la sorte, fut signé & scellé
„ de part & d'autre; ensuite de quoi les Juifs furent ren-
„ voyés ".

Idem p. 222—225.

D IFFÉRENS événemens empêcherent de penser à ce
contrat, jusqu'à ce que „ par accident extraordinaire sous
„ le regne d'Abas IIe. pere de celui (le Sophi) qui regne
„ aujourd'hui, une personne extrêmement curieuse de l'an-
„ tiquité, trouva cet écrit dans le journal de son pere, en
„ cherchant dans les *Registres du Palais impérial*, dont il
„ avertit l'Empereur. Le Sophi, sur cet avis, assembla
„ aussitôt son Conseil, leur montra ce Contrat, & leur de-
„ manda ce qu'il y avoit à faire". Les Juifs parloient alors
sourdement de l'avenue de leur Messie: les Lettres de
Constantinople en faisoient mention. Le Conseil conclut
la destruction des Juifs dans toute la Perse. La persécution
dura trois ans, depuis 1663 jusqu'à 1666, sans distinction
d'age ni de sexe.

(IV.) *Voyez page* 40, *Premiere Partie, septieme Section.*

P ARMI les Cartes que je viens de recevoir du Pere
Tieffentaller, Missionnaire Apostolique Allemand, qui reside
à Faizabad, capitale de la Province de Oud, au Nord
de Benarès, parmi ces cartes, il s'en trouve plusieurs réu-
nies, faites par des Indiens, avec des notices en persan.
Ces cartes présentent la source & la moitié du cours du
Gagra, fleuve considérable, qui après avoir arrosé près de
400 lieues de pays, se jette dans le Gange à *Fatepour*. La
découverte du cours de ce fleuve est due aux Indiens; &
en comparant les deux Lacs, le *Lanka*, d'où il sort, le
Mansaroar, qui est à côté, avec les deux lacs par lesquels
Voyez les Cartes du Thibet, dans l'Hist. de la Chine du P. Duhalde.
les Chinois font passer le Gange (le *Lanka* & le *Mapama*),
à sa source, on est convaincu qu'ils ont pris la source du
Gagra, nommé dans cet endroit *Sardjou*, pour celle du
Gange, qui dès là reste inconnue comme elle l'étoit. Ce-

ci eft développé dans un mémoire que j'ai lu en Août 1776 à l'académie, & dont l'extrait a été imprimé dans le Journal des Savans, *Decembre I Vol. in* 12º. *p.* 2403 — 2478 (édition de Paris).

ON connoit l'hiftoire de Tamerlan, faite en perfan par Scherfeddin, & donnée en françois par M. Petis de la Croix; le *Tavarikh Ferefchtah*, hiftoire de l'Indouftan, compofée par Mohammed Kaffem, furnommé Ferefchtah, de Dehli, & traduite en Anglois par M. Dow. M. Gentil m'a envoyé du Bengale, l'original Perfan de ce dernier ouvrage, que j'ai reçu par les mains de M. Bertin, Miniftre & Secrétaire d'Etat, lequel veut bien favorifer la correfpondance littéraire que j'entretiens avec les perfonnes que j'ai connues dans l'Inde.

Paris 1722. 4 *Vol. in* 12.

PARLERAI-JE du *Djamée el Ekajat*, Recueil d'hiftoires fait dans le 16ᵉ fiecle par ordre d'Akbar; de l'*Akbar namah*, ouvrage important, confidérable, compofé par Abulfazel, & qui, indépendamment de ce qui regarde la Cour, la Maifon, le regne d'Akbar, préfente fur l'étendue, les forces, la Milice, la Géographie, la Chronologie, les antiquités de l'Indouftan, des détails qu'on trouveroit difficilement ailleurs. Je crois devoir donner ici une notice detaillée du *Tezkerat affalatin*, manufcrit Perfan que Mr. Gentil a apporté du Bengale. Cet ouvrage important renferme l'hiftoire des Rois de l'Indouftan, depuis le premier Raja connu, jufqu'au tems où l'auteur vivoit, fur la fin du regne d'Aurengzebe. L'auteur dans fa Préface, donne le nom des ouvrages Samskretams & Perfans, fur lesquels il a travaillé. Le morceau qui regarde les *Rajas* eft le plus curieux & le plus confidérable. Il préfente l'hiftoire abrégée de 136 Rajas, dont la lifte donne, en 12 familles ou Dynafties, environ 3400 ans de regnes.

Dow, hiftoire &c. T. II. p. 215.

REMONTANT du dernier Raja, *Pethoura*, détrôné par Schaabeddin-ghori, l'an 1192 de l'Ere Chrétienne, au premier Raja connu, *Bahrt*, le regne de ce dernier Prin-

ce tombe au 2ᵉ. fiecle environ après le Deluge. *Djadouf-*
ter, 18ᵉ Raja, depuis lequel les regnes font plus certains,
répond à peu près au 19ᵉ fiecle avant l'Ere Chrétienne........,
époques, comme l'on voit, que la Chronologie peut
avouer.

L'AUTEUR du Tezkerat affalatin, d'après les Ecrivains
qu'il fuit, a foin de marquer, à chaque Raja, l'Epoque en
ufage fous fon regne, pour la date des événemens; le Poids
& l'empreinte de la monnoye en Or ou en Argent, qui
avec une figure de Divinité, préfente le nom du Prince,
& quelquefois l'Ere qui a cours. La premiere monnoye
dont il faffe mention, eft fous *Afmand* dans le 18ᵉ fiecle
avant l'Ere Chrétienne. Sous Savein (dans le 14ᵉ fiecle
avant l'Ere Chrétienne.) L'Ere du Raja *Djadoufter* paroît fur les monnoyes. Les Indiens ont de tout tems en-
foui leurs tréfors; ainfi il eft très poffible que l'on trouve
en terre de ces monnoyes, comme on a des *Dariques* de
Perfe.

LA Capitale des Rajas de l'Indouftan eft fucceffivement
Aftnapour fur le Gange, *Gorket* à l'oueft, quelque diftance
de Dehli, *Kanoudj* près du Gange, *Inderpat* au fud-oueft,
quelque diftance de Dehli, *Avad* fur le Gagra, & *Dehli*.
Leurs conquêtes comprennent l'Inde entiere, Ceylan même
& Siam. Elles fe terminent le plus fouvent à un tribut &
à la reconnoiffance de la fouveraineté.

DÈs les premiers fiecles de l'Empire, *Afmand*, 3ᵉ Raja
depuis *Djadoufter*, après avoir foumis l'Inde, Ceylan,
paffe les monts.

SOUALEK, pour faire la conquête de l'Empire de la
Chine, eft obligé d'abandonner cette entreprife. Le 10ᵉ
Raja après lui, *Satpal* (dans le 15ᵉ fiecle environ avant l'E-
re Chrétienne) forme le même projet, fans pouvoir l'exécuter. Sous le regne de *Savein*, 4ᵉ Raja depuis *Satpal*,
commencent les irruptions des *Touranians* & des *Iranians*

dans l'Inde. Ce Raja leur paye tribut; ce qui a prefque toujours duré depuis.

Sans entrer dans de plus grands détails, on voit que les hiftoires des Grands Etats de l'Afie fe foutiennent mutuellement, & celle de la Perfe, celle de l'Indouftan, celle de la Chine; comme ce qu'on appelle en Europe l'hiftoire ancienne, c'eft-à-dire l'hiftoire d'Egypte, de Babylone, d'Affyrie, de Perfe &c. De plus grandes connoiffances, furtout celle de la langue Samskretanne, en nous ouvrant le fanctuaire de l'Inde, nous fourniront des particularités, qu'un abrégé ne peut préfenter.

On voit dans la vie de Tamerlan par M. Petis de la Croix (*Préface, note (a)*) que les Turcs ont une Bibliotheque orientale confidérable fur toutes les matieres. Pour ce qui eft des Arabes, des Perfans, des Indiens mêmes, il fuffit de renvoyer au Catalogue des manufcrits orientaux de la Bibliotheque du Roi, & dans la bibliotheque orientale d'Herbelot. Le *Razat euffafah*, hiftoire Générale, en Perfan eft en fept volumes *in folio*.

Les Orientaux ont donc des objets plus importans à préfenter à nôtre curiofité, que les Contes des *mille & une nuits;* Ce font les lecteurs qui manquent & non les livres. Mais on n'apprend rien fans peine. L'homme abandonne difficilement fon pays natal, les mets auxquels il eft accoutumé. Le plus court eft de dire: il n'y a ni hiftoire, ni géographie ni fciences dans ces pays barbares. A quoi bon aller fe noyer dans un fatras qui ne nous apprendra rien? Comme s'il n'y avoit pas du fatras par tout. Lifez au moins, pour être fûr du jugement que vous voulez porter.

(V.) *Voyez page* 42 *Premiere Partie, feptieme Section.*

Chaque Gazette comprend deux jours en un feul feuillet écrit des deux côtés & commence de la même maniere. (Gazette du Sept. et du huit Rabbii premier). *Nouvelles du Dorbar (de la Cour) fublime, l'an 25 (du regne de Mohammed Schah, 1742 de l'Ere chrétienne, mois) Rabbii premier.*

Cinquieme jour de la femaine (Jeudi).

C'eft-à-dire la nuit.

Voyage de Bern. T. II. p. 40—42.

Le fept, (premier) peher, (a) aux gueris du jour (environ 6 heures 24 minutes), fe font tranfportés dans le grand Divan Oomedet elmoulk, Afteriakhan, l'Eetemaddaulet, & Mirabefch. Le matin venu, après s'être entretenus de diverfes chofes, étant defcendus au bas du Divan, ils ont vu un éléphant furieux envoyé pour la guerre, & ont converfé avec Hadabaalikhan. quatre gueris du jour paffés, ils font entrés dans la cha. bre (du Confeil), & après y avoir conféré enfemble, fe font retirés.

Idem p. 47.

Il a été ordonné à Hadab Aalikhan d'envoyer dans (la place qui eft) au bas du Divan, un Lion dans fa cage (ou loge), & un autre éléphant que l'on doit voir demain au premier gueri. Mortezzakhan a préfenté un beau Pigeon blanc, & Efteriakhan quatre (bouteilles) d'odeur. Par l'ordre (du Roi) l'eau rofe a été donnée en préfent au Vizir Almamalek.

Hier il fut répondu par les (Miniftres) du dedans, & ordonné qu'un Éléphant furieux, envoyé pour la guerre, feroit mis en vue au bas du Divan; il fut (en même tems) ordonné à Hadab Aalikhan de conduire l'Omdat feel au bas du Divan, pour qu'il les vît le lendemain.

Par une lettre écrite du Bengale, le 23 Moharram de l'an 25 (de Mohammed Schah, apportée) par un Harkarah,

---

(a) Le jour eft divifé en 8 *Pehers*, de fept & de huit *gueris*. Le *gueri* eft de 24 minutes; ce qui fait 60 *gueris* pour les 24 heures. *Waltheri Doctr. tempor. Indic. ap. Bayer Regu. Bactr. p.* 148—151.

rah, (on apprend) que Mehnat djingue se tient dans son
fort (son Camp); on écrit que Raghodji & Baladjerao
sont postés au même endroit, & que tous les habitans de
Marschoudabad (Moxoudabad) pour soustraire à la guerre (à l'Ennemi) leurs biens & ce qui leur appartient, se
portent du côté du midi.   Mehnatdjingue, avec 5000 chevaux & 4000 hommes de pié armés de fusils, est prêt à
faire la guerre, & quand il faudra la faire, rien de ce
qui doit être prêt, ne manquera de son côté. Le Vakil
(Ministre) de Baladjerao s'est rendu près de Mehnatdjingue.   Pendant un jour ou deux, il y a eu des allées &
venues, des pourparlers, & Malouikhan, Maadatkhan
avec quelques autres on eu ordre de se rendre près (du
Roi ou du général Morate).   On écrit que comme le Roi
a bien des moyens de lui faire du mal (à Mehnat djingue),
du fleuve du Gange, où il est, il ira sur le chemin de
Gorghpour.

Holwel. évé-
nem. histor.
&c. I. Part.
p. 144, 145.

Djemaa (Vendredi.)

C'est-à-dire la nuit

Le huit, (premier) peher, à un guéri du jour, portés en Palanquin, se sont rendus dans le grand Divan,
Asadmankhan, Sadat gueirkhan, & Astahakkhan. Le
matin venu, à deux gueris du jour, ils sont entrés dans
la chambre (du Conseil). Du Divan, Mirabesch. . . . . . .
(lacune) ont regardé un éléphant du Roi secourant un éléphant de guerre contre un lion dans sa cage. Après avoir
bien combattu, l'éléphant de guerre, secouru par celui du
Roi, a été le plus fort. On les a regardés (se battre
ainsi) environ un gueri.

On a ordonné que l'Eléphant de guerre seroit mis dans
le haras des Eléphans.

On a fait un présent à celui qui a vendu l'éléphant de

Cc

guerre, & on a donné le double à l'Aamadfeel Chef du haras des Eléphans.

Khadjehkhan eſt arrivé au Dorbar, il a élevé en pavillon une Requéte dans laquelle il demande qu'on rende habitables des lieux juſqu'ici impraticables. Il a été ordonné que Saaddinkhan ceſſeroit ſes tournées, & reviendroit dans ſa maiſon.

Hier (les Miniſtres) du dedans, rendirent réponſe & ſcellerent (tinrent le ſceau).

Etat gén. de l'Emp. Ottom. T. I. p. 176—177.

Un Cerf de chaſſe, envoyé par Khatemdjangue, & deux Tchakars (ou Eperviers) de proye, envoyés par le Vizir Almamalek, ont été préſentés.

Sadadkhan, Emir diſtingué par la ſcience dans la guerre, a préſenté une Requéte au Roi, & cela après en avoir envoyé huit. On a lu les ſouhaits (qu'il faiſoit pour le Roi dans ſa Requéte), & un gueri ou deux après on lui a donné en préſent un jeune cheval d'un prix infini.

(EXTRAITS DE GAZETTES.)

Mem. de M. Dupleix, p. 42. Hiſt. de Perſe, T. III. p. 357.

Nouvelles de la Cour ſublime, mois Rabbii premier, année 25.

pour M. DEVOLTON,

Medecin (du Roi).

2. *Jour de la ſemaine (Lundi).*

C'eſt-à-dire la nuit

Le II, (Ir.) peher, à un gueri du jour ſe font tranſportés dans le grand Divan les Miniſtres & Aſadeddaulah &c.

(Article 3.)

*Khatemdjangue a demandé, par requête, de préfenter
.... des Coqs accoutumés à fe battre.*

(Art. 5.)

*Hadab Aalikhan &c........... a offert une fleur du
Gange.*

(Art. 7.)

*Hier (les Miniftres) fix gueris avant la fin du jour....
entrerent dans la chambre (du Confeil).*

Le 12 (le commencement à l'ordinaire).

(Art. 3.)

*Mohammed Moradkhan......... ayant obtenu la nour-
riture de deux jours pour les pauvres du Dergah de Ko-
tobeddin, & fait le falam au grand (Mogol), s'en eft allé.*

(Art. 4.)

*Des fleurs Sambeli (d'hyacinthe préfentées au Grand
Mogol) ont été données à l'Eetemaddaulet.*

(Art. 5.)

*Les nouvelles du pays apprennent que, le 18 Safar, de
l'an 25, Mehnatdjingue (dans le Bengale) après avoir vu
Baladjerao & Raghodji........ eft allé à Katoua, & que
Raghodji a pris la route de Birbohom.* *Holw. lib.
cit. p. 152—
153.*

(Art. 7.)

*Hier l'ordre du Roi, & autres (ordonnances) concer-
nant les Fakirs, furent expédiés.*

(*GAZETTES du* 13 *& du* 14. le commencement
à l'ordinaire.)

Le 13. . . . .

(Art. 4.)

. . . . *Le Vizir a préfenté plufieurs Enfans d'Officiers morts. Il a été ordonné de leur expédier les paravanas pour des Djaguirs.*

(Art. 5.)

Id. p. 14:,
149.

On apprend par un Harkarah du Bengale, du 15 *Safar de l'an* 25*, que Mehnatdjingue ayant décampé d'A-
banigandj, eft arrivé à Sakgher avec cinq corps de troupes. On écrit que Baladjerao, avec une armée plus confidérable, s'étant porté fur le grand fleuve Bagrati, près
des cinq corps de troupes de Mehnatdjingue, celui-ci a
envoyé Muftafakhan fon (premier) Officier, avec Kekha-
drao & Amratrao près de Baladjerao, qui lui a député
Piladjadoun Beroulrao. Piladjadoun s'étant rendu près
de Mehnatdjingue, l'a vu; on a conferé pendant deux gueris; il y a eu de part & d'autre des difficultés : enfuite on
l'a congedié, & il s'en eft allé. Mehnatdjingue ayant levé
le Camp, s'eft arrété à Katoua avec trois corps de troupes. Baladjerao y eft de même refté avec trois corps de
troupes. Mehnatdjingue ayant fait dreffer entre (les deux
Camps) une tente, eft monté à cheval pour l'entrevue, &
eft arrivé à cette tente. Du côté de Baladjerao, Mir Piladjadoun Malar Stolkar &* 40 *autre mille Cavaliers fe
font portés fur Daodpour, où ils font arrivés. Mehnatdjingue ayant envoyé devant lui fon ferviteur Muftafakhan,
eft parti de la tente. On s'eft rencontré; chacun eft def-
cendu de fon Eléphant, on s'eft embraffé, & on s'eft affis
dans la tente. Après un entretien (affez long) Mehnatdjingue a préfenté avec foumiffion quatre éléphans, deux*

Id. p. 151. *bufles & cinq chevaux, & l'on s'eft féparé.*

Le 14. . . . .

(Art. 3.)

Heiatkhan a préfenté 2324 Roupies provenantes de la rente (d'une partie) d'eau rofe. La (fomme) a été remife à Rouzafzounkhan.

Il eft ordonné que les Serviteurs qui ont des (gages) à répéter fur le Bakhfchi (Tréforier) comme il y a un autre Bakhfchi felon la nature de leur office, s'adreffent à Sadatkhan, & on leur paffera d'autres reconnoiffances de ce qu'ils demandent; car il en fera de nouvelles de ce qui fera vendu, de ce qui eft demandé & autres chofes. C'eft pour cela qu'il leur eft ordonné de fe rendre près de Sadatkhan.

Différens préfens en étoffes, Beftiaux & denrées, remis à Rouzafzounkhan.

(*GAZETTE du* 15 & *du* 16.)

Le 15. . . . .

(Art. 7.)

. . . . *Par un Harkarah envoyé du Soubah de Oud, le 23 Safar de l'an 25, on apprend qu'Aboulmanfourkhan fe tient à Feizabad, & a envoyé Adrakkhan Djemadar Fauzdar, pour tenir la campagne* . . . . ,

Le Soubehdar lui fait en conféquence préfent de 4 pieces d'étoffes, il en donne trois aux trois perfonnes qui l'accompagnent; il donne le Keleedari de la fortereffe de Rehnes à un jeune homme, à la recommandation refpeétable de fa propre grand-mere, avec un préfent de quatre pieces d'étoffes.

Id. p. 108. *n.*

C c 3

Le 16. . . . .

(Art. 5.)

Id. p. 147, 151.

On apprend par une lettre de Baladjerao, que Baladjerao & Mehnatdjingue se sont vus, & qu'ils marchent ensemble pour battre & détruire Raghodji; que la division s'est mise parmi les chefs (de l'armée) de Raghodji, qu'ils ont combattu les uns contre les autres, & qu'il y a eu des Marates de noyés. . . . . en poursuivant Maladji. Et Mehnatdjingue, en faisant savoir cet événement au Vizir Almamalek, lui a fait ses soumissions.

(VI.) *Voyez page* 43.

MICHEL LE FEVRE, dans un Volume in-4°. de près de 600 pages, a rassemblé tous les défauts des Turcs, les vices de leur Gouvernement. En conséquence la plûpart des titres commencent par ces mots: *Désordres des Turcs dans* &c. L'autéur, au lieu de donner à son livre le titre de *Théâtre de la Turquie*, auroit dû l'appeller comme il fait dans sa Préface, le *Théâtre des désordres de la Turquie.* Les bonnes qualités, les coutumes louables qu'il a la condescendance de reconnoître chez les Turcs, prennent à peine cinq pages. Ce Voyageur a écrit par ordre du Pape; & son dessein, en peignant les Turcs tels qu'il les fait, étoit de les rendre méprisables, & de porter par là les Princes chrétiens à la conquête de la Turquie: il le dit positivement dans sa Préface. De pareilles intentions me dispensent de faire usage de son ouvrage. Un Turc auroit pu, dans le même esprit, donner à sa patrie, non pas un, mais dix Volumes in-4°. de nos défauts. En aurions nous moins bonne opinion de nous mêmes?

Paris 1686.

(VII.) *Voyez page* 56.

ALKORAN, Surate 9e. Verf. 5. *illa ellazin aahdtoum*

men al mofchrikin tfoumm lam ïankouffoukoum Schaïan ya lam iouzzhirou alaïkoum ahadan faatimou elahiim aahda-houm elaï moddatihim inna allaha ïouhibba almottakina.

Manufcrit & Maracci T. II. p. 302, 304.

V. 8. . . . . telmofchrikin . . . . ellazin aahdtoum iinda al masájedi al harami fama eftakamou lakoum fa eftakimore lahoum enna allaha ïouhibba almottakina.

O n fait que felon les Docteurs Mufulmans, la *Surate* 9e. eft la derniere que Mahomet ait reçue du Ciel, & qu'elle paffe pour lui avoir été revelée toute à la fois. Elle peut donc être regardée comme le fceau de l'Alkoran; ou du moins on ne peut pas dire qu'elle ait été corrigée par des *Surates* poftérieures.

Maracci p. 306 Sale, p. 148, 149.

V o i c i ce que porte la *Paraphrafe Perfanne* de *Hofein* fur ces deux Verfets.

V. 5. Mais ceux des affociateurs (les Juifs, les Chrétiens) avec lefquels vous avez fait un traité, lefquels ne vous nuifent en rien, c'eft-à-dire, qui ne rompent pas ce traité, & n'aident perfonne à agir contre vous; obfervez le Traité en entier à leur égard, pour tout le temps (convenu) avec eux; c'eft-à-dire, obfervez le en entier pour huit mois ou neuf qui peuvent refter. Ce font les enfans de l'acreté, les enfans du péché, & qui n'ont pas le fel (de la fageffe); qui n'ont jamais rien fait de bien ayant le Traité (qu'ils ont fait) avec l'élu de Dieu (Mahomet): car Dieu aime ceux des vrais croyans qui s'abftiennent (du mal).

V. 8. . . . . Mais (à l'égard de) ceux avec lefquels vous avez fait un Traité près de la Mofquée Sacrée (de la Meque), tant qu'ils feront fermes dans le Traité qu'ils ont fait avec vous, c'eft-à-dire qu'ils exécuteront ce Traité, foyez de même fermes à leur égard dans votre Traité, avec droiture; car Dieu aime ceux qui s'abftiennent. C'eft-à-dire, exécutez le Traité, foyez fermes à leur égard dans le Traité avec droiture, parce que Dieu aime ceux qui s'abstiennent ; c'est-à-dire, qui s'abstiennent de rompre les Traités.

(VIII.) Voyez page 66.

Voyage de Chardin T. VI. p. 273 —274.

CHEZ les Perses le consentement des parens n'est pas nécessaire pour la validité des mariages. Tous les enfans nés, avant ou après le mariage, d'esclaves ou concubines, sont légitimes. En conséquence point de bâtards.

LE premier né, quel qu'il soit, est l'héritier, quand son pere épouseroit dans la suite une fille du Roi & en auroit un fils. Nulle différence pour la succession, du fils de l'esclave, à celui de la femme libre.

Et Olear. libr. cit. p. 611.

LES enfans n'ont pas droit au bien du pere, de son vivant. Après sa mort, le fils aîné prend les deux tiers : l'autre tiers se partage entre le reste des enfans. Les filles n'ont que la moitié de ce qui revient aux Garçons ; mais le pere de son vivant, donne ce qu'il veut de ses biens mobiliers. Le Testament, pour être valide, doit être fait 40 jours avant le decès, & reconnu, si c'est un étranger, en présence du juge & de plusieurs témoins.

Vie de M. Picq. p. 509, 524—525.

LES filles sont en age (majeures) à 9 ans ; les garçons à 13 ans, un jour. Ceux-ci, dans certains cas, peuvent être émancipés par le Cassi. Ce Magistrat demande au jeune homme : *le Diable vous a-t-il sauté sur le corps ?* La question que font les Grands Pontifes, quand on s'adresse à eux, est plus claire : *ab mani dari ?* en termes honnêtes, *vous sentez vous homme ?* le jeune homme répond : *Oui.* On est susceptible d'émancipation, quand on peut distinguer ce qui est utile de ce qui est dommageable.

Chardin libr. cit. p. 275.

IL n'y a point de dot pour les filles. On leur donne seulement des bijoux. Elles ont un douaire par contrat, & n'ont droit de demander, en cas de divorce, que le douaire, & ce qu'elles peuvent emporter sous leurs bras.

Et

Et il faut qu'elles ayent foin de retirer ce qui leur revient, avant que de paffer une nuit hors de la maifon de leur mari.　Après ce terme, elles n'auroient rien à demander.

Les biens des mineurs ne peuvent être faifis pour dettes du défunt: les tuteurs ne peuvent répondre ni payer pour eux: ceux-ci font du bien du mineur ce qu'ils veulent; on ne peut leur faire rendre compte qu'après bien du tems.　Le fils aîné, quand il eft en age, eft tuteur de fes freres. *Id. p. 276.*

Il y a une Cour Fifcale qui prend foin du bien des perfonnes qui meurent fans tefter & fans héritiers connus.

Les Banqueroutiers & les gens qui prennent la fuite pour fe fouftraire à la juftice, font, felon Chardin, trop protégés en Perfe: On appofe le fcellé fur leurs biens, comme s'ils étoient morts; & s'ils font favoir qu'ils font vivans, on n'y touche point: la maxime eft en Perfe, qu'*on ne peut jamais prendre le bien d'un homme, fans qu'il y confente, quoi qu'il avoue fa dette.*　Voilà ce que porte la loi civile.　Mais le Magiftrat Laïque, fait payer le débiteur d'autorité (ce qui remédie au vice de la Loi). *p. 277.*

Le débiteur qui par malice ou impuiffance, ne paye pas, eft livré au Créancier, qui peut en faire ce qu'il veut, (pourvu qu'il ne le tue ni ne l'eftropie), par exemple, le vendre lui, fa femme & fes enfans.　En plus de onze ans Chardin n'en a pas vu un feul exemple.

Tout roule fur les témoins.　Dans le fait deux ou trois fuffifent, parce qu'on ne peut trouver les 70 requis par la loi.

La prefcription n'a pas lieu: on eft toujours admis à réclamer fon droit; c'eft celui qui nie, qui eft reçu au ferment. *p. 278.*

Pour intenter procès, on préfente une Requête au juge.　Le fait y eft expofé; le juge écrit en marge qu'on *p. 281.* *p. 283.*

amene la partie. L'affaire est jugée en une ou deux séances. Lorsque les femmes plaident, c'est le plus souvent en dissolution de mariage pour cause d'impuissance. *Be rezaï man na miaïad*, disent-elles, *il ne me donne pas ce que je désire.*

p. 281.

„ LES causes civiles se jugent ordinairement par les ju-
„ ges séculiers, qu'ils appellent *Ourf*; ce sont des juris-
„ consultes à leur mode, & ils ont pour Chef le *Divan*
„ *Beigui*, qui doit être savant en la loi de Mahomet.
„ Leurs jours plaidoyables sont le lundi & le jeudi, & le
„ lieu où ils s'assemblent pour rendre justice est une gran-
„ de sale voutée sous la porte du Palais du Roi, où ils en-
„ tendent les parties; & si les causes sont d'importance,
„ ils en font le rapport au Roi, & lui disent les avis des
„ juges; sur quoi le Roi les décide ".

Olear. lib.
cit. p. 668.

DANS les Tribunaux du droit civil, on n'inflige pas d'autres peines corporelles que les coups de bâton; encore n'est-ce qu'à ceux qui résistent impudemment aux termes exprès de la Loi; ce qui arrive fort rarement.

Chard. lib.
cit. p. 284.

LES droits de la justice sont peu considérables, parce qu'il n'y a pas d'écriture dans les procès, & que l'on obtient sentence à la premiere ou à la seconde comparution. La justice ne condamne jamais aux dépens; on ne les demande pas non plus, parce qu'il ne doit y en avoir que de très petits, selon les ordonnances.

p. 285.

IL n'y a pas de Notaires en titre d'office. Le Casi, le Scheikh eslam, le Seder, les Gouverneurs, les Docteurs renommés, les premiers du lieu signent un acte (avec leur cachet), & lui donnent la force qui lui est nécessaire. (Le Casi signant un acte est un vrai Notaire public).

POINT de Greffe ou Registre public pour garder les contrats. On en fait tirer des copies authentiques.

LA justice criminelle s'exerce indépendamment du droit

canon, par les mains du Magiftrat Politique ou Laïque, qui juge felon le droit naturel & le droit des gens.

IL n'y a que le Roi qui puiffe donner fentence de mort. *Id. p.* 288. Lorfque le Divan Begui, à la Cour, la juftice dans les Provinces, trouvent un homme digne de mort, on préfente l'information au Roi, qui décide du fort du criminel; & *Loc. cit.* prefque toujours, felon Olearius, fuivant l'avis du Seder, donné par écrit & auquel il fait mettre le fceau, après avoir ajouté ces mots: „ C'eft ici l'avis du *Seder*, lequel nous „ confirmons ".

LA procédure va auffi vîte au criminel qu'au civil. Tout *Voyage de* eft fini dans une ou deux féances, à moins qu'il ne foit *Chard. p.* queftion de gens riches. 291.

LE Meurtrier eft remis entre les mains des proches pa- *p.* 293. rens du mort, qui en font ce qu'ils veulent. S'il arrive que les parties laiffent le criminel pour mort, fans qu'il le *p.* 296. foit, elles ne peuvent plus recommencer l'exécution.

SI une chófe a été volée, le Gouverneur de l'endroit *p.* 308. eft obligé de la faire chercher, & de la rendre au pro- priétaire.

LES filoux font marqués au front d'un fer chaud. Ceux *p.* 300. qui rompent les portes ont le poingt droit coupé, ainfi que les faux monnoyeurs, la premiere fois; la 2e. fois, ces der- niers ont le ventre fendu.

LES Perfans ont beaucoup de refpect pour les femmes; *p.* 282. ils ne les frappent pas. On les fait rarement mourir. Le fang des femmes, difent-ils, attire le malheur fur un pays: *p.* 301, 302. il n'y a qu'à les bien garder fans en venir à cette extrêmi- té. Lorfqu'on eft obligé d'en faire mourir, on garde tou- jours les bienféances que les loix de la pudeur prefcrivent.

L'USURE eft défendue par le Tribunal Politique & par *p.* 306. le Tribunal Civil. Mais les Perfans prêtent à un pour cent par mois chez les Marchands. Les gens d'un moindre état payent deux pour cent par mois. L'intérêt se paye par avance, & séparément. Si l'on met l'intérêt avec le principal, le débiteur dit qu'il a reçu la somme entiere exprimée dans le billet, & les témoins le signent. Ils prêteront encore à intérêt pour six mois, & se feront payer tant par jour, commençant dès le lendemain.

P. 304—305. & couronnem. de Solim. p. 263.

L E Vendeur, lorsqu'il y a des défauts à sa marchandise, ou qu'il y manque quelque chose, est toujours obligé de la reprendre, s'il n'est pas payé. Il auroit beau dire, si c'est une étoffe, qu'on l'a coupée, il ne seroit pas écouté.

Chard. Voyage T. VI. p. 311.

C E U X qui vendent à faux poids, sont condamnés à la Kangue, espece de pilori ambulant.

Idem p. 302.

L E S Rôtisseurs sont embrochés & rôtis, les Boulangers jettés dans un four ardent, lorsqu'ils vendent au dessus du taux fixé, ou à faux poids.

Idem p. 312. Couronnement de Solim. p. 26.

Lettr. Edif. T. XXX. p. 229.

,, O N fait crier de tems en tems par les crieurs publics
,, le taux du pain, & des autres denrées, particulierement
,, quand il y a des plaintes de cherté.............. le
,, juge de Police a trois Affesseurs pour consulter & pour
,, décider avec lui; & l'ordre est que tous les jeudis, les
,, petits Magistrats des Villes, avec le juge de Police &
,, ses affesseurs, s'assemblent pour regler le prix des den-
,, rées, & que le Samedi on le publie à cri public. Mais
,, cela ne s'observe plus guere que dans les tems de cher-
,, té, & la police s'achete comme les autres parties de la
,, justice; ce qui a donné lieu à ce Quatrain Persan: *La*
,, *corruption s'établit par tout pays, & la sincerité en dé-*
,, *loge. Les juges de police sont corrompus par les pré-*
,, *sens. Les gens de loix sont des bouches béantes de qui*
,, *on ne reçoit ni bien ni profit. Tous ces gens sont attendus*
,, *dans l'enfer, pour y être traités suivant leur mérite*".

C E S plaintes supposent des Juges, des Tribunaux, une

maniere de rendre la juftice conftante , des loix fixes &
connues du peuple, fur lesquelles doivent être formés les
arrêts, les fentences.   On s'eft plaint de tout tems des injuftices qui fe commettent partout dans les Tribunaux.   On
auroit tort de conclure de là qu'il n'y a nulle part de juges
integres , de Jurifconfultes inftruits & défintéreffés, que le
foible , que le pauvre ne trouve perfonne qui prenne fa
caufe en main; enfin qu'il n'y a pas de loix fur la furface du
Globe.   Ayons l'équité de raifonner pour les Orientaux,
comme nous faifons, avec juftice, pour les Européens.

(IX.) Voyez page 83.

Voici les principaux traits d'un difcours que Minotcher,
Roi de Perfe, fit à fon peuple affemblé, le chef de la Religion à la tête.   Le regne de ce Prince tombe au neuvie-
me fiecle avant l'Ere Chretienne, celui de Noder, fon
fils, fe trouvant fixé au huitieme par une Eclipfe de Soleil arrivée l'an 778 avant la même Ere.

,, Le Roi pur & heureux, dit Minotcher, eft celui
,, qui ne croit pas qu'il foit permis d'être en aucune ma-
,, niere négligent à juger les droits (hakouk) du peuple...
,, ... qui ne prend du peuple que l'efpece de bien con-
,, venue, & felon la regle fixée,......."

,, Il faut favoir que les Rois ont des droits (hakouk)
,, à l'égard des foldats & du peuple (Réaaïa les labou-
,, reurs, les artifans &c. tout fujet diftingué du militaire,
,, des officiers du Prince, des perfonnes chargées d'une
,, portion d'adminiftration), & que les foldats & le peuple
,, ont des droits (hakha) à l'égard du Roi".

,, Les droits (hakouk) du Roi à l'égard du foldat, font
,, que celui ci lui obéiffe, combatte fes ennemis, employe
,, dans la guerre toute la fcience, tout ce dont il eft capa-
,, ble; qu'il montre en tout une obéiffance abfolue, une

D d 3

„ fidélité inviolable, fans jamais fe départir de cette fou-
„ miffion, de eette obéiffance".

    „ Le *droit* (*hak*) du foldat à l'égard du Roi, eft que
„ le (Prince) lui donne fa paye, fans retard ni difficulté:
„ le foldat eft au Roi, ce que font les aîles à l'oifeau......."

    „ Le *droit* (*haka*) du Roi à l'égard du peuple (*reaaïet*),
„ font que le (peuple) ne lui refufe ni fa vie ni fes biens;
„ qu'il fe conforme avec le plus grand zele à ce qu'il or-
„ donne ou défend; qu'il travaille, felon fon pouvoir, à
„ la culture (des terres), à la population (ou à la con-
„ ftruction des bâtimens publics); qu'il rende le Royaume
„ fertile & riche, & paye au Roi le tribut avec fidelité,
„ devoûment & zele, fans rien frauder, fans négligence,
„ regardant ce dévoûment comme la volonté de Dieu".

    „ Le *droit* (*hak*) du peuple à l'égard du Roi, eft que,
„ lorfqu'il s'agit de donner fon bien, (le Roi) le prenne
„ du peuple avec douceur & *comme en fuppliant*, (Rad-
„ ji); qu'il n'établiffe pas fur lui des chefs violents; & ne
„ permette pas les impofitions faites par les méchants; que
„ dans les années où la pluye manque il prenne le tribut
„ en denrées (ou taux fixé), &, s'il le peut, attende à
„ l'année fuivante, pour favoir ce que la vente de l'année
„ précédente aura produit".

    „ Le Roi doit avoir trois qualités. I. de toujours dire
„ vrai; II. la libéralité; III. la bonté.   Surtout qu'il ne fe
„ laiffe pas aller à la colere.........."

    „ Le Roi ne doit défendre au peuple d'ufer d'aucune
„ efpece de nourriture, de boiffon, de vêtement, s'en re-
„ fervant l'ufage à lui feul".

    „ Il faut que la difpofition à pardonner foit le caractère
„ dominant du Roi, qu'il ordonne peu de punir. Il vaut
„ mieux qu'il peche en pardonnant, qu'en puniffant; par-
„ ceque dans le premier cas il y a du remede, & non

„ dans le fecond: on ne peut rendre la vie à celui qui a été
„ mis à mort.........”

„ Lorsqu'un chef violent a pris quelque chofe de
„ force, & n'eft pas en état de fatisfaire la partie léfée,
„ il faut que le Roi le faffe de fon tréfor.......... Si un
„ homme en tue un autre de propos déliberé, le Roi ne
„ doit pas lui-même en ordonner la punition, mais livrer
„ le meurtrier aux héritiers du mort, pour qu'ils lui ôtent
„ la vie, ou fe contentent d'une compenfation en ar-
„ gent”.

Minotcher recommande enfuite aux Princes la foumiffion à Dieu, dont la volonté feule foutient les Empires,
donne la victoire & les biens de ce monde.

„ Veillez, dit-il aux Chefs, à ce que le peuple
„ foit heureux. Partout où il faut porter la fertilité, que
„ l'on tire les frais du tréfor: cela vaut mieux, que d'a-
„ voir un Tréfor plus confidérable. Par là le petit tréfor
„ deviendra grand, le grand augmentera. Si le peuple a
„ befoin de fonds pour travailler à la culture des terres, à
„ la population, qu'on les lui donne de mon tréfor, on les
„ retirera au tems où il fera riche; & s'il ne peut payer
„ en une année, en deux, ayez pour lui de la bonté, de
„ l'humanité comme de frere à frere. Car lorfque le peu-
„ ple eft dans l'abondance, le tréfor du Roi eft confidéra-
„ ble; le peuple entier étant le tréfor du Roi”.

„ Lorsque Minotcher eut fini ce difcours, les fol-
„ dats & le peuple répondirent : nous avons entendu vos
„ inftructions, & nous favons de quelle maniere un Roi
„ doit fe conduire dans l'adminiftration de fon Etat. Nous
„ vous dévouons tous nos vies. Enfuite Minotcher dit au
„ Chef de la Religion: foyez témoin (de ceci), gravez
„ mes paroles dans votre mémoire, & (dans la fuite) de-
„ mandez moi l'accompliffement de tout ce que vous m'a-
„ vez entendu prononcer aujourd'hui”.

Ainsi finit le difcours de Minotcher, qui fe trouve dans le premier volume du *Rozzot euffafa*, à l'article du regne de ce Prince, fous ce titre *Khottbeh Minotcheher*. S'il eft réellement de ce Prince, les *droits* du peuple & ceux du Roi étoient donc, fous les anciens Rois de Perfe, des obligations réciproques avouées par ces Monarques. Si ce difcours doit être attribué à Mirkond hiftorien Perfan du quinzieme fiecle, auteur du *Rozzot euffafa*, il eft donc permis en Perfe d'établir clairement, aux yeux du Prince & de la Nation, les *droits refpectifs* du Monarque & de fes fujets. Comment, après cela, Kœmpfer peut-il dire que les mots de *privileges*, *droits des fujets* y font inconnus au peuple: *ignota funt civibus vocabula?* Les droits du Roi, ceux du peuple font défignés dans Mirkond par le même mot, *Hak*.

Au refte ce difcours prouve que les Perfes, ou anciens, ou modernes, ne croyent pas que l'homme ne naiffe qu'avec fon corps, fans autre droit aux biens de la terre, que celui que lui donnent les inftitutions humaines. L'homme, ainfi que tous les animaux, naît avec le droit naturel de vivre de ce que produit le fol où l'a nature la placé. Les loix pofitives peuvent modifier ce droit: mais elles ne peuvent l'anéantir, comme ce ne font point elles qui le donnent.

(X.) Voyez page 124.

„ Les droits de propriété des Anglois ne peuvent être
„ violés, même lorfqu'il s'agit de l'intérêt public. S'il s'a-
„ giffoit, par exemple, dit notre Commentateur (M.
„ Blackftone) de la conftruction d'un nouveau chemin,
„ & qu'il falut le tracer à travers des terres d'un particu-
„ lier, il faudroit que le Roi demandât auparavant le con-
„ fentement du propriétaire; envain prétendroit-on que le
„ bien particulier doit ceder au bien public; cette maxime
„ paroîtroit trop dangereufe, pour qu'on fouffrît qu'un par-
„ ticulier & un Tribunal même, pût juger de ce qui con-
„ vient

„ vient & ne convient pas au bien général. D'ailleurs
„ rien n'intéreffe tant le public, que la confervation des
„ droits de chaque individu en particulier. La puiffance
„ légiflatrice peut feule obliger un particulier à acquiefcer,
„ contre fon gré, à ce qu'exige le bien général : mais ce
„ n'eft jamais en le dépouillant arbitrairement de fa pro-
„ priété. Ce qu'elle lui ôte, lui eft rendu par l'indemni-
„ té de ce qu'elle lui accorde. Alors le public eft reputé
„ un individu qui fait un échange avec un autre individu;
„ & la puiffance légiflatrice ne fe permet jamais cet acte
„ d'autorité, qu'avec la plus grande circonfpection". *Journal de Berlin*, *Vol. XV. Extrait du Commentaire de
Blackftone fur les loix Angloifes*, p. 172, 173.

Selon Blackftone, en Angleterre, la Puiffance Légiflatrice, peut, lorfque le bien général le demande, toucher
à la propriété d'un particulier. Ainfi elle auroit obligé,
quoi qu'en la dédommageant, la vieille femme Turque de
céder fa maifon. En Turquie le Sultan trouve la chofe
abfolument impoffible. La propriété y eft donc plus refpectée qu'elle ne l'eft en Angleterre.

(XI.) Voyez page 154.

Mr. Dow, dans une Differtation particuliere, qu'il a
mife à la tête du nouveau Volume, où il donne l'*hiftoire*
de l'Indouftan depuis Akbar jufqu'au parfait établiffement
de l'empire fous Aurengzebe, examine l'origine & la nature du Defpotifme dans l'Indouftan. Comme le morceau eft neuf & important, je crois devoir l'inferer ici en
entier. J'en traduirai les dernieres pages, auxquelles j'a-
jouterai mes obfervations.

Imprimé en 1772.

E e

A DISSERTATION

CONCERNING THE

ORIGIN AND NATURE OF DESPO-TISM IN HINDOSTAN.

„ Government derives its form from accident, its
„ fpirit and genius from the inherent manners of the peo-
„ ple.   The languor occafioned by the hot climate of In-
„ dia , inclines the native to indolence and eafe; and he
„ thinks the evils of defpotifm lefs fevere than the labour
„ of being free. Tranquillity is the chief object of his de-
„ fires.   His Happinefs confifts in a mere abfence of mife-
„ ry; and oppreffion muft degenerate into a folly, which
„ defeats its own ends before he calls it by the name of
„ injuftice.   Thefe phlegmatic fentiments the Indian car-
„ ries into his future ftate.   He thinks it a mode of being,
„ in which paffion is loft, and every faculty of the foul
„ fufpended, except the confciousnefs of exiftence.

„ Other motives of paffive obedience join iffue with
„ the love of eafe.   The fun, which enervates his body,
„ produces for him, in a manner fpontaneoufly, the va-
„ rious fruits of the earth.   He finds fubfiftence without
„ much toil, he requires little covering but the fhade.
„ The chill blaft of Winter is unknown; the feafons are
„ only marked by an arbitrary number of nights and days.
„ Property being in fome meafure unneceffary, becomes
„ of little value; and men fubmit, without refiftance, to
„ violations of right, which may hurt; but cannot deftroy
„ them! Their religious inftitutions incline them to pea-
„ ce and fubmiffion.   The vulgar live with the aufterity
„ of philofophers, as well as with the abftinence of de-

„ votees. Averfe themfelves to the commiffion of crimes,
„ they refent no injuries from others; and their low diet
„ cools their temper to a degree which paffion cannot in-
„ flame.

„ THE fertility of the foil, which in other King-
„ doms conftitutes the great profperity of the natives,
„ was a fource of misfortune to the Indians. Notwith-
„ ftanding their abftinence and indolence, they were in
„ fome degree induftrious, and, in want of but few things
„ themfelves, their own arts, and the natural produc-
„ tions of their country, rendered them opulent. Wealth
„ accumulated in the progrefs of time, upon their hands,
„ and they became objects of depredation to the fierce na-
„ tions of the northern Afia. The facility of incurfion,
„ among a peaceable and harmlefs race of men, encoura-
„ ged conqueft. The victors, inftead of carrying the
„ fpoil into their native country, fat down where it had
„ been found; and added the miniftration of the conque-
„ red to the other enjoyments of wealth.

„ ASIA, the feat of the greateft empires, has been al-
„ ways the nurfe of the moft abject flaves. The moun-
„ tains of Perfia have not been able to ftop the progrefs of
„ the tide of Defpotifm, neither has it been frozen in its
„ courfe through the plains of the northern Tartary, by
„ the chill air of the North. But though defpotifm go-
„ verns Afia, it appears in different countries under va-
„ rious forms. The Arabs of the defert alone poffefs li-
„ berty, on account of the fterility of their foil. Inde-
„ pendent of revolution and change, they fee, with un-
„ concern, empires falling and rifing around. They re-
„ main unconquered by arms, by luxury, by corruption;
„ they alter not their language, they adhere to their cus-
„ toms and manners, they retain their drefs. Their whole
„ property confifts of flocks and herds, of their tents and
„ arms. They annually make a fmall and voluntary pre-
„ fent to the chief of their blood. They revolt againft

„ oppreffion, and they are free by neceffity, which they
„ miftake for choice. When men are obliged to wander
„ for fubfiftance, defpotifm knows not where to find its
„ flaves.

„ THE Tartar, though a wanderer like the Arab, was
„ never equally free. A violent ariftocracy always prevai-
„ led in the country of the former, except in a few short
„ periods, when the fortune of one eftablished a tranfient
„ defpotifm over the whole. There man is armed againft
„ man, chief againft chief, and tribe againft tribe. War is
„ no longer a particular profeffion, but the conftant occupa-
„ tion of all. Men are more afraid of men in the folitudes
„ of Tartary, than of beafts of prey. The traveller mo-
„ ves with great circonfpection, and hears an enemy in
„ every blaft of wind. When he fees a tract in the fand,
„ he croffes it, and begins to draw his fword. Though
„ the barrenefs of the country has prevented the growth
„ or introduction of luxury, avarice prevails, and he that
„ has the leaft to lofe is the moft independent, where life
„ is invariably risqued for a trifling fpoil. Robbery ac-
„ quires the more honourable name of Conqueft; and the
„ affaffin is dignified with the title of Warrior.

„ IN the mountains which feparate Perfia from India,
„ the nature and face of the country have formed a diffe-
„ rent fpecies of fociety. Every valley contains a com-
„ munity fubject to a Prince, whofe defpotifm is tempe-
„ red by an idea eftablished among his people, that he is
„ the chief of their blood, as well as their fovereign. They
„ obey him without reluctance, as they derive credit to
„ their family from his greatnefs. They attend him in his
„ wars, with the attachment which Children have for a pa-
„ rent; and his government, though fevere, partakes mo-
„ re of the rigid difcipline of a general, than of the caprice
„ of a defpot. Rude as the face of their country, and
„ fierce and wild as the ftorms which cover their moun-

„ tains, they love incurſion and depredation and delight in
„ plunder and in battle. United firmly to their friends in
„ war, to their enemies faithleſs and cruel, they place
„ juſtice in force, and conceal treachery under the na-
„ me of addreſs. Such are the Afgans or Patans, who
„ conquered India and held it for ages.

„ THE deſpotiſm which the Patans eſtablished in their
„ conqueſts, partook of the violence of their national cha-
„ racter at home. Their government was oppreſſive through
„ pride, and tyrannical from paſſion rather than from ava-
„ rice. Reinforced by ſucceſſive migrations from the moun-
„ tains of Afganiſtan, they retained their native ſpirit in
„ the midſt of the luxuries of India. When the monarch
„ became voluptuous and degenerate, they ſupplied his
„ place with ſome hardy Chieftain from the north, who
„ communicated his own vigour to the great machine of the
„ ſtate. The empire was ſupported by a ſucceſſion of abi-
„ lities, rather than by an hereditary ſucceſſion of princes;
„ and it was the countrymen, and not the poſterity of the
„ firſt conquerors, who continued the dominion of the Pa-
„ tans over India.

„ THE Conqueſt of India by the family of Timur, pro-
„ ceeded from the ability of one man, and not from the
„ effort of a nation. Baber himſelf was a ſtranger in the
„ country in which he reigned before he penetrated
„ beyond the Indus. His troops conſiſted of ſoldiers of
„ fortune, from various countries; his officers were men
„ who owed their rank to merit, not to ſucceſſion. The re-
„ ligion of Mahommed, which they in common profes-
„ ſed, and their obedience to one leader, were the only
„ ties which united the conquerors upon their arrival; and
„ they were ſoon diſſipated in the extenſive dominions
„ which their arms ſubdued. The character of the Prin-
„ ce went down on the current of government; and the
„ mild diſpoſition of his ſucceſſors contributed to confirm

E e 3

„ the humane defpotifm which he had introduced into his
„ conquefts.

„ A continued influx of ftrangers from the northern
„ Afia, became neceffary for the fupport of princes who
„ profeffed a different faith with their fubjects, in the vaft
„ Empire of India. The army was recruited with foldiers
„ from different nations; the court was occupied by no-
„ bles from various Kingdoms. The latter were followers
„ of the Mahommedan religion. In the regulations and
„ fpirit of the Coran, they loft their primary and characte-
„ riftical ideas upon gouvernment; and the whole fyftem
„ was formed and enlivened by the limited principles
„ which Mahommed promulgated in the defarts of Arabia.

„ THE faith of Mahommed is peculiarly calculated for
„ defpotifm; and it is one of the greateft caufes which
„ muft fix for ever the duration of that fpecies of govern-
„ ment inthe Eaft. The legiflator furnishes a proof of
„ this pofition in his own conduct. He derived his fuc-
„ cefs from the fword, more than from his eloquence and
„ addrefs. The tyranny which he eftablished was of the
„ moft extenfive kind. He enflaved the mind as well as
„ the body. The abrupt argument of the fword brought
„ conviction, when perfuafion and delufion failed. He
„ effected a revolution and change in the human mind, as
„ well as in ftates and empires; and the ambitious will con-
„ tinue to fupport a fyftem which lays its foundation on
„ the paffive obedience of thofe whom fortune has once
„ placed beneath their power.

„ THE unlimited power which Mahommedanifm gives
„ to every man in his own family, habituates mankind to
„ flavery. Every child is taught, from his infancy, to
„ look upon his father as the abfolute difpofer of life and
„ death. The number of wives and concubines which
„ the more wealthy and powerful entertain, is a caufe of
„ animofity and quarrel, which nothing but a fevere and

„ unaccountable power in the mafter of a family can re-
„ prefs. This private fpecies of defpotifm is, in miniatu-
„ re, the counterpart of what prevails in the ftate ; and
„ it has the fame effect, in reducing all the paffions under
„ the dominion of fear. Jealoufy it felf, that moft violent
„ of the feelings of the foul, is curbed within the walls of
„ the haram. The women may pine in fecret, but they
„ muft clothe their features with chearfulnefs when their
„ lord appears. Contumacy is productive of immediate
„ punishment. They are degraded, divorced, chaftifed,
„ and even fometimes put to death, according to the de-
„ gree of their crime or obftinacy, or the wrath of the of-
„ fended husband. No inquiry is made concerning their
„ fate. Their friends may murmur; but the laws provi-
„ de no redrefs; for no appeals to public juftice iffue forth
„ from the haram.

„ Young men, with their minds moulded to fubjec-
„ tion, become themfelves mafters of families in the cour-
„ fe of time. Their power being confined within their
„ own walls, they exercife, in private, that defpotifm which
„ they in public dread. But though they are freed from
„ domeftic tyranny, they ftill continue flaves. Gover-
„ nors, Magiftrates and inferior Officers, invefted with
„ the power of the principal defpot, whofe will is law to
„ the empire, exercife their authority with rigour. The
„ idea of paffive obedience is carried through every vein
„ of the ftate. The machine connected in all its parts, by
„ arbitrary fway, is moved by the active fpirit of the prin-
„ ce; and the lenity or oppreffivenefs of government, in
„ all its departments, depends upon the natural difpofition
„ of his mind.

„ The law of compenfation for murder, authorifed by
„ the Coran, is attended with pernicious effects. It de-
„ preffes the fpirit of the poor; and encourages the rich in
„ the unmanly paffion of revenge. The price of blood in

„ India is not the third part of the value of a horfe. The
„ innate principles of juftice and humanity are weakened
„ by thefe means; fecurity is taken from fociety, as rage
„ may frequently get the better of the love of money. A
„ religion which indulges individuals in a crime, at which
„ the reft of mankind fhudder, leaves ample room for the
„ cruelty of a Prince. Accuftomed to fit in judgment on
„ criminals, he becomes habituated to death. He mifta-
„ kes paffion for juftice, his nod is condemnation; men are
„ dragged to execution, with an abruptnefs which prevents
„ fear. The incident has no confequence, but to imprefs
„ terror on the guilty or fufpected; and the fpectators fcar-
„ cely heed a circumftance, which its frequency has made
„ them to expect.

„ THE frequent bathing inculcated by the Coran, has,
„ by debilitating the body, a great effect on the mind.
„ Habit makes the warm bath a luxury of a bewitching
„ kind. The women fpend whole days in water; and has-
„ ten by it the approach of age. The indolence of the
„ men, which induces them to follow every mode of pla-
„ cid pleafure, recommends to them a practice which Ma-
„ hommed has made a tenet of religion. The prohibition
„ of wine is alfo favorable to defpotifm. It prevents that
„ free communication of fentiment which awakens man-
„ kind from a torpid indifference to their natural rights.
„ They become cold, timid, cautious, referved and inte-
„ refted; ftrangers to thofe warm paffions, and that chear-
„ ful elevation of mind, which render men in fome mea-
„ fure honeft and fincere. In the Eaft, there are no pu-
„ blic places of meeting, no communications of fenti-
„ ments, no introduction to private friendship. A fullen-
„ nefs, and a love of retirement prevail, which difunite
„ mankind; and as all affociations among men, are pre-
„ vented, the hands of government are ftrengthened by
„ the very virtue of temperance.

„ THE

„ THE doctrine of a rigid fate, or abfolute predeftina-
„ tion, which forms one of the principal tenets of the
„ Mahommedan religion, has a great influence on the cha-
„ racter and manners of men. When this opinion is adop-
„ ted as an article of faith, the neceffity of precaution is
„ inculcated in vain. The fatalift begins an action be-
„ caufe human nature is incapable of abfolute idlenefs; but
„ when a love of repofe invites him, when an obftacle ari-
„ fes before him to thwart his defigns, he has no motive
„ for perfeverance. He waits for another day, perhaps
„ for another month; he at laft trufts the whole to Provi-
„ dence, and makes God the agent in his very crimes.
„ Mifcarriage can be no disgrace where fuccefs depends not
„ on abilities; and the general who lofes a battle through
„ his own pufillanimity, lay the blame upon Providence.

„ THE extenfive polygamy permitted by the law of
„ Mahommed, has a fatal effect on the minds of his follo-
„ wers, but it has its advantages as well as its defects.
„ The peculiar nature of the climate fubjects women to
„ difeafes, and hurries them forward in few years to age.
„ One man retains his vigour beyond the common fuc-
„ ceffion of three women through their prime; and the
„ law for a multiplicity of wives is neceffary for the fup-
„ port of the human race. But the cuftom weakens paternal
„ affection; for as a husband cannot equally divide his regard
„ among many women, the children of the favourite will
„ be preferred. Even thefe will not be much beloved. The
„ lofs of a child is no misfortune; and the care of prefer-
„ ving it is leffened, by the opportunity which the number
„ of his women furnishes to the father for begetting more.
„ The child himfelf is no ftranger to this indifference; and
„ he fails in proportion in his duty. Befides, the jealoufy
„ between mothers in the Haram grows into hatred among
„ their fons. The affection between brothers is annihilated
„ at home; and when they iffue forth into the world, they
„ carry their animofities into all the various transactions
„ of life.

F f

„ These religious tenets, which are fo favourable to
„ defpotifm, are accompanied with fingular opinions and
„ cuftoms, which are abfolute enemies to freedom and in-
„ dependence. The concealment of their women is fa-
„ cred among the Mahommedans. Brothers cannot vifit
„ them in private; ftrangers muft never fee them. This
„ exceffive jealoufy is derived from various caufes. It
„ proceeds from religion, which inculcates female modes-
„ ty; it arifes partly from the policy of government; it is
„ derived from the nature of the climate, where continen-
„ ce is a more arduous virtue than in the bleak regions of
„ the north. Honour confifts in that which men are moft
„ folicitous to fecure. The chaftity of his wives is a point,
„ without which the Afiatic muft not live. The defpot
„ encourages the opinion; as the poffeffion of the women
„ of his moft powerful fubjects is a fufficient pledge for
„ their faith, when abfent in expedition and war.

„ When the governor of a province falls under the
„ fufpicion of disaffection for his prince, the firft ftep ta-
„ ken againft him, is an order iffued for fending his wo-
„ men to court. Even one of his wives, and fhe too not
„ the beft beloved, will bind him to his allegeance. His
„ obedience to this mandate is the true teft of his defigns:
„ if he inftantly obeys, all fufpicions vanish; if he hefita-
„ tes a moment, he is declared a rebel. His affection for
„ the woman is not the pledge of his fidelity; but his ho-
„ nour is, in her perfon, in the cuftody of his fovereign.
„ Women are fo facred in India, that even the common
„ foldiery have them unmolefted in the midft of flaugther
„ and devaftation. The haram is a fanctuary againft all
„ the licentioufnefs of victory; and ruffians, covered with
„ the blood of a husband, fhrinx bacx with confufion
„ from the fecret apartments of his wives.

„ In the filence which attends defpotifm, every thing
„ is dark and folemn. Juftice it felf is executed with pri-

„ vacy; and sometimes a solitary gun, fired at midnight
„ from the palace of the despot, proclaims the work of
„ death. Men indulge themselves under the veil of se-
„ crecy; and rejoice in their good fortune, when their
„ pleasures can escape the eye of their prince. Volup-
„ tuousness is, therefore, preferred to luxury. The en-
„ joyment of the company of women is the chief object
„ of life among the great; and when they retire into the
„ sanctuary of the haram, they forget, in a variety of
„ charms, their precarious situation in the state. The ne-
„ cessary privacy enhances the indulgence; and the extreme
„ sensibility, perhaps, peculiar to the natives of a hot cli-
„ mate, carries pleasure to an excess which unmans the
„ mind. Men are possessed of something which they are
„ afraid to lose; and despotism, which is founded on the
„ principle of fear and indolence, derive stability and
„ permanency from the defects and vices of its slaves.

„ The seeds of despotism, which the nature of the
„ climate and fertility of the soil had sown in India, we-
„ re, as has been observed, reared to perfect growth by
„ the Mahommedan faith. When a people have been
„ long subjected to arbitrary power, their return to liber-
„ ty is arduous and almost impossible. Slavery, by the
„ strength of custom, is blended with human nature; and
„ that undefined something, called Public virtue, exists
„ no more. The subject never thinks of reformation; and
„ the prince, who only has it in his power, will intro-
„ duce no innovations to abridge his own authority. We-
„ re even the despot possessed of the enthusiasm of pu-
„ blic spirit, the people would revolt against the introduc-
„ tion of freedom; and revert to that form of govern-
„ ment, which takes the trouble of regulation from their
„ hands.

„ The simplicity of despotism recommends it to an in-
„ dolent and ignorant race of men. Its obvious impartia-
„ lity, its prompt justice, its immediate severity against

„ crimes, dazzle the eyes of the fuperficial, and raife in
„ their minds a veneration little fhort of idolatry for their
„ prince. When he is active and determined in his mea-
„ fures the great machine moves with a velocity which
„ throws vigour into the very extremities of the empire.
„ His violence, and even his caprices, are virtues, whe-
„ re the waters muft be always agitated to preferve their
„ freshnefs; and indolence and irrefolution can be his
„ only ruinous vices. The firft indeed may injure the
„ ftate; but by the latter it muft be undone. A fevere
„ prince, by his jealoufy of his own authority, prevents
„ the tyranny of others; and, though fierce and arbitrary
„ in him-felf, the fubject derives a benefit from his being
„ the fole defpot. His rage falls heavy on the dignified
„ flaves of his prefence; but the people efcape his fury in
„ their diftance from his hand.

„ THE defpotic form of government is not, however,
„ fo terrible in its nature, as men born in free countries
„ are apt to imagine. Though no civil regulation can bind
„ the prince, there is one great law, the ideas of mankind
„ with regard to right and wrong, by which he is bound.
„ When he becomes an affaffin, he teaches others to ufe
„ the dagger againft himfelf; and wanton acts of injuftice,
„ often repeated, deftroy by degrees that opinion which
„ is the fole foundation of his power. In the indifference
„ of his fubjects for his perfon and government, he beco-
„ mes liable to the confpiracies of courtiers, and the am-
„ bitious fchemes of his relations. He may have many
„ flaves, but he can have no friends. His perfon is ex-
„ pofed to injury. A certainty of impunity may arm even
„ cowards againft him; and thus, by his exceffive ardour
„ for power, he with his authority lofes his life.

„ DESPOTISM appears in its moft engaging form, un-
„ der the Imperial houfe of Timur. The uncommon abi-
„ lities of moft of the princes, with the mild and humane

„ character of all, rendered Hindoſtan the moſt flourishing
„ empire in the world during two complete centuries. The
„ manly and generous temper of Baber permitted not op-
„ preſſion to attend the victories of his ſword. He came
„ with an intention to govern the nations whom he ſub-
„ dued ; and ſelfish motives joined iſſue with humanity
„ in not only ſparing, but protecting the vanquished. His
„ invaſion was no abrupt incurſion for plunder; and he
„ thought the uſual income of the crown a ſufficient re-
„ ward for his toil. His nobles were gratified with the
„ emoluments of government; and, from diſpoſition , an
„ enemy to uſeleſs pomp and grandeur, he choſe that his
„ treaſury ſhould be gradually filled with the ſurplus of the
„ revenue, than with the property of individuals, whom
„ the fortune of war had placed beneath his power. Awed
„ by his high character, the companions of his victories
„ carried his mildneſs and ſtrict equity through all the de-
„ portments of government. The tyranny of the family
„ of Lodi was forgotten; and the arts, which had been
„ ſuppreſſed by a violent deſpotiſm, began to rear their
„ heads, under the temperate dominion of Baber.

„ HUMAIOON, though not equal in abilities to his fa-
„ ther, carried all his mild virtues into the throne. He
„ was vigilant and active in the adminiſtration of juſtice,
„ he ſecured property by his edicts; and, an enemy to
„ rapacity himſelf, he punished the oppreſſive avarice of
„ his deputies in the provinces. The troubles which dis-
„ turbed his reign were the effect of the ambition of others;
„ and his expulſion from the throne was leſs a misfortune
„ to him than to his ſubjects. When he returned with
„ victory, he left the mean paſſion of revenge behind.
„ He punished not his people for his own diſaſters; he
„ ſeemed to forget the paſt, in the proſpect of doing futu-
„ re good. The nations of India felt, by the benefit re-
„ ceived from his preſence, how much they had loſt by
„ his abſence. Though worn out under a ſucceſſion of ty-

„ rants during his exile, Hindoſtan began to revive when
„ he remounted the throne. His ſudden and unexpected
„ death portended a ſtorm, which was diſſipated by the
„ ſplendid abilities and virtues of his ſon.

„ AKBAR was poſſeſſed of Baber's intrepidity in war,
„ of Hamaioon's mildneſs in peace. Bold, manly, and
„ enterprizing, he was an enemy to oppreſſion; and he
„ hated cruelty, as he was a ſtranger to fear. In the mo-
„ re ſplendid buſineſs of the field, he forgot not the arts
„ of peace. He eſtablished, by edict, the right of the
„ ſubject to transfer his property without the conſent of
„ the crown, and by ordering a regiſter of the fixed rents
„ of the lands to be kept in the courts of juſtice in every
„ diſtrict, he took from his officers the power of oppres-
„ ſing the people. Severe in his juſtice, he never forga-
„ ve extortion. He promoted juſt complaints againſt the
„ ſervants of the crown, by various proclamations. He
„ encouraged trade, by an exemption of duties through
„ the interior provinces; and by the invariable protection
„ given to merchants of all nations. He regarded neither
„ the religious opinions nor the countries of men: all who
„ entered his dominions were his ſubject, and they had a
„ right to his juſtice. He iſſued an edict which was after-
„ wards revived by Aurengzebe, that the rents ſhould
„ not be increaſed upon thoſe who improved their lands,
„ which wiſe regulation encouraged induſtry, and became
„ a ſource of wealth to the ſtate.

„ JEHAN-GIRE, though unfit for the field, trod in his
„ father's path in regulating the civil affairs of the ſtate.
„ Impreſſed with a high ſenſe of the abilities of Akbar,
„ he continued all his edicts in force; and he was the in-
„ variable protector of the people againſt the rapacity and
„ tyranny of his own officers. In his adminiſtration of
„ juſtice, he was ſcrupulous, ſevere, and exact; and if
„ he, at any time gave a wrong deciſion, it proceeded
„ from a weakneſs rather than from a vice of the mind.

„ His son, Shaw-jehan, was poſſeſſed of better parts,
„ and was more attentive than Je-hangire to the buſineſs of
„ the ſubject. He was minutely acquainted with the ſtate
„ of the empire, and being free from that caprice and
„ whim which threw a kind of diſgrace on the authority
„ of his father, he rendered his people happy by the gra-
„ vity, juſtice, and ſolemnity of his deciſions. The em-
„ pire flouriſhed under his upright and able adminiſtration.
„ Oppreſſion was unknown from the officers of the
„ crown, on account of the vigilance of the Emperor;
„ and the ſtrict impartiality which he eſtabliſhed in the
„ courts of juſtice, diminiſhed injuries between men
„ and men.

„ Aurengzebe, to whom buſineſs was amuſement,
„ added the moſt extenſive knowledge of the affairs of
„ the empire, to an unremitting application. He made
„ himſelf minutely acquainted with the revenue paid by
„ every diſtrict, with the mode of proceeding in the infe-
„ rior courts, and even with the character and diſpoſition
„ of the ſeveral judges. He ordered the regiſter of the
„ rents to be left open for the inſpection of all, that the
„ people might diſtinguiſh extortion from the juſt demands
„ of the crown. He commanded, that men verſed in the
„ uſages of the ſeveral courts, in the precepts of the Co-
„ ran, and in the regulation eſtabliſhed by edicts, ſhould
„ attend at the public expence, and give their opinion to
„ the poor in matter of litigation. He eſtabliſhed a mode
„ of appeal beyond certain ſums; and he diſgraced judges
„ for an error in judgment, and puniſhed them ſeverely
„ for corruption and partiality. His activity kept the
„ great machine of government in motion through all its
„ members: his penetrating eye followed oppreſſion to
„ its moſt ſecret retreats, and his ſtern juſtice eſtabliſhed
„ tranquillity, and ſecured property over all his extenſive
„ dominions.

„ When Baber, at the head of his armies, took poſ-

„ feffion of the dominions of the imperial family of Lodi,
„ he continued to the crown the property of all the lands.
„ Thefe being annually rented out to the fubject, furnis-
„ hed thofe immenfe revenues which fupported the une-
„ qualled fplendor of his fucceffors in the throne. The pro-
„ perty of individuals confifted, at firft, of moveables and
„ money only; and the officers of the crown could not
„ even difpofe of thefe by will, without the written con-
„ fent of the prince. Time, however, wrought a chan-
„ ge in things. The pofterity ob Baber alienated, for par-
„ ticular fervices, eftates from the crown in perpetuity;
„ and thefe defcended in fucceffion by will, or if the pro-
„ prietor died inteftate, by an equal divifion to his chil-
„ dren, according to the law of the Coran. This kind of
„ property was alfo transferable by fale; and it has been
„ judged, that one third part of the empire was given
„ away by this fpecies of grants from the crown.

„ THESE grants, however, were not always a fuffi-
„ cient fecurity againft the violence of the crown. Some
„ of the emperors found themfelves obliged torrefume ma-
„ ny eftate by an edict; and it muft be confeffed, that po-
„ litical neceffity juftified the meafure. Princes who con-
„ tended for the empire were lavish in their donations;
„ and, had not an act of refumption fometimes taken pla-
„ ce, the revenue of the crown would, in procefs of ti-
„ me, have been annihilated. There was, however, a
„ kind of Equivalent given to the proprietors; a penfion
„ was fettled upon themfelves, and their children were
„ received into the fervice of the government. The
„ wealth of the officers of the crown is, after their death,
„ confidered as imperial property; but unlefs it is immen-
„ fe, it is never appropriated by the prince; and even in
„ that cafe a proper provifion is made for the children, and
„ they have, by an eftablished cuftom, a right to be em-
„ ployed in fome of the departments of the ftate. The
„ women of the deceffed receive annual penfions accor-
                                                    „ ding

„ ding to their rank; and they may either live in widow-
„ hood, or make new alliances by marriage.

„ THE Mogul system of government admits of no here-
„ ditary honours. Every man must owe his preferment
„ and rank to himself; and to the favour of his prince.
„ High birth, however was respected; and, to a person
„ of abilities, it was a great recommendation at the court
„ of princes proud of their own noble origin. The ranks
„ and degrees of nobility were for the most part official,
„ excepting those of the military kind. Judges, men of
„ letters, and eminent merchants, have been frequently
„ dignified with titles, and admitted into the circle of the
„ principal nobles in the imperial presence. The nobles
„ consisted of three orders. The EMIRS, who were the
„ first officers of state, and the Viceroys of provinces; the
„ CHANS, who held high posts in the army; and the BA-
„ HADURS, who may in some measure be compared to
„ our knights. The number of which these three orders
„ consisted was arbitrary, and each of them had peculiar
„ privileges in the empire, and a demand on the respect
„ of the undignified part of the subjects.

„ THE course of justice run through the same grada-
„ tions, which the general reason of mankind seems to
„ have established in all countries subject to regular govern-
„ ments. The provinces were divided into districts; in
„ each of which a judge, appointed by the Emperors, de-
„ cided in criminal as well as civil affairs. He pronoun-
„ ced judgment on capital offences, but his sentence was
„ never put in execution without the consent and warrant
„ of the governor of the province. In disputes concerning
„ property, there lay an appeal to the supreme court, in
„ which the viceroy presided in person. Every province
„ was, in miniature, a copy of the empire. Three prin-
„ cipal judges, with high titles of dignity, sat, with ma-
„ ny assessors, in the capital. They not only decided

G g

„ upon appeals, but fuits might originate before them.
„ The emperor himfelf, in the prefence of nobles, pre-
„ fided almoft every day in this court, which generally fat
„ for two hours in the hall of public juftice.

„ WHEN the matter appeared clear, the prince, wit-
„ hout much hefitation, pronounced judgment; when it
„ was doubtfull, witneffes were examined and the opinion
„ of the judges asked on the point of law. Should the
„ fuit appear intricate, it was referred to the judgment of
„ the court in their own common-hall; but the fubject
„ might appeal from their decifion to the Emperor and his
„ affeffors in the chamber of audience. Thefe courts,
„ both when the monarch was prefent and when he was
„ abfent, were left open to the people. No judgment
„ was ever pronounced fecretly, except when the power
„ of the delinquent rendered a public trial dangerous to
„ the ftate.

„ THE great officers of ftate, by a kind of prefcription,
„ formed a council which answers to our cabinet. The
„ Emperor asked their advice upon affairs of moment; he
„ heard their fentiments, but nothing came ever to a vote.
„ They were his advifers, but they had no controul on
„ his power. He frequently called to this council men in
„ inferior departmens; and when the deliberation concer-
„ ned any particular province, the nobles beft acquainted
„ with that part of the empire, were admitted into the
„ cabinet. The offences of the firft rank of nobility came
„ under the cognizance of this council, as wellas others
„ matters of ftate. They were a kind of jury, who found
„ the matters of fact, and the fovereign pronounced the
„ fentence. He might, by his defpotic power, iffue out
„ a warrant of death, without their advice; but the known
„ opinions of mankind on that fubject bound him like
„ a law.

„ TO thefe great lines of the government of the mo-

„ guls, fome reflexions may be joined. Conquefts made
„ by incurfion, rather than by war, muft be retained by
„ violence. The fword, which obtained the empire, fup-
„ ported it under the houfe of Timur. Their fubjects
„ obeyed them from neceffity more than from choice; and
„ the lenity of their adminiftration arofe more from the
„ mildnefs of their difpofition, than from the fpirit of
„ their regulations. The defpotic principles of the Tar-
„ tars, ingrafted upon the Mahommedan tenets of reli-
„ gion, led to force; and feemed to recognize no obedien-
„ ce but that which proceeded from fear. This circum-
„ ftance obliged the defpot to inveft his deputies in the
„ provinces with a great part of his power; and when they
„ left his capital, they only did not abfolutely rife from
„ fubjects into princes.

„ THIS communication of power, though in fome mea-
„ fure neceffary to command the people, became dange-
„ rous to the prince. The imperial deputies began to lo-
„ fe their allegiance in proportion to their diftance from
„ the throne. The governors became, in fome meafure,
„ independent, though they profeffed obedience to the
„ imperial edicts. A certain portion of the revenue was
„ remitted to court; and the deputy, in a venal court,
„ found frequently means to retain the favour of his prin-
„ ce, when he difobeyed his commands. Every idea of
„ loyalty was, towards the decline of the empire, deftro-
„ yed among the people of the diftant provinces. They
„ heard of an emperor, as the fuperftitious hear of a guar-
„ dian angel, whom they never behold. An indifference
„ for his fate fucceeded to his want of power. A peafant,
„ at the end of many months, was informed of a revolution
„ at Delhi. He ftopt not his oxen, nor converted the
„ plow fhare into a fword. He whiftled unconcerning
„ along his field; and inquired not, perhaps, concerning
„ the name of the new prince.

„ NOTWITHSTANDING this indifference in the infe-

„ rior fort, the emperor every day extended fymptoms of
„ his fuperior power to the very extremities of his empi-
„ re. His edicts were transmitted to every diftrict; they
„ were publicly read, and regiftered in the courts of jufti-
„ ce. They became a fecurity to people againft the impo-
„ fitions of the governor. An appeal lay from his deci-
„ fions, by a petition to the emperor in the hall of au-
„ dience. This doctrine was inculcated by the edicts; and
„ fome of the oppreffed took advantage of the promife of
„ juftice which they contained. Their petitions, whene-
„ ver they found accefs to the throne, were heard with
„ the attention which a jealous prince pays to his own po-
„ wer; and there are many inftances in which the gover-
„ nors of provinces have been feverely punished for an act
„ of injuftice to a poor peafant. Never to forgive oppres-
„ fions againft the helplefs and low, was an eftablished
„ maxim among all the princes of the houfe of Timur.

„ THE power of difpofing of the fucceffion naturally
„ belongs to a defpot. During his life, his pleafure is
„ law. When he dies, his authority ceafes; but the
„ ftrength of cuftom has made his will, in favour of any
„ of his fons, a fuperior title to primogeniture. The po-
„ wer is, in fome meafure, neceffary. A prince having
„ an independent right of fucceffion to the throne, might
„ be very troublesome to his father in an empire efta-
„ blished on the principles which we have defcribed. The
„ weight which he might derive from his hopes, would
„ clog the wheals of government, which, under a fyftem
„ of defpotifm, can admit of no delays, no obftructions,
„ no divided or limited power. Perfonal abilities, under
„ fuch a fyftem, are more neceffary than under eftablis-
„ hed laws. A weak prince brings more calamities than a
„ civil war. A minority is dreadful; and it can fcarce
„ exift, where the voice of the prince is the living law,
„ which moves the whole machine of the ftate.

„ NECESSITY frequently excufes, in the eyes of man-

„ kind, the worft of crimes. A prince of abilities, who
„ mounts a throne in the Eaft by the exclufion of an elder
„ brother, efcapes the deteftation of his fubjects from the
„ good which they hope to derive from his fuperior parts.
„ Even fratricide lofes its name in felf prefervation, com-
„ bined with the public good. The greatnefs of the cri-
„ me is eclipfed by the greatnefs of the object. Succefs is
„ a divine decifion; and the ftate gives up the lives of the
„ unhappy fufferers, as a facrifice to its own repofe. To
„ be born a prince, is therefore a misfortune of the worft
„ and moft embarraffing kind. He muft die by clemency,
„ or wade through the blood of his family to fafety and
„ empire.

„ THE Hindoos, or the followers of the Brahmin faith,
„ are in number far fuperior to the Mahommedans in Hin-
„ doftan. The fyftem of religion which they profefs, is
„ only perfectly known in the effect which it has upon the
„ manners of the people. Mild, humane, obedient, and
„ induftrious, they are of all nation on earth the moft eafi-
„ ly conquered and governed. Their government, like
„ that of all the inhabitants of Afia, is defpotic; it is, in
„ fuch a manner, tempered by the virtuous principles in-
„ culcated by their religion, that it feems milder than the
„ moft limited monarchy in Europe. Some of the reigning
„ princes trace their families, with clearnefs, above four
„ thoufand years; many of them, in a dubious manner
„ from the dark period which we place beyond the flood.
„ Revolution and change are things unknown; and affaffi-
„ nations and confpiracies never exift.

„ PENAL laws are fcarce known among the Hindoos;
„ for their motives to bad actions are few. Temperate in
„ their living, and delicate in their conftitutions, their paf-
„ fions are calm, and they have no object but that of li-
„ ving with comfort and eafe. Timid and fubmiffive, from
„ the coldnefs of a vegetable diet, they have a natural ab-

„ horrence to blood. Induftrious and frugal, they poffefs
„ wealth which they never ufe. Thofe countries, gover-
„ ned by native princes, which lay beyond the devafta-
„ tions of the Mahommedans, are rich, and cultivated to
„ the higheft degree. Their governors encourage indus-
„ try and commerce; and it is to the ingenuity of the Hin-
„ doos, we owe all the fine manufactures in the Eaft. Du-
„ ring the empire of the Moguls, the trade of India was
„ carried on by the followers of Brahma. The bankers,
„ fcribes, and menagers of finance were native Hindoos,
„ and the wifeft princes of the family of Timur protected
„ and encouraged fuch peaceable and ufeful fubjects.

„ THE nation of the Mahrattors, though chiefly com-
„ pofed of Rajeputs, or that tribe of Indians whofe chief
„ bufinefs is war, retain the mildnefs of their countrymen
„ in their domeftic government. When their armies carry
„ deftruction and death into the territories of Mahomme-
„ dans, all is quiet, happy and regular at home. No rob-
„ bery is to be dreaded, no impofition or obftruction from
„ the officers of government, no protection neceffary but
„ the fhade. To be a ftranger is a fufficient fecurity. Pro-
„ vifions are furnished by hofpitality; and when a peafant
„ is asked for water, he runs whith great alacrity, and fet-
„ ches milk. This is no ideal picture of happinefs. The
„ author of the differtation, who travelled lately into the
„ country of the Mahrattors, avers, from experience, the
„ the truth of his obfervations. But the Mahrattors who
„ have been reprefented as barbarians, are a great and ri-
„ fing people, fubject to a regular government, the prin-
„ ciples of which are founded on virtue.

OBSERVATIONS.

„ Lorsque Baber, dit M. Dow, à la tête de son ar-
„ mée, se fut emparé des Domaines de la famille Impé-
„ riale de Lody, il continua à la Couronne la propriété de
„ toutes les terres; lesquelles étant données tous les ans à
„ rente aux sujets (de l'Empire), formerent cette immen-
„ se revenu avec lequel les successeurs de (Baber) au Tro-
„ ne, soutinrent cet éclat qu'aucun (Prince) n'a égalé. La
„ propriété des particuliers consista d'abord simplement en
„ meubles & en argent comptant; & les Officiers de la
„ Couronne ne purent pas même disposer de ces biens par
„ testament, sans le consentement par écrit du Prince".

*Libr. cit.
p. 27.
Voyez ci-de-
vant page
225.*

Voila des assertions qu'il sera toujours permis de con-
tester, tant qu'elles ne seront pas appuyées sur des pieces
authentiques.

„ Cependant les choses changerent avec le tems.
„ Les descendans de Baber aliénerent pour (recompenser)
„ des services particuliers, des portions du Domaine de
„ la Couronne à perpetuité. Ces biens se transmirent par
„ testament; ou, lorsque le propriétaire mourut sans tes-
„ ter, ils furent divisés par égales portions entre ses en-
„ fans, selon les loix de l'Alkoran".

*Libr. cit. p.
28..
Voyez ci-dev.
p. 226.*

Nous avons vu ci-devant les aliénations faites par les
Empereurs Mogols. Mais l'auteur se trompe sur ce qu'il
dit de l'Alkoran.

Surate 4.

„ Ces sortes de propriétés purent aussi se vendre; &
„ l'on évalue au tiers des terres de l'Empire ce qui fut en-
„ levé à la Couronne par des dons de cette espece".

L'auteur parle ensuite des biens-fonds repris par le

Gouvernement, mais avec des compenfations en penfions &c. ; des biens des Officiers de la Couronne, confiderés, après la mort de ces Officiers, comme appartenant à l'Etat, toujours avec des dédomagemens pour les veuves à qui on accorde des penfions, ainfi qu'aux enfans qui, *par la coutume, ont droit* d'être employés dans quelque département.

p. 29.
Voyez ci-dev.
p. 227.

„ L E fyftême du Gouvernement Mogol, continue M.
„ Dow, n'admet pas de titres honorifiques héréditaires : Il
„ faut que chacun doive fon avancement & fon rang à foi-
„ même & à la faveur du Prince. Cependant la haute
„ naiffance étoit refpectée, & devient une forte recom-
„ mandation pour un homme de mérite à la Cour de Prin-
„ ces fiers eux mêmes de leur noble origine".

O u la haute naiffance eft une puiffante recommandation, il y a des titres honorifiques héréditaires.

„ L E s rangs & les degrés de la nobleffe tenoient, pour
„ la plus grande partie, à des offices, excepté ceux du
„ militaire. Les Juges, les gens de lettres & les Grands
„ négociants ont fouvent été décorés de titres honorifiques,
„ & admis en préfence de l'Empereur dans le cercle des
„ premiers nobles (de l'Empire). La nobleffe formoit
„ trois ordres ; les È M I R s, qui étoient les premiers Offi-
„ ciers de l'Etat, & les Vicerois des provinces ; les
„ C H A N s, qui occupoient les premiers poftes dans les ar-
„ mées ; & les B A H A D O U R s qui peuvent en quelque fa-
„ çon être comparés à nos Chevaliers. Le nombre des
„ perfonnes qui formoient ces trois ordres, étoit arbitrai-
„ re. Chacun d'eux avoit des privileges particuliers dans
„ l'Empire, & droit au refpect de ceux qui n'avoient au-
„ cune décoration dans l'Etat".

S o N T - c E là les fujets du Defpote de M. de Montesquieu ?

„ L E cours de la Juftice recevoit les mêmes gradations
„ que le bon fens général chez tous les hommes femble

avoir

„´ avoir établies dans tous les pays foumis à un gouverne-
„ ment régulier".

Pourquoi exclure l'Indouſtan du nombre des pays foumis à un Gouvernement régulier, s'il en reſſent, ou du
moins s'il en a reſſenti l'heureuſe influence?

„ Les Provinces étoient partagées en diſtricts, dans   *ci-dev. p. 227.*
„ chacun desquels un juge, placé par l'Empereur, déci-
„ doit en matiere civile & en matiere criminelle. Il pro-
„ nonçoit ſur les crimes capitaux. Mais ſa ſentence n'é-
„ toit jamais exécutée ſans le conſentement & la garantie
„ du Gouverneur de la Province".

Ces délais tiennent en bride le pouvoir qui tendroit à
devenir arbitraire.

„ Dans les procès qui regardoient la propriété, il y
„ avoit appel au Tribunal ſuprême préſidé par le Vice-Roi
„ en perſonne. Chaque Province étoit en petit la copie
„ de l'Empire. Trois juges principaux, décorés de grands
„ titres, ſiégeoient dans la Capitale avec beaucoup d'aſſes-
„ ſeurs. Ils ne jugeoient pas ſeulement par appel; les
„ procès pouvoient encore commencer devant eux. L'Em-
„ pereur lui-même, accompagné de ſa nobleſſe (des pre-
„ miers de l'Etat), préſidoit preſque tous les jours à cette
, Cour, qui ſe tenoit généralement pendant deux heures,
„ dans la ſalle de la juſtice publique".

„ Lorsque la matiere paroiſſoit claire, le Prince pro-
„ nonçoit le jugement ſans beaucoup héſiter. Lorſqu'il y
„ avoit ſujet de douter, on examinoit les témoins, & l'on
„ prenoit l'opinion des Juges ſur ce que portoit la Loi. Le
„ procès paroiſſoit-il embaraſſé, il étoit renvoyé au juge-
„ ment de la Cour (aſſemblée) dans ſa Chambre particu-
„ liere. Mais on pouvoit appeler de ſa déciſion à l'Empe-
„ reur accompagné de ſes Officiers dans la ſalle d'audience.
„ Ces Tribunaux, que l'Empereur y fût preſent, ou qu'il

H h

„ n'y fût pas , étoient ouverts au peuple.　Jamais juge-
„ ment n'étoit prononcé en fecret, à moins que le pou-
ci-dev.p. 228. 　„ voir du délinquant, ne rendît le jugement public dange-
„ reux à l'Etat".

C E C I eft contraire à ce que l'auteur avance ailleurs, ou
p. 220, 221.　du moins doit fervir à l'expliquer.　Voici fes paroles :
„ Dans le filence qui accompagne le Defpotifme, tout eft
„ fombre (caché) & refervé.　La juftice elle même s'exé-
„ cute dans le particulier, & quelquefois un coup de canon
„ tiré à minuit du palais du Defpote, annonce une œuvre
„ de mort".

p. 228.　　„ L E s grands Officiers de l'Etat, *par une forte de pre-*
„ *fcription*, formoient un Confeil qui répondroit à notre
„ Confeil du Cabinet".

C E T T E *prefcription* vaut loi.　Les Etats les mieux re-
glés ont - ils d'autres titres, clairs & avoués de la maniere
dont a commencé la forme d'adminiftration qui y eft en
vigueur ?

„ L'E M P E R E U R prenoit leur avis fur les affaires de con-
„ féquence ; il les écoutoit : mais jamais rien n'étoit réfolu à
„ la pluralité des voix.　C'étoient fes confeillers : mais ils
„ n'avoient pas droit de contrôler fon pouvoir.　Il appeloit
„ fouvent à ce Confeil des perfonnes des départemens infé-
„ rieurs ; & quand la déliberation regardoit une province
„ particuliere, les Nobles qui connoiffoient le mieux cette
„ partie de l'Empire, étoient admis dans le Cabinet.　Les
„ crimes des grands du premier rang reffortiffoient à ce
„ Confeil, ainfi que les autres matieres d'Etat.　C'étoient
„ des efpeces de jurés qui établiffoient le fait, & le fouve-
„ rain prononçoit la fentence.　Il pouvoit, par fon pou-
„ voir defpotique, rendre un arrêt de mort, fans leur avis :
„ mais les notions fur ce fujet reçues chez tous les hom-
„ mes, étoient une efpece de Loi qui le retenoit".

I. L'AUTEUR a dit ci-devant que dans les affaires dou- *ci-dev. p. 228.*
teufes où le Prince jugeoit, il demandoit aux juges ordinaires ce que portoit la Loi; on peut croire qu'il prononçoit
alors felon leur avis. Pourquoi ne l'auroit-il pas fait dans
les affaires d'Etat, où la Loi pouvoit être intéreffée?

II. IL eft faux que le Prince ne decidât rien par l'avis
de fon Confeil, que ce Confeil n'eût rien à redire à fa conduite. Les faits rapportés dans la 3e. partie de cet ouvrage
prouvent le contraire.

III. CETTE efpece de *prefcription, ces notions communes à tous les hommes,* auxquelles l'Empereur fe croyoit
obligé de céder, voilà de vraies loix, puifqu'elles régloient
la forme de l'adminiftration; celle de la juftice.

„ ON peut ajouter, dit M. Dow, quelques réflexions *p. 228, 229.*
„ à ce tableau du Gouvernement Mogol. C'eft à la vio-
„ lence (la force) à conferver les conquêtes qui font plu-
„ tôt le fruit d'une incurfion que d'une guerre reglée. L'é-
„ pée qui avoit conquis l'Empire, le foutint fous (les Prin-
„ ces de) la maifon de Timur (Tamerlan). Leurs fujets
„ leur obéirent plus par néceffité que par choix. La dou-
„ ceur de leur adminiftration vint plutôt de leurs difpofi-
„ tions bienfaifantes que de l'efprit de leurs réglements.
„ Les principes defpotiques des Tartares, entés fur les
„ dogmes de la Religion Mahométanne, conduifoient à la
„ force (la violence), & fembloient ne reconnoître d'o-
„ béiffance que celle qui vient de la crainte. Ces circon-
„ ftances obligerent le Defpote à revêtir fes repréfentans
„ dans les Provinces d'une grande partie de fon pouvoir;
„ & quand ils quittoient la Capitale feulement ils ne s'éle-
„ voient pas tout à fait de la qualité de fujets à celle de
„ Princes".

ON a vu dans la 2e. Partie de cet ouvrage, que les Loix
des Tartares, & les dogmes de la Religion Mahometane
font également oppofés au pouvoir arbitraire.

„ CETTE communication de pouvoir, en quelque for-
„ te néceffaire pour conduire & maintenir le peuple, de-
„ vint dangereufe pour le Prince. Les Deputés de l'Em-
„ pereur commencerent à perdre la fidelité, à proportion
„ de leur éloignement du Trône. Les Gouverneurs de-
„ vinrent en quelque façon indépendans, quoi qu'ils fiffent
„ profeffion d'être foumis aux ordres du Prince. Une por-
„ tion fixe du revenu (des Provinces) étoit envoyé à la
„ Cour; & celui qui en étoit chargé, trouvoit fouvent,
„ dans une Cour vénale, le moyen de conferver la faveur
„ de fon Prince, même quand il défobeiffoit à fes ordres.
„ Lorfque l'Empire commença à s'affoiblir, toute idée de
„ Loyauté (fidelité) fe détruifit parmi le peuple, dans les
„ Provinces éloignées. Elles entendoient parler d'un Em-
„ pereur, comme les fuperftitieux d'un Ange gardien qu'ils
„ n'ont jamais vu. L'indifférence fur fon fort, fuccéda à
ci-dev. p. 229. „ fon manque de pouvoir. Le payfan, au bout de plu-
„ fieurs mois, apprenoit qu'il y avoit eu une révolution à
„ Dehly, il ne renfermoit pas fes bœufs, ne changeoit pas
„ en epée le foc de fa charue: on le voyoit fiffler le long
„ de fon champ, fans prendre part à ce qui s'étoit paffé,
„ fans même demander le nom du nouveau Prince ".

CE tableau eft exact: mais c'eft celui de tous les Etats
très étendus.

„ MALGRÉ cette indifférence dans le bas étage, l'Em-
„ pereur chaque jour faifoit paffer les marques de fon pou-
„ voir fuprême jufqu'aux extrêmités de fon Empire. Ses
„ Edits étoient envoyés dans tous les Diftricts, lus publi-
p. 230. „ quement & enregiftrés dans les Cours de Juftice. Ils de-
„ vinrent pour le peuple une fureté contre les impofitions
„ des Gouverneurs. On pouvoit appeler de leurs décifions
„ à l'Empereur fiégeant dans la falle d'audience. Cette
„ doctrine étoit inculquée par les Edits; & plufieurs per-
„ fonnes opprimées prirent avantage de la promeffe de Juf-
„ tice que ces Edits contenoient. Leurs Requêtes, tou-

„ tes les fois qu'ils eurent accès auprès du Trône, furent
„ écoutées avec l'attention qu'un Prince jaloux paye (en
„ quelque forte) à fon pouvoir.   Il eft fouvent arrivé que
„ les Gouverneurs de Provinces ont été punis féverement
„ pour une injuftice faite à un pauvre payfan.   *Ne jamais*
„ *pardonner l'oppreffion qui a pour objet le foible, celui*
„ *qui eft fans reffource, étoit une maxime établie chez*
„ *tous les Princes de la famille de Timur*".

Y a-t-il rien de plus oppofé au pouvoir arbitraire, que
cette forme d'adminiftration?

„ LE pouvoir de difpofer de la fucceffion (au Trône), *ci-dev. p.* 230.
„ appartient naturellement au Defpote.   Durant fa vie,
„ fon bon plaifir fait loi; lorfqu'il meurt, fon autorité cef-
„ fe: mais la force de la coutume a rendu fes difpofitions
„ en faveur de celui de fes enfans qu'il choifit, fupérieures
„ au titre d'aîné".

CETTE coutume, feule, n'a pourtant aucune force.
Il faut que la Nation reconnoiffe le nouveau Monarque,
que le Cafi le Sacre; ce qui retient dans la nation la fource, l'origine de l'autorité.   D'ailleurs le droit d'aîneffe,
dans les tems de paix, eft toujours refpecté; & celui qui
l'a, ce droit, ne manque pas de fe faire valoir felon fon
pouvoir.

„ CE pouvoir (du Defpote) eft en quelque forte nécef-
„ faire.   Un Prince qui auroit un droit (abfolu &) indé-
„ pendant au Trône, pourroit être fort à charge à fon pe-
„ re, dans un Empire établi fur les principes que nous
„ avons expofés.   Le poids qu'il pourroit tenir de fes efpe-
„ rances, accableroit les roues de l'adminiftration, qui dans
„ le fyftême du Defpotifme, ne peut admettre ni délais,
„ ni empêchemens, ni pouvoir partagé ou limité.   Les ta-
„ lens perfonnels font plus néceffaires dans ce fyftême que
„ fous le régime fixe des Loix.   Un Prince foible caufe
„ plus de malheurs qu'une guerre civile (toute) minorité

„ eſt redoutable; & elle ne peut guere avoir lieu, quand
„ la parole du Prince eſt la loi vivante qui remue toute la
„ machine de l'Etat ".

C E S réflexions ont de la juſteſſe. Ce n'eſt plus ici le
Deſpote ſtupide & ignorant de M. de M*. Mais comme
elles poſent ſur le faux principe que le Gouvernement arbitraire eſt celui de l'Inde, & que le rang de la naiſſance
n'y donne aucun droit aux ſucceſſions, ce qui n'eſt nullement prouvé, elles doivent recevoir quelque modification.

„ L A néceſſité excuſe ſouvent aux yeux de l'homme les
„ plus grands crimes. Dans l'Orient un Prince qui ayant
„ de grandes qualités monte ſur le Trône au préjudice de
„ ſon frere aîné, n'eſt pas déteſté de ſes ſujets, lorſqu'ils
„ attendent de grands biens de ſon mérite ſupérieur. Le
„ fratricide même perd ſon nom: ce n'eſt plus qu'un acte
„ commandé par la ſureté perſonnelle combinée avec le
„ bien public. La grandeur du crime eſt éclipſée par cel-
„ le de l'objet. Le ſuccès devient arrêt du Ciel; & l'E-
ci-dev. p. 231. „ tat abandonne la vie des malheureux qui périſſent, com-
„ me un ſacrifice fait à ſa tranquilité. Etre né Prince eſt
„ donc le malheur le plus grand, le plus embaraſſant. Il
„ faut que celui qui eſt dans cet état, meure par clémen-
„ ce, ou qu'il marche à l'Empire & à ſa ſureté au milieu
„ du ſang de ſa famille ".

R I E N de plus faux que ce que vient de dire M. Dow.
Le crime eſt toujours crime, & partout. Il ne perd ſon
horreur ni en Aſie, ni en Europe, aux yeux même de
l'intérêt, de la paſſion la plus furieuſe. Les Empereurs
Turcs ont abandonné la barbare coutume de faire mourir ou
aveugler leurs freres; & un Européen ne craint point de
nous préſenter ces atrocités comme des traits de politique
excuſés dans certains gouvernemens. Il eſt faux que les
Grands, que le peuple, dans l'Inde, croye ces horribles
ſacrifices _liés avec le bien public_, qu'il les voye de ſang
froid, quand la paſſion ne lui a pas ôté tout ſentiment.

C'eft calomnier l'humanité, que de lui imputer de pareils excès.

„ Les Indous, ou les fectateurs de la foi des Brahmes
„ font dans l'Inde bien fupérieurs en nombre aux Maho-
„ métans. Le fyftême de Religion qu'ils fuivent n'eft bien
„ connu que par l'influence qu'il a fur les mœurs du peu-
„ ple. Doux, humains, foumis & induftrieux, de toutes
„ les nations de la terre, les (Indous) font les plus aifés
„ à conquérir & à gouverner. Leur gouvernement, com-
„ me celui de tous les habitans de l'Afie, eft defpotique;
„ mais tellement tempéré, par les principes de vertu in-
„ culqués par leur Religion, qu'il paroît plus doux que la
„ Monarchie d'Europe la plus limitée".

La Religion, dans l'Orient, tient au gouvernement; elle fert de regle aux Princes Indous, aux Mahométans: leur gouvernement n'eft donc pas arbitraire. Il eft d'ailleurs prouvé, par le témoignage de l'auteur lui-même, que le gouvernement de tous les peuples de l'Afie n'eft pas defpotique.

„ Les familles de quelques Princes, actuellement re-
„ gnant, remontent clairement à plus de 400 ans; plu-
„ fieurs, mais leurs prétentions ne font pas prouvées, à
„ ces tems obfcurs que nous plaçons au delà du Déluge.
„ Les révolutions & les changemens font inconnus par-
„ mi eux. Jamais on n'y a vu d'affaffinats ni de confpi-
„ rations".

Si ce Tableau eft vrai, les Indous doivent regretter le tems où les Conquérans Afiatiques & les marchands Européens ne fongeoient pas encore à venir troubler la paix de leurs heureux climats.

„ Les loix pénales font à peine connues chez les In-
„ dous; car ils ont peu de motifs qui les portent à faire
„ de mauvaifes actions. Tempérans (moderés) dans leur
„ maniere de vivre, & d'une conftitution délicate, leurs

Ibid.

Ibid.

„ paffions font tranquilles, & ils n'ont d'autre but que de
„ jouir du foulagement & de l'aifance que peut leur don-
„ ner la protection. Timides & foumis, ce qui vient du
„ froid que produit le régime des végétaux, ils ont natu-
„ rellement horreur du fang. Induftrieux & frugals, ils
„ poffédent des richeffes dont ils ne fe fervent jamais. Les
„ contrées gouvernées par les Princes naturels (du pays),
„ & qui par leur éloignement font à l'abri des ravages des
„ Mahométans, font riches & fupérieurement cultivées.
„ Leurs gouverneurs encouragent l'induftrie & le Commer-
„ ce. C'eft à l'efprit inventif des Indous que nous devons
„ toutes les fines manufactures de l'Orient. Sous l'Empi-
„ re des Mogols le Commerce de l'Inde étoit exercé par
„ les Sectateurs de Brahma. Les banquiers, les écrivains
„ & les perfonnes chargées de l'adminiftration des finances
„ étoient des Indous; & les Princes les plus habiles, les
„ plus fages, de la famille de Timur, fe plurent (tou-
„ jours) à protéger, à encourager des fujets auffi utiles &
„ auffi paifibles ".

TOUT cela eft exact, à quelques articles près. Les Indous ne font pas d'une conftitution délicate. Ils ont les
paffions auffi vives que nous. Le régime végétal, régime
vraiment felon la nature, ne les glace pas plus qu'il ne fait
en Europe.

ci-dev. p. 232. „ LA Nation des Marates, quoique principalement com-
„ pofée de Raje-poutres, dont la guerre fait la premiere
„ occupation, conferve la douceur des autres Indiens, dans
„ fon Gouvernement domeftique ".

IL y a chez les Marates de toutes les tribus, des gens
de toute condition. Les Raje-poutres ne font que foldats: les autres états font le plus grand nombre.

„ TANDIS que leurs armées portent la deftruction &
„ la mort dans les territoires des Mahométans, tout eft
„ tranquile, heureux & dans l'ordre chez eux. Il n'y a
„ à craindre

„ à craindre ni vol, ni impofitions ou gêne de la part des
„ Officiers du Gouvernement. L'ombre (à caufe des cha-
„ leurs) eft la feule protection néceffaire. Le titre d'é-
„ tranger eft un titre de fureté. L'hofpitalité fournit les   *ci-dev. p. 232.*
„ provifions (au Voyageur). Demande-t-on de l'eau à
„ un payfan, il court avec joye chercher du lait. Ce
„ n'eft pas là un tableau imaginaire de bonheur; l'auteur
„ de cette differtation, qui dernierement a voyagé dans le
„ pays des Marates, a vérifié par expérience la vérité de
„ fes obfervations. Oui, les Marates, qui ont été repre-
„ fentés comme des barbares, font un grand peuple qui
„ devient puiffant, foumis à un gouvernement régulier,
„ dont les principes font fondés fur la vertu".

A i n s i finit l'intéreffante Differtation de M. Dow fur
le Defpotifme de l'Indouftan. Pourquoi ne fuis-je pas d'accord en tout avec cet habile Voyageur. Nous avons vu   *Zend-avefta*
de près tous les deux les Marates, & nous en portons le   *T. I. I Partie*
même jugement. Les défauts qu'il trouve chez les autres   *P. 223.*
Indiens, chez les Mahométans, il les attribue à la forme
de leur Gouvernement; mais il ne prouve pas fes affertions.
Moi, qui ai pratiqué ces peuples aux deux côtes dans le
Bengale, dans le Guzarate, dans l'intérieur de la Prefqu'is-
le, j'attribue ces mêmes défauts aux paffions, à l'intérêt
particulier des chefs, &c. Mais ni la Religion ni les principes de l'adminiftration, dans l'Indouftan, n'autorifent le
Gouvernement arbitraire; car c'eft là ce que j'entends par
le *Gouvernement Defpotique.* Or ceux qui fuccedent aux
Princes Indiens, par ceffion volontaire, ou fimplement
comme conquérans, font obligés felon les principes du
droit des gens, de fe conformer, dans l'adminiftration,
aux loix reçues dans le pays.

L a pureté de mes intentions m'excufera fans doute auprès de M. Dow & de fes compatriotes, fur la chaleur
que je puis avoir mife dans une difcuffion dont l'objet in-

téreffe fi fort l'humanité. Le Defpotifme, tel qu'on la repréfenté jufqu'ici n'eft pas une forme de gouvernement: c'eft l'abus de l'autorité, continué plus ou moins longtems, mais contre lequel réclameront éternellement les droits facrés & imprefcriptibles de l'homme, même quand fa voix feroit étouffée par la violence.

Je termine ce premier ouvrage par l'annonce d'un fecond beaucoup plus confidérable, qui m'occupe depuis la publication du Zend-avefta, & qui eft fort avancé. Mon deffein eft d'ouvrir en quelque forte aux Européens la porte de l'Inde. Sciences, arts, opinions, fyftéme Théologique, hiftoire ancienne, Géographie de l'Indouftan, nous ne connoiffons ces objets que par oui-dire, puifque le récit des Voyageurs, & tout au plus quelques ouvrages Perfans font les feules fources où jufqu'ici on ait pu puifer. Il eft vrai que la connoiffance du Perfan eft abfolument néceffaire: je ne faurois trop recommander l'étude de cette langue. Mais celles que l'on peut dire naturelles au pays, feront-elles toujours pour nous un fecret impénétrable? Les Voyageurs nous apprennent que, dans l'Inde, les Pagodes font remplies de livres écrits en Malabar, en Telongou, en Samskretam, & nous ne brûlerons pas de favoir ce qu'ils renferment! Le plus fûr il eft vrai, feroit d'envoyer fur les lieux des gens de Lettres propres à une pareille miffion. On ne le fera pas: les frais feroient autant de pris fur le commerce. Pour mettre fur la voye, & enlever s'il eft poffible, à la Litterature Indienne l'enveloppe myftérieufe, qui jufqu'à-préfent nous en a caché les Tréfors, je donnerai, dans les caracteres mêmes du pays, avec la lecture en caracteres Européens, trois Dictionnaires; Le 1ᵉʳ. MALABAR-FRANÇOIS; le 2ᵉ. TELONGOU-FRANÇOIS; & le 3ᵉ. SAMSKRETAM-FRANÇOIS. Chacune de ces trois langues aura fa Grammaire particuliere. Enfuite paroîtra la Traduction de l'OUPNEKHAT, Traité de Théologie Indienne, que j'ai fait connoître dans la 1re. partie de cet Ouvrage. J'ajouterai ce que mes lectures pourront me fournir sur les ANTIQUITÉS, & la GÉOGRAPHIE de l'INDOUSTAN. Que de nouveaux Voyageurs, habiles dans l'INDOU, du GUZARATE, le MAUR, le BENGALI & le THIBETAN joignent leurs travaux aux miens, & l'Inde entiere, c'està-dire le berceau de toutes les connoissances de l'Asie, s'ouvrira à nos yeux. Oser, dans certaines entreprises, c'est avoir à moitié réussi.

F I N.

ADDITION.

T. III. append. p. 411 —414.

M. Dow a donné dans fon *hiftoire de l'Indouftan*, les Patentes du Cafi, du Cotoüal, du Carkoun &c.; pieces qui préfentent en abrégé les devoirs de ces différens Chefs. Malgré cela, comme les fonctions des perfonnes chargées, dans l'Empire Mogol, de l'adminiftration de la Juftice, de la Police & des finances, font peu connues en Europe, je penfe qu'on les verra avec plaifir détaillées par le Miniftre d'un des plus grands Monarques de l'Indouftan. Voici comment s'exprime Aboulfazel Secrétaire de Schah-Akbar, dans l' *Akbar namah.*

FONCTIONS DU CASI ET DU MIR AADEL.

RENDRE *la Juftice, fecourir l'opprimé eft ce qu'il y a de plus glorieux dans l'état de ceux qui commandent: mais c'eft la fermeté qui fait que le héros tremble devant celui qui eft fans reffource.*

Par exemple, un de ces hommes qui fe prennent aifé-ment de paffion, après avoir raffafié fes yeux, a eu l'a-dreffe de fe marier (avec la perfonne qu'il aimoit); & ne fait pas ce qu'il a promis, il n'accomplit pas fon ferment. L'examen de l'affaire demande un grand travail. Celui qui interroge, ne fait rien de leur état. Pour ce qui eft des deux (parties) inftruites, c'eft une mer de dif-ficultés. Avec toute l'intelligence poffible, il eft fort diffi-cile de voir ce qui eft jufte, ce qui eft vrai. A caufe de la corruption & de la paffion de la femme, on ne peut em-ployer ni témoignage, ni ferment; jufqu'à ce que par fer-meté & fachant jouer fon jeu avec adreffe, (le juge) force l'aveu & connoiffe celui qui a tort; & qu'avec une forte d'audace & des témoignages d'amitié, il puiffe faire ufa-ge de ce qu'il aura découvert.

Premierement le Juge les queſtionnera après leur re-
pas, ſur leur état. Il faut qu'il étale les boucles d'oreille
(les bijoux) les plus propres à faire impreſſion (ſur la
femme), qu'il parle de fil en aiguille, & écrive ſéparé-
ment ce qu'il peut tirer d'eux, comme hiſtoriquement. Et
lorſqu'avec intelligence, allant doucement, & pénétrant
juſqu'au fond, il ſera arrivé à la fin, qu'il employe ſon
tems à une autre affaire. (Les mains) couvertes de cette
autre affaire, qu'il reprenne ce couſin; qu'il recommence
les queſtions, l'examen, & ſaiſiſſe la moëlle de l'affaire d'u-
ne autre maniere, avec le même art. Si l'on ne peut ac-
quérir la connoiſſance de l'impuiſſance de l'homme, qu'on
remette l'affaire à deux perſonnes; La 1ere, ſavante dans
la Loi: on l'appelle Caſi. La 2e, chargée de l'exécu-
ter; c'eſt le Mir aadel.

TEL eſt l'exemple cité pour ſervir de modele à ceux
qui ſont chargés de l'adminiſtration de la Juſtice. Rien d'arbitraire, point de violence, ſeulement de la fermeté. Le
Juge, dans une affaire auſſi difficile que l'eſt un *procès d'im-*
puiſſance cherche à faire parler la nature un langage que
la pudeur puiſſe avouer. Il s'enveloppe pour prendre ce
Couſin, ſans en être piqué, pour ſurprendre l'aveu dont il
a beſoin. L'adreſſe, la fermeté, la patience, jointes à la
connoiſſance des Loix, voilà les ſeuls moyens preſcrits aux
Juges, dans l'Inde, par le Miniſtre d'Akbar, ſur la fin du
16e. ſiecle de l'Ere Chrétienne. Dans le même tems, l'in-
fame épreuve du *Congrès*, abolie depuis, étoit en uſage
en France.

FONCTIONS DU COTOÜAL.

CELUI-LA *eſt digne de cette Place, qui au courage,*
joint la ſcience de tenir de la main gauche les rênes (de
l'adminiſtration), qui a la marche ſouple, fine & intelli-
gente de la Couleuvre; qui ne ſonge qu'à faire du bien
lorſque tout le monde veille, & faiſant la ronde la nuit,
tandis que les autres repoſent dans le ſommeil.

*Il faut que le Cotoüal faſſe diſparoître les méchans des
places publiques, qu'il tienne régiſtre des maiſons, des
chemins, (des lieux) habités, & marque en même tems le
ſecours que les citoyens doivent ſe donner mutuellement.
Qu'il faſſe enſorte, qu'il procure une telle abondance, que
dans la triſteſſe, (les temps) inquiétans, & dans la joye,
on trouve toujours des Magaſins pleins.*

*Qu'il forme des quartiers (ou Rues) en maiſons de ro-
ſeaux, mette à la tête des foibles habitans (de ces paillot-
tes) un homme d'eſprit, & prenne un régiſtre de ce qui
vient, de ce qui va, & de plus de ce qui paroît de nouveau, marqué du ſceau de ce Chef. Qu'il charge de la
fonction d'examinateur (eſpion de Police) un étranger,
habitué dans l'endroit, & qui ſoit ami de tout le monde.
Qu'il tienne note exactement des plaintes de ceux qui paſſent dans les villages, & ſe ſerve de gens à vue profonde.
Qu'il établiſſe des Sérails, ſéparés des autres maiſons,
pour le repos, & y faſſe deſcendre, ſans qu'ils s'en apper-
çoivent, ceux qui arrivent.*

*Que le (Cotoüal), d'une main qui peſe (tout) prenne
avec intelligence le poids de (chaque choſe), & que pour
les différentes ſortes de recettes & de dépenſes, il mette
en œuvre des perſonnes qui ayent la vue fine: & qu'ayant
établi Receveur des droits un honnête homme, il faſſe faire l'examen, la recherche de tout dans un bel ordre.
Que dans chaque marché il place (de même) un Receveur des droits, avec un Crieur de ce qui s'achete & ſe
vend, qui faſſe ſon office avec intelligence & conſcience;
& qu'il tire de celui-ci un Régiſtre de l'argent (qu'il
reçoit).*

*Que le (Cotoüal), lorſqu'il en a l'occaſion, ſe tienne
dans un coin de la Place, la Toque en tête; & que du
haut de ſon (ſiege) il produiſe le repos, la paix, comme
en garantiſſant de la maſſue (des coups de bâton rédou-
blés) un vieux cheval, en détournant l'homme d'aller &*

*venir (sans rien faire), & rendant le fainéant in-
dustrieux.*

*Avant tout qu'il abolisse la violence, & ne souffre pas
que personne de force descende dans la maison d'autrui.
Qu'il traduise les voleurs aux yeux du public. Que les
conventions soient exécutées d'une maniere authentique.*

*Qu'il fasse ensorte que personne ne fasse circuler d'or-
donnance d'impôt (supposée). Seulement que dans chaque
Soubah on rassemble dans un lieu particulier, une petite
quantité d'armes, d'Eléphants, de chevaux, de chameaux,
bœufs, moutons, chevres, de denrées (quelconques).*

*Qu'il mette les vieilles especes (d'or & d'argent) dans
les lieux de passage, & qu'il en verse le prix dans le Trésor, ou (y dépose ces especes) converties en monnoyes courantes; marquant la différence, dans le taux, de l'or &
de l'argent du Roi (qui a cours alors). Celles qui auront
souffert de la main de la lime, selon la mesure de la diminution, qu'il marque ce qu'elles produisent, mettant le
taux plus bas: & qu'il ne souffre pas que sortie de la ville, on les rachette; de peur que par là le puissant ne s'en-
richisse aux dépens du foible.*

*Qu'il fixe les poids invariablement. Qu'on ne fasse pas
la serre de moins ni de plus de 30 dams. Pour la gaz,
selon la mesure fixée par l'usage, qu'il ne souffre pas qu'on
la diminue ni l'augmente; & qu'il détourne l'homme
d'augmenter (la mesure), de mesurer ensuite, de vendre
& d'acheter (selon cette mesure factice).*

*Par l'examen interne (d'une maison il est prouvé que)
les biens ont été mis de côté; l'année révolue si rien ne paroit, s'il ne reste rien, après en avoir pris note, qu'il
veille (à cette maison).*

*Qu'il fasse des passages (gués &c.) de rivieres & d'é-
tangs, différens pour les hommes & pour les femmes.*

Pour que l'on tourne agréablement la roue des événemens du monde, qu'il fasse contracter des mariages, & empêche la femme d'aller à cheval.

Qu'il fasse ensorte que le Bufle, le cheval & le chameau ayent la nourriture (dont ils ont besoin). Il ne convient pas de les lier, & de les porter (ainsi liés) pour les vendre.

Qu'il ne souffre pas qu'on brûle de force un esclave. Qu'il ne fasse pas mourir au gibet celui qui n'a rien fait qui le mérite.

Qu'il permette de circoncire avant douze ans.

Lorsque le (Catoüal) aura bien établi ses fonctions sur ce pié, qu'il chasse les Joueurs des Jeux du hazard, ceux qui vendent des liqueurs, qui tiennent cabaret, les hypo- crites, ou leur fasse changer de vie. Mais qu'il prenne garde de ne pas bannir, sous ce prétexte, celui qui, re- tiré dans un coin, sert Dieu, & que ceux qui, les pieds nuds, demandent l'aumône, ne soient pas tourmentés.

Qu'il place dans des lieux séparés du reste des hommes, les Bouchers, les Chasseurs, ceux qui lavent les morts, ou qui ôtent les immondices; qu'il empêche les hommes de se mêler avec ces cœurs de pierre, noirs intérieurement, obligeant ceux-ci d'être dans un endroit à part.

Toute personne parvenue au terme fatal (la mort) & qui demeure avec une autre, si elle la touche de la main ne seroit-ce que du doigt, elle lui fait du mal. Que le (Cotoüal) place le cimetiere hors de la ville, à l'ouest. Qu'il détourne de s'habiller de bleu, dans leur deuil, ceux qui gémissent comme l'hirondelle. Qu'il prenne soin, qu'ils s'habillent de rouge.

Le mois Farvardin (1er. mois de l'année) jusqu'au mois Aban (le 8e.) élevé au dessus de tous (les mois), les jours où le grand mois solaire recommence, & le seizieme du mois, il y a fête. Lorsque le soleil est éclipsé par la Lune le premier Schonbeh (jour du soleil, le Dimanche), qu'il détourne les hommes de boire (des repas, qu'il ordonne le jeûne): mais qu'il le permette aux animaux de chasse & aux malades abandonnés. Qu'il fasse hors de la ville des actions de grace pour le salut (du peuple) & qu'il s'applique à connoître les fêtes. La nuit du Norouz (le premier jour de l'année), nuit sublime, qu'il fasse allumer les lampes. Au commencement de la nuit, qui est grosse de la fête, & le jour même, frappant le tambour avec le bâton, qu'il fasse faire beaucoup de bruit.

Que le (Cotoüal) dans les Calendriers Persans & Indous donne l'Ere de Dieu qui a cours; & de plus que dans les (Calendriers) Indous il mette les noms des mois au commencement de chaque (mois), avec la figure d'un petit animal.

Tels sont les détails dans lesquels le Cotoüal doit entrer, s'il veut remplir exactement les devoirs de sa charge. Ces détails passent de beaucoup les fonctions qu'on attribue en Europe à un simple lieutenant de Police. Je ne m'arrête qu'à trois articles qui font autant d'honneur à l'humanité des Indiens, qu'à la sagesse de leur administration.

I. Les hommes que leur condition accoutume au sang, à la destruction (les bouchers, les chasseurs) sont séparés de la société, de peur que leur commerce ne rende les ames féroces.

II. Il est ordonné, pour le bien des vivans, que l'on enterre les morts hors des villes.

III. Il est défendu, pour la tranquilité des sujets, & surtout des foibles, de laisser rentrer dans le commerce les monnoyes mises au billon.

FONCTIONS DE L'AAMEL GOUZAR.

Amitié pour le cultivateur, assiduité dans l'action, vérités dans les paroles : tel doit être le caractere de l'(Aamel gouzar). Qu'il sache qu'il est mis en place pour le bonheur de tous, & pour rechercher, procurer l'abondance. Que par lui chacun soit dans l'aisance, & que l'homme qui desire (a besoin) ne se trouve pas au milieu (du peuple). Le désobéissant & celui qui vend de la tromperie (le fourbe), qu'il les prévienne par ses avertissemens ; & s'ils ne donnent pas le profit (qu'il en attend), qu'il s'en prenne à leur bien, & au produit de la terre (qu'ils possedent).

Qu'il ne souffre pas que comme un vent violent, on prenne la voie honteuse de répandre le sang, de détruire, de pendre criminellement. Qu'il agisse de maniere, qu'il prenne ses mesures d'avance pour que la voix de la plainte ne s'éleve point.

Qu'il mette (& tienne) sous sa main les Laboureurs par la dette de la protection, & en tire doucement les charges (dues à l'Etat). Et lorsque, l'examen fait exactement, le Chef d'une Aldée se présente avec une collecte complette, à chaque Peikeh, qu'il lui passe la moitié (d'un bosvat), ou qu'il lui donne un profit proportionné à son service. Qu'il n'examine pas une trop grande étendue de terrein (à la fois) : mais qu'il pese portion à portion dans la balance de l'intelligence, & selon qu'il acquierra la connoissance d'une (terre, savoir), de son étendue de culture de ce qu'elle porte, du travail qu'il y a à faire ; d'où vient une très grande différence (de terrein à terrein).

Qu'il s'occupe de chaque portion de terre ; qu'il se transporte dans chaque culture séparément & à différentes fois, en prenne un grand soin ; que l'Aamel gouzar pese avec intelligence, connoissance, ce que (le possesseur de cette terre) est convenu de donner, ce qui auparavant a été

donné (au Gouvernement) : si les choses se sont faites avec
ignorance (de bonne foi) & sans fraude, qu'il cherche un
remede , un moyen de remplir (d'ailleurs) le Trésor :
mais qu'il prenne garde qu'une terre fertile ne tombe (ne
dépérisse); qu'il fasse tout son possible pour en augmenter
le rapport ; & que pour procurer cette augmentation, il
fasse plus petite que de coutume, la part (du Gouvernement).

Si le Laboureur cultive moins de terrein qu'il n'a promis, & demande à ne pas payer la capitation qui convient
(à l'étendue de son terrein), qu'on n'y ait pas égard. Si
dans une Aldée la terre est brûlée de soif, que les habitans puissent cultiver plus de terrein (qu'il ne leur en reste
de bon), & veulent (labourer) la terre d'un autre village, qu'on ne leur prenne rien (pour ce surcroit de culture), quoique par là la mesure de la part (du Gouvernement) augmente.

Pour mesurer exactement, il faut une vue longue & de
la droiture, de la justice.

Si d'année en année, le Laboureur devient plus fort
(plus opulent), & dans son opulence donne ce qu'il a promis , qu'on ne prenne rien pour son augmentation de
culture.

Si l'on demande la portion (du Gouvernement) selon le
mesurage (du terrein), & qu'il y ait peu (d'habitans) qui
consentent à l'arrangement, que (l'Aamel dar) envoye
promptement, en diligence à la Cour le contrat de convention, & regarde comme un homicide de prendre (avant
la réponse) l'argent réglé.

Que l'Aamel dar prenne encore des grains. Et de
combien d'especes n'y en a t-il pas ! Le Kargout-kan,
en Indou, signifie grain, & goût, pensée, opinion, réflexion.

Qu'il prenne la mesure de toutes les terres par djeribs ou par gams, pese le grain dans la balance de l'intelligence, & commette pour veiller à cette opération des personnes telles, qu'il y ait peu de différence (de leur rapport au vrai état des choses). Si le doute trouve place dans son cœur, après que le soldat (propriétaire) aura labouré de nouveau avec soin, que sur le (taux) moyen du premier prix de la moisson il pese (le tout); qu'il tire exactement le plan (du terreir) qu'on le sillone de nouveau avec intelligence, & (tout) ira bien.

Que l'on fasse des aires pour la moisson lorsqu'elle est coupée, & que pour ce que le (Laboureur) est convenu de donner, on tourne le visage vers la bienveillance: (mais) que sur cet article on veille avec le plus grand soin; autrement les mauvais sujets, ceux qui ne sont pas droits (y) mêleront la main de la fourberie.

Qu'on partage (à différentes personnes) la terre labourée; qu'on façonne beaucoup le grain coupé, & que la portion (due) revienne à chacun. Quiconque l'ayant apportée (cette portion) dans sa maison, la nettoye & y trouve du profit; si ce n'est pas aux Raaïets (possesseurs fonciers) que revient ce profit, la terre qui a donné le grain, l'estimation faite, qu'on la donne pour de l'argent au dé (au fort).

Si fouillant bien la terre, on la laboure parfaitement, que la premiere année (l'Aamel dar) prenne un quart de moins que de coutume. Dans une possession, la façon (la culture) de l'année précédente a beau être plus considérable, si la terre donne moins, il ne faut pas s'attacher à évaluer le produit sur la culture: La terre labourée demande toute la bienveillance (l'indulgence) d'un bon maître. Que l'on confie l'arrangement (l'administration) au Kalanter (chef) de l'Aldée.

Que celui qui est facile & ne fait pas les affaires, disparoisse. Que Dieu donne (aux Aldées) contre la vio-

lence un homme fort & courageux comme les héros des Romans. Mais furtout qu'il aille trouver les laboureurs un à un; & qu'en ufant avec bonté, il leur donne un écrit, & en prenne un de celui qui marque les djeribs, qui mefure: & de plus que l'Aamel gouzar le prenne pour répondant.

Qu'il faffe donner aux Chefs de la mefure, le jour qu'ils opérent, treize Dams & trente & une Seires; & compte proportionnément pour le mois: de cette maniere, cinq feires de farine, une demie feire d'huile, fept feires de grain pour le nivelage, & de plus, quatre Dams; au Batakhi, quatre feires de farine, une demie d'huile, cinq feires de grain, quatre Dams; au Djeribkafch (celui qui marque les djeribs) & au Tahabehdar, les quatre perfonnes (employées à ce fervice) huit feires de farine, une feire d'huile, cinq Dams. Que la marque de ce qui a été mefuré refte entre fes mains, & qu'il prenne des Kalanters un Motchelka (reconnoiffance par écrit), qu'ils n'ont point de terre cachée, & n'ont rien à dire de contraire aux articles (convenus).

Dans l'examen exact de la mefure (d'une terre), s'il s'en trouve une portion de mauvaife, qu'il en prenne fur le champ l'étendue, & donne au Laboureur la même quantité (de bon terrein) écrite jour par jour. Si c'eft après avoir retiré le revenu (des terres) qu'il apprend cela, qu'il ne s'en rapporte pas aux voifins ni à ceux qui ne connoiffent pas l'écriture (les affaires). Mais qu'il porte l'affaire en public. Comme le Karkoun écrit avec foin ce qui concerne la tenure, il faut que le Patouari en écrivain habile & prompt, le faffe auffi de fon côté: qu'il compare enfemble ces écrits, y appofe fon fceau, les garde, & en donne une copie ainfi fcellée au Batakhi. Lorfque le Mozzée (le village) fera achevé, qu'il marque cela dans un mémorial; que l'on faffe de nouveau la vérification, que le Karkoun & le Patouari écrivent felon la vé-

rité; & que l'(*Aamel dar*) envoye de sept jours en sept jours le cahier à la Cour. Qu'il laisse passer quinze jours: & si après avoir envoyé le cahier de l'arrangement (d'administration) à la Cour sublime., c'est la saison de travailler à la terre, dans le même tems le (terrein) qui ne se trouve pas bon, qu'il le prenne pour non existant; & que l'ayant noté, il fasse passer sans retard son rapport (à la Cour), pour qu'on ait égard à ce qu'il aura envoyé.

Qu'il retire avec pureté le Mâl (bien dû à l'Etat), & n'étende pas sans raison la main du désir. Qu'il commence la Collecte le quatre du Houli, fête Indoue, à la fin du Verseau ou au commencement des Poissons, ou au milieu; & l'automne, depuis Desihreh, qui est un Djaschnéh, au milieu ou à la fin de l'Epi (la Vierge), ou au commencement de la Balance.

Qu'il veille à ce que le Trésorier n'exige pas de l'or pur, mais prenne, ce qui au poids & à la juste mesure répond à (la somme due). Qu'il change le peu qu'il pourra (des redevances) selon l'estimation, en argent monnoyé, & marque à part la différence.

Qu'il détermine d'une maniere fixe combien le cultivateur doit apporter de fruits (de denrées), afin que les réprimandes ameres de celui qui demande, disparoissent.

Lorsque (tel) grain vient parfaitement, qu'il en prenne le Mâl (la part du Gouvernement) comme il convient, & non proportionnément au rapport d'une autre espece (de grain).

Toute personne qui marque les terres à Khéradj (tribut), & fait une séparation pour le fourage (des troupeaux), qu'elle fasse chaque année le (calcul du) revenu, qu'elle ait un tarif fixe de ce qu'il faut pour le veau, & le buste, & demande quelque chose proportionnément à ce-

la (ou, laiſſe ſans culture quelque portion de terrein proportionnément aux troupeaux à nourrir.)

Ce qu'on apporte pour le Tréſor, que l'(Aamel dar) le
compte lui-même & que le Karkoun le vérifie ſur ſon régiſtre (livre de compte). Que le Tréſorier le faſſe écrire
avec fidélité. Ayant rempli une bourſe (de la ſomme apportée), que l'(Aamel dar) appoſe ſon ſceau à la maiſon
(du Tréſor) dans un endroit apparent; qu'il mette à la
porte pluſieurs ſerrures de différentes formes, qu'il en
garde pour lui une clé, & qu'une autre reſte entre les
mains de celui qui a le Tréſor : & à la fin du mois, ayant
pris (des mains) du Batakhi le Régiſtre de la collecte &
des frais, qu'il l'envoye à la Cour. Lorſque la ſomme eſt
de deux Laks de Dams, qu'il l'envoye par les mains de
perſonnes ſûres, & faſſe cela avec zele par le Patouari de
chaque Aldée.

Ce qui vient du Raaïet (Laboureur propriétaire), pour
ſe ſouvenir de le donner (rendre) au Raaïet, qu'il l'écrive
ſéparément. Ayant fait un volume (état) exact de ce qui
reſte, qu'il le faſſe parvenir (à la Cour) avec la marque
(la paraphe) des Grands (de l'endroit), & prenne avec
douceur (les redevances) ſur une portion différente (de
celle du Raaïet).

Qu'il aille avec la plus grande bonne foi (ou avec l'appareil de l'Amin) dans les Fiefs, & en compare l'état à
celui qui a été envoyé au Dépôt des archives : qu'il faſſe
faire des Recueils des Déciſions des Juges & des provi-
ſions relatives à chacun de ſes (Fiefs).

Lorſqu'une portion (de terre) abbaiſſé (s'eſt déterioré,
que le maître) eſt caché, (ne paroît pas), que c'eſt un
ſerviteur qui en tire le profit & le garde; qu'une terre
étant de peu (de valeur), quand elle ſeroit cultivée, il ſe
trouve que le Raaïet ne l'a pas cultivée; qu'une terre par
la culture ne donne pas de profit, (& qu'ainſi) le Mâl

(le bien à revenir de ce terrein) ne paroît pas, abaissé (est nul); s'il n'y a pas d'héritier, que (l'Aamel dar) la garde comme il convient, expose clairement la vérité (à la Cour), & veille à ce qu'on ne prenne pas de tribut.

A l'égard de celui qui a obtenu une charge de l'Etat, que (l'Aamel dar) ne gâte pas les anciens usages; qu'il ne fasse pas du prix des denrées, des mariages, du deuil, un prétexte, de prendre quelque chose. Qu'il se tienne séparé du Salami (ne l'exige pas); en tout tems partout où le Chef ou le Patouari apporte l'Or (dû à l'Etat), soit que (la somme) vienne par un Messager, par quelque personne chargée du Salam qu'elle soit apportée, qu'il ne porte pas la main dessus (cette personne.)

De même qu'il s'éloigne de celui qui traîne le rateau, & qui, lors que le champ labouré est à moissonner, prend quelque chose de chaque Mozzée: & encore l'homme de métier, celui qui tient marché (ou boutique) le Tchokidar, le Rahdar, celui qui recueille la vendange, & celui qui bat le grain, qui le sépare (ou le gardien des troupeaux,) le pêcheur, le mir de la mer (qui la garde;) celui qui a l'intendance (ou le privilege) de l'huile de grain & de kanbeli, les (marchands & fabriquans) de peaux, de poil, & autres especes de gens avides qui ne craignent pas Dieu, qu'il ne tourne pas autour d'eux (ne se mêle pas par lui même de ce qui les regarde,) mais mette à sa place sur eux quelqu'un de ceux qui connoissent ce terrain; afin qu'étant à la bienheureuse Cour, il instruise exactement de tout dans le plus grand détail.

Que chaque mois il fasse connoître (à la Cour) l'état des Raaïet (propriétaires,) de ceux qui ont des Djaguirs, de leurs voisins, des rebelles (ou des étrangers,) & de l'estimation des choses louées (par le Gouvernement) de l'état des Derviches, & des personnes d'une condition respectable &c. &c. S'il n'y a pas de Cotoüal (dans l'endroit,) qu'il se charge d'en faire les fonctions.

J E

J**E** me contenterai d'obferver, fur les fonctions prefcrites dans l'article précédent, à l'Aamel gouzar, les différentes manieres de tenir des terres, ufitées dans l'Indouftan.

L**ES** premiers poffeffeurs font les *Raaïets*, propriétaires réels, qui cultivent leurs fonds, & payent tribut en efpece ou en denrées. Enfuite paroiffent les *Fermiers* qui ont à louage des terres de l'Etat; puis ceux qui *cultivent les terres du Domaine pour le compte du Gouvernement*, auquel ils en remettent le produit, en efpeces ou en denrées, leur falaire prélevé.

IV. E**NFIN** les *Djaguirdars*, poffeffeurs de Fiefs ou Bénéfices grevés de droits & autres redevances.

I**L** n'eft point dit que le Prince foit propriétaire de toutes les terres. Celle qui eft détérioré confidérablement, abandonné à un domeftique, dont le maître ne paroît pas; lors même qu'il n'y a pas d'héritier, n'appartient pas dès là au Gouvernement: le droit d'hérédité, relativement aux terres, eft donc reconnu à la Cour de Dehli. Il eft ordonné à l'*Aamel dar* d'écrire à part ce qui vient des *Raaïets*, pour fe fouvenir qu'on doit le leur rendre: le *Raaïet* eft donc propriétaire abfolu, & non fimple cultivateur payé, fermier, *Djaguir dar*.

L'**ASSIETTE** des impôts a des regles fixes, connues: la perception, le recouvrement fe fait avec les ménagemens que prefcrit l'humanité.

E**NFIN** l'on peut dire que l'objet de l'adminiftration chez le Mogol, eft que le fujet ne foit pas chargé, vexé, qu'il ne fouffre pas; même quand le *Prince devroit y perdre: dans d'autres Etats (a) l'objet de l'adminiftration eft que le Prince ne perde rien de fon revenu; même quand les fujets devroient en fouffrir.*

____

(a) *Refcrit Imper.* pour le Duché de Bavier. dans la *Gaz. de Fr.* 8 May 1778.

Fonctions du Batakhi.

Qu'il rende compte, avec droiture de cœur, vérité dans les paroles, à l'Aamel gouzar, mettant à cela tous ses soins, de ceux qui n'acquitent pas (ce qui est dû au Gouvernement). Qu'il mesure neuf, dix années, qu'il prenne du Kanoun-go (l'état de) l'argent & des autres biens de l'endroit, & ayant acquis par cette voie, par ce moyen, la connoissance des terres (de ce qu'elles rapportent), qu'il procure à l'Aamel gouzar la tranquillité, la satisfaction de l'ame. Produire l'abondance, prendre soin (des terres), que ce soit là son principal, son unique objet. Toute imposition (ou fruit), tout ce qu'il retire de fixe des Grands, qu'il l'écrive.

Qu'il fasse mesurer séparément chaque Aldée, & prenne d'abord l'étendue (la mesure) des terreins fertiles, ou mauvais; qu'il écrive le nom du serviteur, du tenancier (du maître de la terre) du Djeribkasch, & du Tahabchdar: qu'il marque le nom du cultivateur, ses ayeux (ou ses bonnes qualités), & le genre de culture qu'il peut faire. Qu'il parcoure les Aldées du Parganah, & les portions (de ces Aldées) & qu'ayant séparé ce qui n'exijte pas (ne rapporte rien), il mette en bénéfice ce qui exijte: ou bien que, selon la coutume des gens de l'Inde (les Indous proprement dit), il écrive le nom & l'espece (des terres), & ce qui ne rapporte rien, au dessous du compte. Et lorsque la tenure de l'endroit est arrivée à sa fin (le bail fini), que chaque cultivateur montre une collecte exacte, & donne d'une maniere fixe le produit de l'Aldée: que l'Aamel recueille (ce produit) avec une main balançante (la balance en main), & fasse passer à la Cour le cahier de la tenure, appellé en Indou Khasrat. Dans le tems où l'on confie (afferme les terres), s'il n'y a pas de cahier (d'état) antérieur, qu'il fasse écrire nom par nom, par le Patouari, le terrein & le travail du cultivateur. Après avoir réussi dans ce qu'il s'étoit proposé, qu'il en-

voye dans le tems (convenable à la Cour) le cahier de la collation (la ferme, l'état) du reste & du fond (de la terre): qu'il écrive dans un journal, au nom de chaque endroit, le nom de la Recette; & chaque culture qui donne du Mâl, qu'il en marque le nom, & le remette au Tréforier muni de son écrit. Qu'il prenne du Patouari une copie de la collation (du bail fait) selon que le Patouari & le chef (de l'Aldée), la balance en main, ou montre (fait connoître) la collecte (de l'endroit); & de l'écrit, c'est-à-dire, mémorial de leur main qu'ils ont remis aux Raaïets. Revenant à cela une seconde fois, qu'il porte dans l'affaire une vue profonde. Si les choses ne se rapportent pas, qu'il ne prenne pas criminellement (selon le bail); mais que chaque jour il fasse connoître à l'Aamel le fonds de chaque Aldée, & ce qui reste (les redevances payées), & lui fasse par là terminer promptement les affaires.

En tout tems, par tout où le Raaïet demandera une revision de compte, que sans retardement on termine avec lui.

Qu'à la fin de chaque portion (de terre) & de chaque fonds restant de chaque endroit le Batakki fasse la balance avec l'écrit du Patouari, & écrive sur un journal la collecte (recette) & la dépense, nom par nom, espece par espece, jour par jour; qu'il y fasse apposer l'écrit manuel (espece de Visa) du Tréforier & le sceau de l'Aamel, & à la fin du mois qu'il l'envoye à la Cour dans un sac au haut du quel sera le sceau de l'Aamel.

Qu'il envoye (à la Cour) un tarif des monnoyes, des roupies, & autres effets, marqué jour par jour du sceau des grands (de l'endroit).

A la fin de chaque portion (de terrein) qu'il remette au Tréforier (un état de) la recette & de la dépense, avec un écrit de sa main. Qu'il fasse parvenir (à la Cour) à la fin de chaque année, l'état sommaire, le Resultat de ses comptes & le Djamaabandi muni du sceau de l'Aamel gouzar.

Lorsqu'un village est en fuite, pillé, ayant mis par écrit ses biens (ou le Mâl) & ses troupeaux, qu'il les porte sur son journal, & présente (à la Cour) la vérité dans une Requête. A la fin de l'année, lorsque le tems de faire la collecte sera venu, ayant marqué les autres villages, qu'il en donne la Note à l'Aamel, & envoye à la Cour une copie de cette note. Et dans le tems où il sortira de charge, après avoir fait approuver son cahier (de gestion) par les autres Grands (de l'endroit), & l'avoir de plus remis à l'Aamel alors (en place), qu'il ait l'esprit tranquille, & vienne à la Cour avec un sommaire pris (sur les lieux).

L'EXACTITUDE, la droiture, l'humanité, prescrites à l'*Aamel gouzar*, sont de même enjointes ici au *Batakhi* qui est sous ses ordres; & toujours pour le soulagement des sujets de l'Empire, & en particulier des cultivateurs: & ceux-ci doivent être écoutés sans délai lorsqu'ils demandent une révision de Compte.

CET article développe la maniere dont les terres sont tenues dans l'Empire du Mogol. Celles qui appartiennent immédiatement à l'Etat, le Gouvernement les fait valoir ou les donne à bail à des tenanciers, qui ont sous eux des laboureurs ; les terres sur lesquelles l'Empire n'a qu'un droit de redevance ou en argent, ou en denrées, sont de même données en Djaguirs, ou à ferme, & cultivées par les *Raaïets* vrais propriétaires, qui se perpétuent de pere en fils, quoique les fermiers changent, & qui rendent à ces fermiers la portion de leur récolte fixée par le Tarif des Terres. Sur cela le *Djaguir dar* ou le fermier paye au Trésor ce que le *Djaguir* ou la ferme doivent au Gouvernement.

Fonctions et devoirs du Khazanéhdar, (du Trésorier).

Quelquefois on l'appelle Fottehdar. Qu'il place la maison du Trésor proche de l'Hakem, & qu'il choisisse le terrein de maniere, qu'il ne puisse y arriver d'accident. Qu'il reçoive toute espece d'empreinte (d'argent monnoyé), de roupie, jaune ou noiratre, & autres (especes) que le cultivateur apportera. Qu'il prenne l'or sans en exiger du plus haut taux. Qu'il n'exige pas le change des monnoyes frappées dans les lieux saints, lorsqu'au poids la somme se trouve juste; & qu'il prenne la différence du poids des especes monnoyées. Qu'il prenne les anciennes monnoyes sur le pied de non frappées (au poids).

Qu'il fasse le triage de l'or au sac (en présence) du Scheikdar & du Karkoun; qu'il fasse le compte à la fin du jour, & fasse mettre à la tête de la note le sceau de l'Aamel gouzar. Qu'il fasse la balance de son journal avec le cahier du Karkoun, marque cela lui-même par un écrit de sa main, mette à la porte du Trésor une serrure à l'endroit désigné par le sceau de l'Aamel & (n')ouvre la porte du Trésor (qu')au sçu (en présence) de l'Aamel & du Karkoun.

Qu'il (ne) prenne l'or du laboureur qu'(au) sçu de l'Aamel & du Karkoun; qu'il le mette en séquestre, & fasse écrire (dans un endroit) apparent le certificat du Patouari, sur le compte; ce qu'en Indou on appelle Bahi; pour que la poussiere de la tromperie s'éleve (se dissipe).

Qu'en aucune maniere, sans avoir la balance en main, & sans l'agrément du Divan, il ne fasse de dépenses qui aillent au profit du marchand. Si la dépense présente un air d'impuissance, qui ne souffre pas de retard, que sur l'écrit du Scheikdar & du Karkoun, il le fasse connoître à l'Aamel, & que l'on fasse parvenir la vérité (à la Cour) par une Requête. Le Général d'armée agit sans agir, donne l'existence à ce qui n'étoit pas : voilà ce que doivent *d'abord favoir les commandans du Monde. Et lorfque la force (l'autorité) & un (premier) mâl ne conviennent pas, qu'on employe toute l'application, toutes les reffour-ces (dont on eft capable), qu'on mette fes deux bras, pour donner un libre cours à la nourriture journaliere.*

Comme procurer l'abondance, & (employer) la force dans l'action, eft le moyen de multiplier l'homme, de l'é-panouir (le rendre heureux) par la nourriture (qui lui eft néceffaire), de même, felon l'étendue de fa pureté, le cœur fain & content fe recueille (fe plaît) en lui-même; le premier fans le fecond rend le corps épais & l'ame min-ce: par le choix on éprouve la maniere de penfer à ce fu-jet, & par le genre de bonheur (choifi) la nature des actions.

Ceux qui examinent tout avec une intelligence grave & majeftueufe, d'abord, pour terminer une affaire prennent fa bouchée d'une, (employant une) vue profonde, & ne mêlent pas leur main à toute efpece de nourriture (n'em-ployent pas tout moyen).

Qu'un homme jufte, qui a foif, fe trouve dans une fituation embaraffante, que le malheur qui le pourfuit journellement ne laiffe pas voir le moyen, fon affaire ap-profondie, de lui procurer quelqu'aifance, & qu'effrayé (de la colere) de Dieu qui n'écoute pas fes prieres, tour-menté par la faim il foit en danger de la vie; comme il y a bien des moyens de fe fervir du bœuf, cet homme ayant employé le lait de cet (animal) pour fa nourriture jour-naliere, a échapé fans inquiétude aux furprifes à l'en-chantement du fort. Un homme vigilant, voudroit re-chercher (favoir) exactement combien de jours il a paffé fans manger. (L'examen) fait, la réponfe eft qu'on ne fait d'où eft venu pendant tous ces jours la nourriture de cet affamé: mais enfin, en peu de tems, il rend l'ame le front découvert (à la vue de tout le monde): c'eft là l'hif-

-toire des misérables, (histoire) triste & qui serre le cœur.

(Loin de les secourir) beaucoup de ceux qui sont dans l'opulence, & même des proches, aspirant après le bien d'autrui, savent eux-mêmes frapper (les malheureux), & à force de frapper, de tourmenter, ils enlevent (anéantissent) la loi, & les cœurs qui s'en occupent. La passion qu'ils ont pour ce qui se montre à leurs yeux, leur fait prendre pour prétexte le besoin qu'ils sentent; & devenus ravisseurs, le bien qu'ils acquierent est le supplice éternel.

(Bien différens de ceux-ci) les cœurs pacifiques, doués d'un heureux caractere, voyent le (triste état du malheureux); une terre en friche, qui n'est à personne, dont le (propriétaire) ne se montre pas; & où quand il se montreroit (ce propriétaire) il auroit beaucoup de peine à étendre sa main vers le labour, à faire un travail; supposé même qu'il fût en état de réunir ses efforts, la force, dont l'énergie est proprement ce qui opere, ne pourroit tirer de (cette terre) ce qui n'y est pas : si l'on indique (ce qu'est la terre) & qu'il n'y ait pas de maître, il est difficile d'en tirer du profit : les (cœurs pacifiques) feront même éloignés de la donner en Sepahgueri (en Djaguir), par la pensée que le maître principal n'ayant pas pris cœur à un bien de mauvaise odeur (le Djaguir dar n'y trouvera pas d'avantage).

(Ces cœurs pacifiques) retirent aussi le bord de leur robe du commerce (ne s'en mêlent point; ils font bien éloignés) de vouloir avoir à bon marché les meubles, les étoffes qui leur font nécessaires & qui font chers; de revêtir les vices du (commerce), qui font de priser ce qui n'est pas (bon), ceux qui se levent pour acheter, de leur fermer les yeux sur les bonnes productions, de choisir son gain dans le mal des autres. Ceux qui croyant permis les

biens opposés à la Religion, y prennent du plaisir & s'y
reposent, ne leur sont point agréables; ils crient à haute
voix: si celui qui croit ces biens permis est un homme qui
voye de loin, qui ait l'ame intelligente, c'est une affaire
pleine de crainte (de danger) de rendre licites les biens
des autres (de quelque nature qu'ils soient, & de déter-
miner) comment il convient de prendre (acheter, échanger)
les biens l'un de l'autre (commerçant) avec des personnes
d'une autre Religion, non permise: autrement (lorsque
l'on n'a pas les lumieres requises) c'est une illusion du
Diable, c'est un fonds de réponses de la part des gens
avides, mais qui n'entrent pas dans les oreilles des purs.

Maintenant qu'on mette une Lampe dans les passages,
pour que le chemin où l'on sait qu'il y a un puits, un
trou ne soit pas dangereux, nuisible à celui qui n'est pas
aveugle, & que la marche des grands personnages (des personnes en place) soit comme il convient.

Comme cette multitude d'hommes qui naissent (sur la
terre) est formée avec différens caracteres, que de jour
en jour le tumulte intérieur & extérieur augmente, que
ceux qui désirent vont avec les deux pieds du cheval, (emportés par) une fureur, avec une légereté (rapidité) qui
brise la tête des Rênes; que dans cette maniere (d'agir)
qui tient du Diable & non de l'homme, l'amitié & la
justice ne paroissent pas; dans un tel lieu de malheurs,
de troubles, il faut employer un remede excellent, puissant
qui dissipe (le mal). Où le remede de l'ordre ne s'établit
pas par l'éminente dignité des commandans équitables,
dans tout lieu, (toute) maison, (tout) quartier, où faute
d'union, sans espérance, le Chef, quoique voyant (profondément) ne peut mettre l'ordre; ayant égard à son
défaut de puissance, que celui (qui a autorité semblable
à) la Majesté Divine, fasse baisser le bourdonnement, le
tumulte de ces guêpes, ces frêlons de la loi, & que son
ame veille à la garde des biens de la vie, de la réputation,
de la loi des habitans du monde.

Si

Si plusieurs, choisissant avec esprit la balance en main, ont formé le projet d'exécuter ce plan peu commun, difficile, ils l'ont entrepris sans le secours de ce bel ordre (qui doit regner dans tout); de là vient que dans ce désert de feu, les Talismans, les enchantemens, les prestiges ont encore cours, & que des tempêtes tumultueuses se sont élevées & s'élevent encore de cette mer impure, trouble, faite pour (exercer) le pinceau des peintres. C'est par simplicité, & manque de vue, qu'ils se sont enfoncés & s'enfoncent encore dans ces vagues, ces flots d'ignorance. Celui qui, à la lumiere du bonheur, a retiré les rênes de l'acquiescement, a trouvé les dépenses d'un long voyage dans sa fin (en ne l'entreprenant pas). Dans les quatre côtés (de ce monde) plein de malheurs, rendu par la folie, le défaut de la loi, l'impiété, un lieu de mépris, d'ignominie pour les Grands, si celui qui examine avec intelligence, qui fait agir, vient à passer dans cette assemblée d'ignorance, malheureux qu'il est, qu'il prenne la forme (l'extérieur) du fou, s'il veut se garantir de l'opprobre des méchans, de la vile populace.

On sait que dans chaque endroit fertile il y a beaucoup de Seigneurs de biens (de gens riches), qui ont, de pere en pere, des terres en labour; que le (Trésorier), en conséquence, livré à des dispositions corrompues, ne cherchant qu'à détruire, n'aille pas presser la grappe pleine; que la main de la cupidité ne s'étende pas sur eux.

Si il faut que le laboureur soit secouru par la Cour des Rois, qu'on lui rende justice, qu'on prenne soin de sa vie; il faut aussi que le marchand soit garanti de la destruction du mal que peut lui faire le passant armé, & que celui qui dans le monde a le commandement, lorsqu'il aide, ait dans le cœur la bonté de Dieu qui s'étend sur tout. Que toujours sa volonté choisisse avec intelligence, & le peuple sera entouré des biens qui lui sont nécessaires. Que le cours de ses actions pleines de justice, comme une mine de sel, rende pour ce qui ne l'est pas, ce qui est mauvais, bon; quand même, n'étant pas secondé par des (amis) fideles, & n'ayant pas ce qui est nécessaire à la prééminence de sa place, il ne pourroit pas faire avec dignité l'avantage de la Tréforerie: mais le service ufité dans le monde, & l'obéissance aux ordres qu'il ne les prenne pas pour le masque (la marque) de l'ordre, (la violence & la crainte pouvant en être le principe).

De plus que tout homme qui est sain de corps, d'abord rempliffe l'état de foldat, & faffe son occupation de fecourir, aider; pour que l'ame étant dans une affiette égale, recueillie en elle-même (fatisfaite), la fureté de la vie, la tranquillité fe répandent (par tout), & que le cultivateur ait en abondance la nourriture journaliere, comme (on donne) le foin à l'animal domeftique: & fi dans cet (état) il ne procure pas les avantages (qu'on attend de lui), c'eft donc par rufe & pour tromper, qu'il eft entré dans la troupe de ceux dont la fonction eft d'aider. Or on doit faire confifter la nourriture journaliere en deux chofes; la juftice de la part de ceux qui commandent dans le monde, & le foin de l'abondance pour ceux qui obéiffent avec des difpofitions droites.

Ceux qui font dans un état bas, leur caractere, leur naturel eft vieux (foible, lâche); ils ne connoiffent pas la langue (qui parle) à propos, ne pefent pas (ne font pas) ce qui convient, quoiqu'ils le connoiffent: c'eft l'eau de l'épée (l'autorité) qu'il faut conduire dans cette terre falée, & non une eau pure (& douce).

C'eft pour (fatisfaire) la magnificence & le fafte (des Grands) que les marchands de chaux font dans les fours, & que les jours des purs, qui ne cherchent que la juftice, fe paffent dans la douleur. Le falaire fixe que la main donne pour la garde de ces quatre perles fans prix (l'homme & fes biens), doit toujours être proportionné, convenable: rempli autant que l'homme peut l'être, de la fou-

miffion à la volonté de Dieu, que le maître d'une maifon donne régulierement ce dont il eft convenu, à ceux qui la gardent. Ceux qui logent les paffans (les aubergiftes) ceux qui veillent à leur fureté, dans leurs retraites font les gardiens du monde. Si l'on fait tant de dépenfe pour la loge d'un chien de garde, quel remerciment, ne doit-on pas faire, pour un dépôt confié & gardé? Où la fonction de l'Aubergifte, de celui qui veille à la fureté des paffans, s'étend vifiblement fur les quatre grandes perles (ce qui concerne l'homme), que ceux à qui le commande-ment appartient, (chefs) très équitables, n'empêchent pas l'action de s'achever, & n'y mêlent pas la main de la cu-pidité. Il eft effentiel que vous teniez une conduite diffé-rente, ou la même que celle-ci, felon la différence des tems & des lieux, ainfi qu'il conviendra, & qu'il naîtra de lumieres de ces paroles qui touchent le cœur (perfuafi-ves, ou qui font pour le bien de l'humanité).

Tout ce que les commandans, doués d'une intelligence grave, prennent du Raaïet, après avoir examiné profon-dement (fa fituation), & avec toute la juftice que la cho-fe demande, & donnent à ceux qui lui obéiffent, qui font à leur fervice, qu'ils employent, pour terminer cette ope-ration d'une maniere éternelle (ftable), le choix qui con-vient. Qu'ils ayent encore foin que la nourriture jour-naliere du foldat foit abondante & choifie.

Que l'on faffe l'éloge du Cultivateur, & de ceux qui ont d'autres états, & des anciens ouvrages des Grecs, de maniere que les conditions, les états ne paffent pas trois genres; le grand, le bas, le moyen. Le premier agit par l'ame, & eft de trois efpeces. La premiere (confifte) dans la perle de l'intelligence, comme la vue longue, & l'efprit d'ordre; la feconde dans la fcience, comme celle d'écrire & l'éloquence; la troifieme dans la force du cœur, comme l'état de foldat. Les (états) bas font auffi de trois efpe-ces. (Toute) occupation tendante à détruire l'univerfalité

des hommes, comme de faire amas de grain pour le monopole ; la feconde tout art qui déprime les autres arts,
comme celui du bouffon ; la troifieme que l'on fuit & que
l'on a en horreur à caufe de fon impureté, de ce qu'elle a
d'abject, comme l'(avocat) qui foutient toutes fortes de
caufes, le corroyeur, & celui qui enleve les ordures. Les
(états) moyens (préfentent) différentes fortes de gains &
de métiers ; quelques-uns de (gens) malheureux, comme
celui du Scieur ; (les métiers) où l'on recommence (l'ouvrage) quoique fans cela il foit achevé, comme celui (de
l'ouvrier) qui met en couleur. Quelques-uns fimples non
compofés, comme la charpenterie, & la ferrurerie, le
travail en fer ; plufieurs compofés, oomme l'art du faifeur
de balances & du coutelier. L'explication de tout cela
préfente un champ vafte.

En général le meilleur principe de la nourriture journaliere, eft l'état, le métier, qui approche le plus de la
juftice (du pouvoir) de faire du bien, de l'humanité, &
qui eft le plus éloigné du mal faire, du mauvais caractere.

Les purs connoiffent dans (tout) état trois bonnes chofes, mais (fouvent) fans pouvoir (les faire exécuter) ;
l'éloignement de la violence ; s'abftenir d'être d'un côté foffe
profonde (occafion de perte), de la méchanceté de celle
qui réunit le mal & l'opprobre, comme la bouffonnerie,
la raillerie ; & de plus le mépris (pour la paffion) d'a-
maffer, lequel empêche de placer fon cœur dans la méchanceté, fort fort honteux & malheureux.

Lorfque la nourriture journaliere, bien choifie, eft ra-
maffée, il convient de garder pour celui qui eft fans fe-
cours, une portion du bien, afin que l'homme ne foit
ferré ni dans le logement ni dans le vivre. Et quand
l'indigent préfente (fon befoin), qu'on ne le renvoye pas
fans le fatisfaire. Que le (chef) ne fe livre ni à la
calomnie ni à l'envie du bien (d'autrui).

· *L'état de celui qui loge (les paffants) ne peut donner
du bien, à moins que la dépenſe ne ſoit moindre que la
recette, & qu'on n'employe quelque choſe en gain, qu'on
ne frappe, en comptant, les mains (l'une avec l'autre)
qu'on n'ait la quantité requiſe d'argent comptant pour
les prix, avec une collection de différentes choſes & marchandiſes, & qu'on n'en mêle un peu pour la commodité,
l'utilité des autres. Qu'il faſſe préparer de bonne nourriture des terreins (des endroits ſéparés ou des meubles),
& en donne des portions à des juſtes qui ne parlent que
de l'éternité; qu'il faſſe ainſi la dépenſe d'une maniere ſta-
ble avec intelligence, après avoir examiné avec vérité, &
avec l'humanité, avec la pudeur de l'amitié: (tel eſt l'é-
tat du chef).*

*Que le don & la perception (des redevances) ſe faſſent
à front ouvert. Que le cœur ne trouve pas entrée dans le
ſecret (l'intérieur) de la maiſon. Que préſenter de ſoi-
même (ce que l'on donne), ſoit l'intention de ſe ſoumettre
à la volonté de Dieu, ſans attendre le remerciment, le:
que Dieu conſerve vos jours. Et qu'on n'attende (n'exige) pas une trop longue information pour (aider) les pauvres cachés (honteux).*

*Il y a de plus deux manieres de donner; leſquelles
ſuivies à l'équierre (exactement) les choſes ſe font comme
il convient. La premiere, lorſque l'on donne par libéralité & en ami de cœur; pour remplir tout ce que ſignifie
cette (maniere de donner), il faut que le (don) ſoit auſſi-
tôt couvert (oublié que fait), que l'abondance & la grandeur de la (libéralité) ſortent des (paroiſſent dans les)
yeux, que l'état (de celui qui donne) ne ſoit pas briſé,
plaintif (qu'il donne avec gaité). La ſeconde (maniere de
donner), eſt celle qui vient de la néceſſité pour obtenir
grace, & chaſſer la triſteſſe (le mal); comme on donne
aux violens, aux voleurs, pour que la vie, les biens &
autres effets ſoient délivrés des pillards. Dans ces circon-*

ſtances il faut tenir le milieu; & même lors que l'on cherche (l'on demande) grace, il vaut mieux être plus près du trop (offrir, de donner trop que trop peu).

(Parmi) les hommes de ce monde, d'un genre de vie different des trois (nommés ci devant) un aſſez grand nombre tombent dans un tel aſſoupiſſement, que (ne ſongeant pas) à ce qui leur convient réellement, leur cœur ne s'occupe pas de ce qui peut leur arriver; quelques uns, par le cours des aſtres, ſont tellement rendus fous (étourdis) ſur leurs vrais beſoins, que le ſouvenir de la nourriture journaliere leur paſſe de l'eſprit. Mais que ceux qui cherchent avec examen le bonheur, doués d'une intelligence relevée ne chaſſent pas (ne laiſſent pas ſortir) la connoiſſance de leur main; qu'ils rendent ce qui paroit, le fonds (le principe) d'une abondance cachée, dans l'eſpérance que tant que les liens trouvent place dans le cœur, (la fermeté du cœur ſe ſoutient,) la racine du bonheur s'y raſſemble; comme, lors que la culture, la croiſſance, paſſe dans un champ en friche, elle y produit une aiſance choiſie. La main de l'homme de ce monde trouve en paiement (de ſa peine), une nourriture journaliere convenable dans l'action & la juſtice de ceux qui ſont aſſis ſur le Trône. La prudence, l'habileté qui n'a pour objet que la pureté, de ceux dont la main ſecourt, recherche (& procure) le bonheur; & de ce que la meſure de l'excellence du commandement, dans chaque pays, où il y a differentes manieres de chercher ce qui eſt pur, eſt elle même differente, quelques uns, avec peu de ſoins, d'application, donnent beaucoup; quelques autres, au contraire (avec beaucoup d'application donnent peu). Selon l'éloignement ou la proximité de l'eau & de la fertilité, le travail eſt de même different.

La mauvaiſe volonté (la cupidité) garde elle même les terreins, & en retire (ce qu'elle deſire) ſelon l'étendue (ou le produit).

Dans les vaſtes contrées de l'Indouſtan, où dans tous les tems il y a eu tant de perſonnes chargées du commandement, agiſſantes avec intelligence, on prend la 6ᵉ partie du chanvre. Dans le Roumeſtan (l'Aſie mineure, la Turquie) le Touran &

l'Iran (la Perſe au nord & au midi de l'Oxus), la 5.e & la 6.e c'eſt-à-dire, qu'on prend un (de cinq ou de Six.) On prend quelque choſe pour garder l'homme contre le mal & on l'appele Akhrads (impôt, tribut).

Kobad (Roi de Perſe) eſt mis au nombre des (Princes) blâmés, pour avoir fait cet acte de violence, de vouloir reprendre une terre labourée & meſurée: mais il mourut avant que d'avoir accompli ſes deſirs. Noſchirvan (ſon fils) établit une adminiſtration convenable; il regla (les redevances) ſur le produit d'un Djérib, qui eſt de 60 Gazes kosris (Royales) multipliées par 60 Gazes; & du quart d'un (Djérib) il prit un Kafiz, fixant à trois Derhems & un tiers le Cocode (le fruit, ce qui devoit revenir à) l'adminiſtration.

Le Kafiz eſt une meſure, appelée encore SSaa, qui contient huit Rattals juſtes; le Derhem eſt la meſure du Metſkâl.

Lors que le Khalifah fut parvenu à Oomar, ſur l'expoſition que les perſonnes au fait, inſtruites, firent (à ce Prince) des principes d'adminiſtration de Noſchirvan, il les adopta d'abord. Puis, par l'enchantement du tems, il introduiſit d'autres formes, comme le diſent les anciens livres. Et dans le Touran & l'Iran, depuis long-tems, on prend un de dix: mais il eſt arrivé qu'enfin on paſſe à (ſe contente de) la moitié (le vingtieme): par là il ne réſulte pas de mal d'une coutume (forme d'adminiſtration) faite pour produire la violence.

En Egypte on prend par Kadan (Feddan) trois Ibrahimes; pour un (feddan) de moyenne qualité, deux; pour un de mauvaiſe qualité, un. Le (feddan) eſt une quantité de terrein de cent Kaſsbeh (multipliés) par cent Kaſsbehs; chacun de la longueur d'un cep de vigne (ou d'un bagh, d'une corde de caire, & l'Ibrahim a cours pour 40 Kibers; 14 kibers font une Roupie de Schah Akbar.

Dans quelques terreins (endroits) Roumis (de Turquie) on prend du laboureur, qui a une paire de bœufs, trente Aktchehs, (aſpres) c'eſt une piece d'argent, dont 80 font un Ibrahim, & lors qu'ils ſont purs, 42. On prend du Sipahi (Sol-

dat qui a un Timar) 21 Aktchehs; le maître du Soubah prend 15 autres Aktchehs: & dans quelques lieux (on prend), pour une petite maison, 27 Aktchehs du Sipahi; & l'Hakem, Six. Dans quelques autres lieux (on prend), 27 Aktchehs, & trois Aktchehs pour le Sadjakbeigui, & 12 Aktchehs pour le Soubafchi, c'est-à-dire le Katoüal. Il y a encore.dans cet Empire d'autres manieres (de lever les contributions).

Dans la meilleure loi, on compte trois manieres de tenir les terres; Aafcheri (à charge de Dîme), Khéradji (avec tribut), Sfolhi (par accord, compofition). Les deux premieres fe (divifent) en cinq (efpeces), & la derniere en deux.

La premiere terre (Aafcheri) eft celle de Tahamah, qui eft la Meque; celles de Ttaef, d'Iemen, de Ooman, des deux mers, & des cinq Tribus Arabes unies en confédération. La feconde, la terre dont le maître a le cœur étranger, barbare & incliné vers la loi. La troifieme mauvaife, gatée (ou malheureufe), qui ayant été prife de force eft rendue de mauvaife odeur (ou partagée). La quatrieme dans tout lieu où ayant accepté la loi, on bâtit fur la terre une maifon, on établit deffus une perfonne impure (on la lui loüe), ou bien l'on fait un jardin que l'on façonne avec de l'eau de pluye; ou bien on la divife en plufieurs parties. La cinquieme eft une terre gatée, mauvaife, qui par le miniftere (ou felon la coutume, la forme) du chef de la fortiere devient fertile.

La terre Kheradji eft (1°.) le Pharès & le Kirman. 2°. La terre dont le (propriétaire) fait un jardin potager ou de fleurs pour fa maifon. 3°. Lorfqu'un Mufulman rend fertile une mauvaife terre, lui donne de l'eau d'une fource dont le fondement, l'ouverture eft dans le Fifc (appartienne au Fifc). 4°. Un pays qui par la paix acquiert la férénité, s'épanouit. 5°. La terre qui eft cultivée avec de l'eau de tribut.

La

La terre Sfolhi eſt celle des enfans de Behran & des enfans de Taghlab (ou de tyrannie de conquéte); les anciens livres en donnent l'explication.

Dans quelques livres on fait (on diſtingue) quatre ſortes de terres. La premiere que les maîtres de cette Religion (les Muſulmans) ont rendue ſertile; on la marque terre Aaſcheri. La ſeconde où les maîtres de la terre, ſe ſoumettent à cette loi (la Muſulmane): ſelon la pluspart elle eſt Aaſcheri, chez quelques-uns, ſelon la ruſe, la fraude du tems, elle eſt Aaſcheri ou Kheradji. La troiſieme, ce qu'on a pris de force: beaucoup la diſent Aaſcheri; d'autres, Kheradji; & quelques-uns, ſelon le cours du tems, ils ſont paſſer la charge (l'impôt). La quatrieme, où des étrangers à la Loi ont fait pour elle (cette terre) un accord: on la met au nombre des (terres) Kheradji.

Le Kheradj s'entend de deux manieres: la cinquieme partie ou la ſixieme (du revenu); eſt le Kheradj, (eſpece de) paye annuelle fixe & convenue que l'on donne ſelon ſon foible pouvoir & le profit (que l'on retire). D'autres appellent Kheradj le fonds du Mâl, & le produit des fruits; & lorſque l'ayant diviſé en parties, il y a plus que la dépenſe (les frais, &c.), ſelon l'ordre (l'accord fait), on prend tant de ce qui reſte ainſi diminué, & on l'appelle Aaſcher: & dans chacune de ces (manieres de tenir les terres) il y a de grandes différences, variétés.

Oomar, dans ſon tems, prit des perſonnes qui n'étoient pas de ſa Religion; le plus, 48 Derhems; le moins, 24; & 12 de préſent; & donna à ce (Tribut) le nom de Djeziah.

Dans chaque Royaume, indépendamment des terres labourées; on exige quelque choſe du bien d'un homme; & on appelle cela Tamga. Dans le Touran & l'Iran, on prend quelques choſes (redevances) ſous le nom de Mâl;

N n.

*on en prend d'autres fous la forme de Djéhat ; on en de-
mande un petit nombre comme Saïer djehat ; & combien
fous le nom de Vodjouhat, & de Fardaat! La meilleure
parole (la plus fure) eft que, ce que fur des terres, le
revenu recueilli dans leur étendue, on obtient de fixe fur
le pied du quart, on l'appelle Mâl ; ce qui eft choifi
(pris) des différentes efpeces d'artifans, on le nomme
Djéhat ; le refte Saïer djéhat : & ce qui appartient au
Mâl, on l'appelle Vodjouhat, s'il va (eft porté) au Divan ;
s'il n'y va pas, on le nomme Fardaat. Et fur chaque
terre c'eft le malheur —— qui a apporté ces demandes,
ces exactions, & qui fait le tourment de l'homme.*

*Le maître du monde a ordonné d'agir avec intelligen-
ce, d'avoir foin du monde, de regarder profondément ;
mais qu'on lance fans compte, toutes fes demandes, il
n'approuve pas que l'homme s'habitue à cette violence : il
faut d'abord qu'il prenne, la jufte mefure de la Gaze, du
Ttanabet du Peikéh, & qu'en homme de bien, actif, (par
là) il établiffe le repos, la paix, enfuite il fera paroître
les différentes fortes de terres felon leur étendue, & en
prendra la mefure comme pour les garder.*

L'EXPLICATION détaillée de cet Article demanderoit
un ouvrage à part. Il me fuffit de rappeler ici les précautions prefcrites au Tréforier, dans l'exercice de fa charge ;
précautions qui vont toujours au foulagement du Cultivateur. On voit clairement dans ce morceau important, le
Raaïet diftingué du *Djaguirdar* ; le premier propriétaire,
le propriétaire réel, du Bénéficier ; on y voit des terres
tranfmifes de pere en fils. Le foldat y eft repréfenté comme un gardien, un protecteur ; le Chef, quel qu'il foit,
comme le maître d'une hôtellerie, d'un grand *Caravanfe-
rai*, lequel doit fournir aux paffagers tout ce qui eft néceffaire à la vie, & ne gagner que pour les frais de l'établiffement & les provifions. On y parie des redevances,
des impofitions comme d'une vexation, d'un *tourment*, d'un

malheur. Nulle part le Monarque de l'Indouſtan, ni ceux de Turquie, de Perſe, ne ſont dits propriétaires des terres de leur Empire. On voit paroître les poſſeſſeurs réels ſous le nom de *Khodavandan Zemin*, *Saheban Zemin*, *maîtres de terre*, *Sieurs*, *Seigneurs de terres*; & ces propriétaires, qui ne le ſont pas par ſimple conceſſion du Gouvernement, payent à l'Etat, ce que les différentes terres qu'ils exploitent lui doivent, ſelon le Tarif reçu dans le pays qu'ils habitent.

Forme, (nature) de la Gaze Elahi.

C'eſt une meſure juſte & fixe, qui détermine l'état de ce qui eſt petit ou grand: l'honnête homme & le méchant (le fripon) la déſirent (s'en ſervent). Dans l'étendue de l'Indouſtan, trois eſpeces, (de Gazes) ont cours; la grande, la moyenne, la petite. Et chacune eſt diviſée en 24 parties égales, que l'on appelle Ttaſſoudj. Or dès le commencement le (Ttaſſoudj) a été évalué juſte à huit Djos (grains d'orge) mis de ſuite & ſe touchant dans la largeur; & ſelon deux autres (évaluations), à ſept & à ſix. On meſure avec la grande gaze les champs en labour, les Troupes, les Villes, les Fortereſſes, les Reſervoirs, (étangs en pierre, abreuvoirs) les murs de terre; on meſure avec la moyenne (les lieux) de repos, les bâtimens, les maiſons ſans murs (les Pandals, Divans &c.), les endroits où l'on converſe, les puits, les jardins; & avec la petite, les morceaux, les armes (& uſtenciles), les lits, les différens carquois, les ſeaux (vaſes) les (meubles) de ſandal, les effets précieux, & autres choſes ſemblables. Dans d'autres contrées, on fait bien la Gaze de 24 Ttaſſoudj: mais on compte pour chaque Ttaſſoudj deux Hébéhs; & l'on fait chaque Hébéh, de deux Djos; chaque Djo, de ſix Kheirdals, (graine de moutarde) (a) douze Kals fatilehs; chaque fatileh, de ſix Nakirs; cha-

(a) Peut-être, chaque Kheirdal, douze Kals fatileh.

que Nakir de huit Kattmirs; chaque Kattmir, de douze dézéhs; chaque dézéh de huit Hébas, & chaque Héba de dix Véhiméh. On appelle encore quatre Ttaffoudjs un Dang, & fix dangs une gaze. Quelques-uns prennent la Gaze pour une mefure de 24 doigts; chaque (doigt) de fix Djos jufte, fe joignant par la largeur; & chaque Djo de fix poils de plume d'oifeau. Dans de vieux livres (Regiftres) on pefe (on évalue) la Gaze à deux têtes & deux gueréhs (articles) du pouce; on la mefure fur le pied de feize articles (de pouce); chaque article de 4 parties, nommées 4 béhers; & chaque béher eft la 64e. partie de la Gaze. Dans plufieurs vieux livres de compte, on compte fept fortes de Gazes.

GAZE SOUDAH.

Elle (eft) de 25 doigts & deux tiers. Haroun Arrafchid Aabaffi, en prit la mefure fur la main d'un efclave habiffin, tel que les anciens en avoient pour le fervice: & l'on mefure avec cette (gaze) la hauteur du Nil, fleuve d'Egypte, & les meubles, tapis de maifon.

(GAZE) ZERAA KABSSEH.

On l'appelle encore Zeraa Aameh (coudée générale) & Zeraa dawer (coudée courante). Elle eft de 24 doigts. Aley Leyli l'a mife en ufage.

(GAZE) BOUSSIINÉH.

Les Chefs de Baghdad mefurent avec cette (gaze), qui eft de vingt cinq doigts.

(GAZE) HASCHMEH SSAGHRI.

De 28 doigts, (un) tiers. Belal, du Pourab, l'a introduite (mife en ufage). Quelques-uns racontent qu'Abou Mouffi, très-grand Poëte, s'en fervoit.

ADDITION.

(GAZE) HASCHMEH KABRI.

Manſſour Abaſſi l'a évalué de 29 *doigts, deux tiers.
On l'appelle encore Zeraa Molk (la coudée du Royaume),
& Ziadieh : Ziad ſignifie très-grand. Abou Sſofian a
meſuré avec cette (gaze) la terre de l'Eerak Aarabique.*

(GAZE) OOMRIEH.

De 31 *doigts. Oomar pendant ſon Khalifat, examina
(différentes) gazes, petites & moyennes, & en choiſit
trois; & des trois, les palmes & les pouces étant réunis,
il en fit une beaucoup plus conſidérable; l'ayant fait im-
primer (graver, ſculpter) de tout côté ſur les fortereſſes,
il l'envoya à Hadik & à Ootsman fils de Kheiſ. Ils me-
ſurerent avec cette (gaze) le territoire de l'Eerak Aarabique.*

(GAZE) MAMOUNIH.

De 70 *doigts, moins un tiers. Mamoun Aabaſſi lui a
donné cours. On a meſuré avec les fleuves, les déſerts,
& les Farſangs. Quelques-uns des (Ecrivains) paſſés
marquent la gaze aux toiles, de ſept palmes, chaque palme renfermant quatre doigts; & ſelon quelques autres,
moins un doigt. La gaze pour meſurer des terres, chez
la plûpart eſt de même de ſept palmes, & chez pluſieurs,
de ſept palmes avec un doigt ajouté au ſeptieme palme:
& il y a des claſſes (d'hommes qui) ajoutent un doigt à
chaque palme de cette gaze. Chez tous (les Ecrivains),
la Gaze du Sultan Sekouder étoit de ſept palmes, avec un
doigt ajouté à chaque palme. Il a auſſi introduit dans
l'Indouſtan (ſa gaze), & en a pris la meſure de* 41
*Eskanderis & demi : l'(Eskanderi) eſt une monnoye d'ai-
rain, ronde, mêlée d'argent. Ce (Sultan) qui eſt en Pa-
radis, y a ajouté une autre moitié, & l'a fixée à* 42 *(eskanderis). Sa meſure étoit de* 32 *doigts. Et par les
anciennes ordonnances elle a cours dans cette forme (me-*

fure). *Au tems de Schirkhan & de Selimkhan, où, par la repartition, la division du grain (pour Tribut &c.), la poffeffion de l'Indouftan a eu une forme fixe, & ferme, ou mefuré avec cette Gaze, (& cela) jufqu'à la 31e. année Elahi : quoique pour les toiles la Gaze de Schah Akbar, égale à 46 doigts ait fervi, cependant on a employé pour l'agriculture & les bâtimens la (Gaze) Eskanderi. Le Scheheriar (Akbar), dont la fcience examine (tout), faifant réflexion que ces Gazes, de différentes efpeces n'étoient propres qu'à diffiper les cœurs (les faire errer dans l'incertitude), après (les) avoir pefées (d'une main) amie (de l'humanité), ne les trouvant pas juftes, il les a toutes retirées du milieu (du peuple), & a donné cours à une gaze jufte & reglée, égale à 41 doigts ; & pour rappeller dans la mémoire le Dieu fuprême, il lui a donné le nom de Gaze Elahi : & maintenant, dans toute opération, la main de l'homme qui pefe (jufte, l'employe).*

Forme du **TTANAB.**

Le maître du monde, dans la mefure du Djérib, a confervé d'une maniere fixe l'ancien compte des Gazes ; favoir de 60 gazes par 60 gazes : mais il a fixé que ce feroient des Gazes Elahis. Dans ce terrein fertile, la mefure du Ttanab fe fait avec une corde appellée San, laquelle féche ou mouillée allonge ou raccourcit. Lorfqu'elle eft à la rofée, par là elle fe gonfle : de cette maniere fi l'on commence (à mefurer) le matin, (la corde) prend de l'humidité, & devient un peu plus courte ; mais à la fin du jour, s'étant féchée, elle devient plus longue. Avec la premiere on trace le vifage (l'état, le revenu) des laboureurs ; avec la feconde, on finit (on trace) la main du falaire du gouvernement du monde, (qui eft fort étendue). La 19e. année Elahi le Djérib acquiert un ordre éternel (eft fixé d'une maniere invariable) : on prend la mefure, avec une chaîne de fer ; (par là) il n'y a ni diminution ni augmentation ; l'homme obtient dans le monde le repos, l'aifance ; & la main fe trouve courte à ceux qui défirent de commettre la fraude, de tromper.

Forme du PEIKÉH.

On appelle ainsi le Djérib. C'est une portion de terre de 60 gazes en long & en large. Et si dans la longueur, (ou) dans la largeur il y a moins, & dans une autre (dimension) plus, dans le compte il y a des fractions: le produit total est de 3600 gazes: & c'est avec le (Peikéh) qu'on prend la mesure des terreins. Or le Peikéh se divise en vingt parties, chacune appellée Besvah. Celle-ci est encore divisée en vingt parties, chacune des quelles est nommée Besvansah. En mesurant on ne passe pas cette (division); jusqu'à neuf Besvansahs, on ne demande pas de Mâl d'un terrein. S'il y en a dix, on demande (exige) un Besvah (a). Quelques-uns divisent encore le Besvansah en vingt parties, & appellent chacune de ces parties Tesvansah; lesquels ils divisent encore en vingt parties (appellées) Batvansahs: ils divisent encore celles-ci en vingt parties, & appellent chacune de ces parties Ansvansah. Un Peikéh (mesuré) au Ttanab san (de corde) est plus petit que celui qui l'est au Ttanab Bans (de Bambou), de deux Besvahs, douze Besvansahs: & dans chaque centaine de Peikéhs cela fait treize (Peikéhs) de différence. Quoique le Ttanab de corde soit de soixante gazes, cependant dans la chaleur (en cent Ttanabs) il y a augmentation de cinquante six gazes. Et la Gaze Elahi est plus grande que la Gaze Sekaaderz d'un Besvah (b), seize Besvansahs, treize Tesvansahs, huit Batvansahs, & quatre Ansvansahs. Et la différence des deux, dans un Peikéh, est (c) 4 Basvahs, vingt Besvansahs, treize Tesvansahs, huit Batvansahs, & quatre Ansvansahs; & dans cent Peikéhs (mesurés) des deux manieres, elle est de vingt deux Peikéhs, trois Besvahs, & sept Besvansahs.

(a) Je crois qu'il faut, un Besvansah.
(b) Il faut, d'un Besvansah treize Tesvansahs &c.
(c) Il faut, quatre Besvahs huit Besvansahs.

FORME DE LA DISTRIBUTION DES TERRES.

(SELON LEUR RAPPORT.)

Et la mesure du Coco (du précieux fruit) du commandement du Scheheriar, qui agit avec intelligence, est selon la gaze, le Ttanab, & le Peikéh; & par (principe de) justice, avec une vue profonde, il a séparé les terreins mauvais; & a demandé de chaque (terrein) un Kheradj different.

Le BOULADJ.

On le cultive d'année en année, portion par portion; & il perd de sa force.

Le PAROTI.

On le cultive beaucoup; & par ce moyen sa force augmente.

Le TCHETCHER.

N'est pas labouré de trois à quatre ans.

Le BANDJER.

Est fertile (rapporte) cinq ans, & non plus. Dans les terreins mauvais (inégaux), premierement les choisis (les meilleurs) les moyens, les mauvais, on ramasse tous les genres de productions. On regarde la troisieme partie de cet (amas) comme le produit réel; & la main du Salaire du Gouvernement du monde, en prend le tiers. Pour ce qui est du quart que Schirkhan prenoit, aujourd'hui, dans tous les Soubahs, comme on ne peut guere le marquer (ce quart, le peuple) ne le donne pas. La compensation (proposée) a été acceptée; & pour le soulagement, le bien être du Soldat & du Raaïet on demande en argent le prix (du) pour le (salaire du) Chef.

Le

Le Rabii Rabée Bouladj.

On l'appelle en Indou, Afadi. Dans un Peikéh de (qualité) supérieure (il donne) dix huit mans de froment; dans un de moyenne, douze; dans un mauvais (Peikéh), huit mans, trente cinq feires: (cela fait) en tout, trente huit mans, trente cinq feires & un tiers. On retire de produit fixe douze mans, trente huit feires & un Pa; & de trois un, (c'est-à-dire) quatre mans, douze feires pour le Coco (le fruit, la part) de l'adminiſtration.

Le Nokhoud (pois chiches).

(Donne ſelon la bonté du Peikéh) treize mans, & demi; ſept & un demi tiers; dix mans & treize feires & demie. On en tire (pour l'adminiſtration) trois mans, dix-huit feires.

L'Aadas (Lentilles).

En Indou on l'appelle Sour (il donne) huit mans, & dix feires; ſix mans & demi; quatre mans & vingt-cinq feires. De trois, un (donne pour produit réel) ſix mans, dix huit feires & un Pa. On demande (pour l'adminiſtration) deux mans, ſix feires.

Le Djo (l'orge).

(Donne) dix huit mans; douze mans; huit mans & demi, & quinze feires. On prend de fixe quatre mans, douze feires & demi.

Le Katan (lin).

En Indou on l'appelle Zadalſi (il donne) ſix mans & demi; cinq mans, dix feires; trois mans, trente feires. On exige un man, vingt neuf feires.

O o

Le TOKHM MAASSFAR, (*pour la teinture*).

En Indou on l'appelle Nazad karar. (Il donne) huit mans, trente seires; six mans, trente seires; cinq mans, dix seires. On exige deux mans, douze seires.

*L'*ARZAN (*mil*).

En Indou on l'appelle Boum - djinah. (Il donne) dix mans & demi; huit mans & demi; cinq mans, cinq seires. On donne deux mans, vingt sept seires & demie.

Le SERESCHF.

Les gens de l'Inde l'appellent Sarsour. (Il donne) dix mans & demi; huit mans & demi; cinq mans, cinq seires. On prend de fixe deux mans & demi, & sept seires & demie.

Le MANGUE (peut-être *datte*).

En Indoustan on l'appelle Mater. (Il donne) treize mans; dix mans & demi; huit mans, & vingt-cinq seires. On rend au Divan trois mans & demi & trois seires.

Le SCHAMLIT, (*se same*).

Dans l'Inde on le nomme Mithi; & en Arabe, Héléh. (Il donne) quatorze mans; onze mans; neuf mans & demi & quinze seires. On retire trois mans & demi & quinze seires.

Le SCHALI-KOUR.

C'est une mauvaise espece. (Il donne) vingt-quatre mans; dix-huit mans; quatorze mans, dix seires. On exige six mans dix seires.

Pour le NANKHOUA (*l'anis*).

En Indou on l'appelle Adjyain; l'oignon & les autres verdures, dont le quart n'eft pas donné fixement, on a établi un Tarif (de ce qu'il faut donner) en argent.

Le KHARIFI-RIAH (*fruit d'automne*).

En Indou on l'appelle Savani. (fans évaluation).

Le KAND-SIAH (*chanvre noir*).

(Donne) treize mans & demi; fept & demi (.......) On prend trois mans, dix huit feires.

Le PATBEH (*ou Ponbeh, Coton*).

(Donne) dix mans; fept & demi; cinq. Il y a deux & demi de fixe (pour le Divan).

Le SCHALI MOSCHKIN.

Petit grain (ou Cumin), blanc par derriere, de bonne odeur, qui vole (paffe) promptement à la digeftion. (Donne) vingt quatre mans; dix huit mans; quatorze mans, dix feires. On prend de fixe fix mans, dix feires.

Le SCHALI SADEH.

N'eft pas bon pour l'homme. (Il donne) dix fept mans; douze mans & demi; neuf mans, quinze feires. On tire quatre mans, treize feires.

Le MASCH (*grain qui fe mange*).

Les Indiens l'appellent Mounk. (Il donne) dix mans & demi; fept mans & demi; cinq mans, dix feires. On retire de fixe deux mans, vingt trois feires & demie.

Le MASCH SIAH.

On l'appelle ordinairement comme pour le Mounk.

Le MOUTEH.

Moins bon que le premier Mafch, meilleur que le (Mafch) Siah. (Il donne) fix mans & demi ; cinq mans, dix feires ; trois mans, trente feires. On fait paffer au Divan un man, vingt neuf feires.

Le DJERRAT.

Dans ce Canton on l'appelle Djoar. (Il donne) treize mans & demi (.......) ; fept & demi. On exige trois mans & dix-huit feires.

Le SCHAMAKH.

Dans ce terrein on l'appelle Sauvan. (Il donne) dix mans & demi ; huit & demi ; cinq mans & cinq feires. On prend deux mans & vingt fept feires & demie.

Le KODROUN.

Comme le Schamakh, mais la peau extérieure courbée en lune, un peu obfcur. (Il donne) dix fept mans ; douze mans & demi ; neuf mans, quinze feires. Quatre mans, douze feires & demie, (pour le) droit du Divan.

Le GONDJED (la navette).

En Indou on l'appelle Teil (huile. Il donne) huit mans ; fix ; quatre. On exige deux mans.

Le KÂL.

Les gens de l'Inde l'appellent Gangoni. (Il donne) fix mans & demi ; cinq mans, dix feires ; trois mans, & trente feires. On retire un man & vingt neuf feires.

Le Touria.

Comme le Serefchf, mais il eſt précieux, par ſon rouge. (Il donne) ſix mans & demi; cinq mans, dix ſeires;
trois mans, & trente ſeires. On exige un man & vingt
neuf ſeires.

L'Arzan.

Il eſt ayant (meilleur que) le Rabii. (Celui du printemps. Il donne) ſeize mans; treize mans & demi; dix
mans, & vingt cinq ſeires. On demande quatre mans &
dix-huit ſeires & demie.

Le Sahdrah.

Pour l'épi & le grain ſemblable au Kâl. (Il donne)
dix (mans) & demi; ſept & demi; cinq mans, dix ſeires. Répond (rend) deux mans, vingt trois ſeires &
demie.

Le Mandvah.

Son épi comme (celui) du Schamakh, & ſon grain
comme (celui) du Serefchf: mais quelques-uns rouges; la
plus-part blancs. (Il donne) quinze (mans) & demi;
neuf; ſix mans & demi. On retire trois mans.

Le Loubia (eſpece de petite feve).

Comme le Samla, un peu (plus) petit. (Il donne) dix
mans & demi; ſept mans & demi; cinq mans & dix ſeires. On exige deux mans & vingt ſeires & demie.

Le Goderi.

Comme le Schamakh, plus mauvais. (Il donne) ſix
(mans) & demi; cinq mans, dix ſeires; trois mans, trente ſeires. On exige un man & vingt neuf ſeires.

Le Golt.

Comme l'Aadas, un peu noir. Mouillé dans l'eau, il sert à fendre. On mouille la pierre avec (le Golt ainsi préparé); ce qui la rend aisée à couper. (Il donne) dix mans & demi; sept mans & demi; cinq mans, & dix seires. Cela fait deux mans, vingt seires & demie pour le Divan.

Le Barti.

Comme le Schamakh; plus blanc que lui. (Il donne) six mans & demi; cinq mans, dix seires; trois mans, trente seires. On prend un man, vingt neuf seires.

Et quant à ce qu'on exige pour les frais de garde, quelques-uns jettent (ajoutent) une seir aux tas (de grain); chez la plus-part, on en met d'avantage, comme il paroît par celui qui fait passer (au Divan ce qui y revient).

Pour le Nil (l'indigo), le Kokonar (le Pavot), le Ban (le Tamarin), le Zerdtchobeh (bois pour teindre en jaune), le Sangareh, le San, le Kadjalou, le Kadou (la Courge), le Hena (le Troëne), le Khiar (la Concombre), le Badrang (le Citron ou la Melisse), le Badvandjan, le Tarb (les Raves), le Rezdak, le Karileh, le Kagoureh, le Tanidas, le Kadjreh, dont le quart n'est pas donné fixement, on a établi un Tarif (de ce qu'il faut donner (en argent.

Selon ce que fait (donne) le Paroti labouré, on demande autant du Bouladj.

Le Sheheriar (le Roi), d'un cœur intelligent, pour ce qui concerne le Mâl, selon la composition acceptée, a ordonné d'agir avec douceur, bonté; & pour le Djehat (l'impôt de l'industrie) ayant, fait grace du dixieme, il a fixé, qu'on donneroit, un Dehnim; & que sur cent champs, mauvais terreins, le Patouari seroit remise au

Kanoungo, de la moitié par Journal. C'est le premier qui écrive du côté des cultivateurs. Qu'il écrive la dépense & la rentrée; & qu'il n'y ait pas d'aldée sans lui (sans Kanoungo). Que dans la derniere contrée de laboureurs, & dans chaque Parganah, il y en ait un. Aujourd'hui on ajoute la part du Kanoungo aux (reprises énoncées ci-dessus): & au prorata du service qu'ils font, ils touchent de la Cour, (de l'administration) trois sortes de paye par mois; la premiere, de cinquante roupies; la seconde, de trente roupies; la troisieme, de vingt roupies. Que pour le compte de ce Djaguir il y ait les personnes (nécessaires), & que la forme (de la gestion) soit telle que les Gomaschtahs (les serviteurs) du Scheikdar, du Karkoun & de l'Amin, ne prennent pas fixement pour salaire par jour cinquante huit Dams: aux conditions que dans le Printemps ils ne mesureront pas moins de deux cens Peikéhs, & dans l'automne pas moins de deux cens cinquante, le Scheheriar, dont le cœur est une mer, ordonne par liberalité qu'on leur donne de fixe un Dam par Peikéh.

Et cette multitude de Vodjouhats, qui étoient égaux (ou relatifs) au produit de l'Indoustan, ont grace à Dieu, trouvé miséricorde (ont été remis). Tels font, la capitation; le droit du chef de la mer; & lorsque des artisans forment des troupes, des corps, ce que des serviteurs présens pour cela, prenoient de chacun d'eux, (le droit dû pour) le compte des bœufs, pour (chaque) tête d'arbre; le Peschkasch; le Korouk, & (les droits de) bien d'autres états; (ce qui est dû) pour le Daroga, pour la collection (des redevances) pour la Tréforerie, pour le Salami; (le droit de ce qui est donné) en forme de louage; (le droit) de bourse, de change; ce que rapporte le Bazar, la vente des troupeaux (ou celle des esclaves), le Kanbal, l'huile; (le droit) pour tuer & vendre du Cerf, (ou pour les étangs), pour le mesurage du froment, la banque, le corroyage, (la tanerie), le Kastelagh, pour chaque bœuf (par an), pour la garde des chemins; ce que l'on prend en échange, compensation de trois, & de beaucoup; (le droit) de fumée, (c'est-à-dire) ce que donne celui qui allume du feu; (le droit) de la maison de coutume: lorsque l'on vend ou achete, (cette maison) prend quelque chose des deux (côtés); & pour le sel que l'on fait d'une terre amere; & le Balketi, c'est-à-dire, au tems où l'on permet (de faire) la moisson, on prend de l'argent du laboureur; & pour les méchantes toiles à lettres (à papier); pour le travail en bois; pour ce qui concerne les ânes, les ventes à l'enchere, la pêche des poissons, le produit de l'arbre Al; & ce que, selon la maniere de parler de ce peuple (les commis des impôts) on appelle Saïer djéhat; (tout cela) a été remis.

Forme du (ce qui concerne le) TCHETCHER.

Lorsque par la pluye que versent les nues, & par la violence d'un torrent, la terre est difficile à travailler, que les laboureurs fassent tous leurs efforts pour la finir (lui donner la derniere façon). La premiere année on prend deux portions de cinq; la seconde, trois; la troisieme, quatre; la cinquieme on prend, selon la coutume. Et selon la mesure (étendue, qualité) de l'endroit, on exige une somme d'argent, ou les choses en nature. La troisieme année, on augmente (le tribut) d'un Dehnim & d'un Dam.

Forme du BANDJER.

Comme d'être (arrosé) par un torrent, il résulte une grande différence, c'est sur cela qu'est réglé ce qu'on demande.

Le RABII GANDOM, *(blé de printemps).*

(Arrosé) par un torrent, la premiere année, (donne) d'un Peïkéh un demi man; la seconde, un man; la troisieme & la quatrieme, trois; la cinquieme, selon la coutume.

Le

Le Sereschf.

(a) (*Arrofé*) *par la pluye, la premiere année (donne par Peïkéh), cinq feires; la feconde, vingt cinq; la troi-fieme (trente) cinq; la quatrieme, un man, dix feires; la cinquieme, comme le Bouladj. (Arrofé) par un tor-rent, (il donne) la premiere année, dix feires, par la pluye, cinq feires: la feconde année, (arrofé) des deux manieres, trente feires; la troifieme (arrofé) des deux manieres, un man, dix feires; la quatrieme, deux mans, dix feires; la cinquieme, comme le Bouladj.*

Le Nokhoud.

La premiere année, (arrofé) par un torrent (donne) un man; par la pluye, trente cinq feires. La troifieme, (arrofé) par un torrent, deux mans; par la pluye, un man & demi. La quatrieme (arrofé) par un torrent, trois mans; par la pluye, deux mans & demi. La cin-quieme, felon la coutume.

*L'*Aadas.

La premiere année, (arrofé) par un torrent, (donne) dix feires; par la pluye, cinq feires. La feconde (ar-rofé) des deux manieres, trente feires; la troifieme, (ar-rofé) des deux manieres, un man, dix feires; la qua-trieme (arrofé) des deux manieres, un man, trente fei-res; la cinquieme, comme ci-devant.

*L'*Arzan.

La premiere année (arrofé) par un torrent, (donne) dix feires; par la pluye, cinq. La feconde, (arrofé) des deux manieres, vingt cinq feires. La troifieme, trente cinq; la quatrieme, un man. La cinquieme, com-me le Bouladj.

(a) Je crois qu'il faut retrancher depuis *arrofé &c.* jufqu'à *Bouladj.* (*Ar-rofé) par un torrent &c.*

Le Katan.

La premiere année (arrosé) par un torrent, (donne) dix seires; par la pluye, cinq. La seconde année (arrosé) par un torrent, un demi man; par la pluye, cinq seires; la troisieme, (arrosé) des deux manieres, trente seires. La quatrieme, un man. La cinquieme, selon la coutume.

Le Kharifi (d'automne) Masch.

La premiere année (arrosé) par un torrent, (donne) un demi man; par la pluye, cinq seires. La seconde année (arrosé) par un torrent, un man; par la pluye, un demi man. La troisieme année, (arrosé) par un torrent, un man & demi; par la pluye (un man). La quatrieme année (arrosé) par un torrent, deux mans, dix seires; par la pluye, un (man) & demi. La cinquieme, comme le Bouladj.

Le Djoar.

La premiere année (arrosé) par un torrent, (donne) un demi man; par la pluye, cinq seires. La seconde année (arrosé) par un torrent, un man; par la pluye, un demi man. La troisieme, (arrosé) par un torrent, deux mans; par la pluye, un man. La quatrieme, (arrosé) par un torrent, trois mans; par la pluye, deux. Le cinquieme, comme le Bouladj.

Le Mouteh.

(Arrosé) par la pluye, la premiere année (donne) cinq seires; la seconde, un demi man; la troisieme, trente seires; la quatrieme, un man dix seires; la cinquieme, comme le Bouladj.

(Lacune........)

(Arrosé) par la pluye, la premiere année (donne) cinq seires; la seconde, un demi man; la troisieme, un man,

dix feires; la quatrieme, deux mans; la cinquieme. felon la coutume.

Le GODERI.

La premiere année (arrofé) par un torrent, (donne) un demi man; par la pluye, cinq feires. La feconde, (arrofé) par un torrent, un man; par la pluye, un demi man. La troifieme, (arrofé) par un torrent, deux mans; par la pluye, un man & demi. La quatrieme (arrofé) par un torrent, trois mans; par la pluye, deux mans & demi. La cinquieme, comme ci-devant (a).

Lacune........

La premiere année (arrofé) par un torrent, par la pluye (donne) cinq feires. La feconde (arrofé) par un torrent, un man; par la pluye, trente feires. La troifieme (arrofé) par un torrent, deux mans; par la pluye, un man & demi. La quatrieme, (arrofé) par un torrent, (trois) mans; par la pluye, deux & demi. La cinquieme, felon la coutume.

Le KÂL.

La premiere année (arrofé) par un torrent, (donne) dix feires; par la pluye, cinq. La feconde, (arrofé) des deux manieres, vingt cinq (feires). a troifieme (arrofé) des deux manieres, trente cinq (feires). La quatrieme, un man, dix feires. La cinquieme, comme l'année précédente.

(Lacune.......)

La premiere année (arrofé) par un torrent, (donne) dix feires; par la pluye, cinq. La feconde (arrofé) des deux manieres, vingt cinq feires. La troifieme, trente

(a) Cet article ne s'accorde pas avec celui du *Goderi* donné ci-devant.

cinq. *La quatrieme, un man, dix feires. La cinquieme, de même.*

Le SCHAMAKH.

La premiere année (arrofé) par un torrent, (donne) un demi man; par la pluye, cinq feires. La feconde (arrofé) par un torrent, un man; par la pluye, vingt-cinq feires. La troifieme année (arrofé) par un torrent, un man, dix feires; par la pluye, trente-cinq feires. La quatrieme, (arrofé) par un torrent, un man & demi; par la pluye, un man, dix feires. La cinquieme, comme ci-devant.

Lacune.......

La premiere année (arrofé) par un torrent (donne) dix feires; par la pluye, cinq. La feconde année (arrofé) des deux manieres, vingt cinq (feires). La troifieme, trente cinq. La quatrieme, un man, dix feires. La cinquieme, de la même maniere.

Le GONDJED.

La premiere année (arrofé) par un torrent, (donne) dix feires; par la pluye, cinq. La feconde (arrofé) des deux manieres, trente feires. La troifieme, un man. La quatrieme, un (man) & demi. La cinquieme, comme ci-devant.

(Lacune.......)

(Arrofé) par la pluye, la premiere année (donne) cinq feires. La feconde, vingt. La troifieme, trente; la quatrieme, un man, dix feires; la cinquieme de cette maniere. Et la quatrieme année il y a un dehnim & un Dam de gain (de plus).

Aujourd'hui on prend ainfi fixement: dans (les terres) brulées de foif; (ou dans les chaleurs). La premiere an-

née, on prend fur trois Peikéhs une feire ou deux ; la feconde, cinq feires ; la troifieme, la fixieme partie ; la quatrieme, la quatrieme partie & un Dam ; & d'autres maux
(exactions ou compenfations égales) font agréables (reçues)
avec la troifieme partie. Il y a quelque différence pour
(les terreins arrofés) par un torrent. Dans tout degré
(efpece de culture) que le laboureur faffe paffer au Divan
d'argent & de grain tout ce qu'il faura lui être aifé. Et
la terre à Bandjer (fituée) fur le penchant d'une montagne, & à celle qui eft (arrofée) par un torrent, dans
les Parganahs du Serkar de Sanbhal & de Behrandj, bru-
lée, de mauvaife odeur, ne fubfifte pas, (eft en quelque
façon nulle). Dans les endroits (arrofés) par des tor-
rens, qu'il y ait tant de nouveaux creux, que l'on puiffe
donner aifément (la redevance) du Bouladj. Le maître
du monde, par la majefté de fa bienveillance, comptera
proportionément à ce (rapport). Que la demande du
Mâl foit au choix du cultivateur, en argent, en kangout
(grain), ou eftimation (quelconque).

Forme (de geftion) de dix neuf ans.

Affis comme il convient, pour s'inftruire, avec les perfonnes qui favent agir, ayant pris les livres d'eftimation
(de compte) de l'Etat, & jetté un regard profond fur ce
qu'on a tiré de grain d'une terre à Pouladj, qui a foldé
fes comptes ; l'argent qu'elle a donné fixement ; que depuis
l'an fix Elahi, qui répond à l'an neuf cens foixante - huit
halali (de l'hégire), jufqu'à l'an vingt - quatre, il le faffe
paffer par fes mains avec beaucoup de foin, avec un examen approfondi ; & pour connoître (mieux cette terre),
qu'il la mefure au cordeau, & chaque année en marque le
plan géométriquement.

Ce morceau eft fuivi d'un Tableau qui préfente par
Soubahs, & felon les différentes efpeces de denrées, le revenu de l'Indouftan.

Les Savans verront avec plaifir dans cet article, comme dans le précédent, l'évaluation des mefures, des monnoyes ufitées en Turquie, en Perfe, & principalement dans l'Indouftan; les agriculteurs, le rapport des terres, felon l'efpece du grain; les perfonnes qui fe mêlent d'adminiftration, ce que le Gouvernement, fous le Regne d'Akbar, retiroit des biens & de l'induftrie des fujets de l'Empire. Il étoit digne de ce grand Monarque d'abolir cette multitude d'impôts particuliers établis avant lui; efpece de vermine qui rongeoit jufqu'aux os les plus pauvres de fes fujets, pour y fubftituer la taxe générale fur les terres & l'induftrie; & encore avec des ménagemens, qu'on trouveroit difficilement ailleurs, & qui font honneur à l'humanité des defcendans de Tamerlan. Le regne d'Aurengzebe nous préfente des traits femblables. Et c'eft d'une pareille adminiftration que M. de Montefquieu a dit: *Quand les Sauvages de la Louïfiane veulent avoir du fruit, ils coupent l'arbre au pié & cueillent le fruit; voilà le Gouvernement defpotique!*

Efpr. des Loix l. Part. p. 58.

The Hift. of Hind. T. III. Append. p. 411—414.

M. Dow a donné les Patentes du *Kazzi*, du *Kotoüal*, du *Karkoun* &c. qui préfentent en abrégé les devoirs de ces Magiftrats. Malgré cela comme les fonctions des premiers Officiers Militaires, & des perfonnes chargées de l'adminiftration de la Juftice, de la Police & des Finances, dans l'Empire Mogol, font peu connues en Europe, je penfe qu'on les verra ici avec plaifir détaillées par le Miniftre d'un des plus grand monarques de l'Indouftan. Voici comme s'exprime Aboul Fazel, Secrétaire de Schah Akbar, dans l'Akbar-namah; 5e *Dafter.*

(*a*) *Fonctions & devoirs* du Sepéh Salar (*Général des Troupes.*)

Affis (établi) à la place du bon maître du monde (chef)

(*a*) Les deux articles fuivans, dans l'original Perfan, font à la tête de ce morceau: comme ils ont un rapport moins direct à l'adminiftration économique de l'Indouftan, j'ai cru devoir les placer à la fin.

des soldats du Soubah, & des Raaïets qui obéiffent à fes ordres, (chargé des fonctions) relatives à cela, lorfqu'il les juge, dans tout ce qu'il entreprend, qu'il demande (cherche à accomplir) la volonté de Dieu. Qu'il faffe marcher devant lui la priere & la fupplication. Ne fongeant qu'à faire du bien à l'homme, qu'il ne mette pas fur lui une main étendue : & que par trop d'activité, la langue continuellement en mouvement, pour des choses qui n'en valent pas la peine, il ne prenne pas un vifage amer (dur), n'aille pas avec précipitation. Qu'il faffe fon caractere propre de la prudence, & de ce qu'il pourra acquérir de fcience, furtout relativement aux ferviteurs qui font près (de lui), & à ceux que le fervice tient éloignés. Ce qui vient (ce qu'il attend) des amis, qu'il ne l'ordonne pas avec la vanité, le fafte de l'ignorant ; ce que les plaintes, les gémiffemens peuvent (faire, obtenir) qu'il ne s'en mêle pas. Dans ce qu'il a à faire, qu'il découvre fon fecret à celui qui en fait plus que lui ; & s'il n'y en a pas, qu'il confere avec une perfonne particuliere, choifie. Qu'il pefe les rapports qu'on lui fait, les explications qu'on lui donne, (felon ces vers) : quelquefois il arrive que du vieillard, plein de fcience, il ne vient pas un bon confeil, un bon arrangement. Quelquefois il arrive, que le jeune homme fans fcience, qui fe trompe, lance un trait dans le but.

Qu'il ne faffe pas paffer fon fecret à beaucoup de perfonnes dans l'affemblée. Que le Magiftrat favant, courageux dont le cœur brûle (pour la juftice, homme) rare, qu'on ne peut trouver, même unique, (que ce Magiftrat) fe multiplie (fous fon adminiftration) ; & que le tems qui convient (defiré) forte de fa main. Qu'il employe pour agir (fous lui) un chef qui fache garder & voye de loin ; & qu'en donnant le pouvoir à celui qui fait jouer (fe conduire) avec les hommes (ou qui connoît) le caractere (de l'homme), qui a la balance en main, il foit l'appui de la vie. Qu'il employe alternativement, avec intelligence, dans le commandement, l'aménité & l'autorité. Qu'il rende dociles au commandement ceux qui détournent la tête (les rebeles), par des avertissemens, des réprimandes. S'ils ne se soumettent pas, qu'il les rende prêts (à obéir), par des paroles dures, par une crainte violente en les faisant lier, frapper, leur faisant couper les membres, les faisant gémir (dans les supplices): mais qu'il apporte une attention profonde à cet assemblage d'élémens réunis qui forment le corps.

Qu'il ne souille pas sa langue par les injures: c'est la maniere (le propre) des caracteres vains, faciles, assis (couchés) continuellement comme des couleuvres (pour piquer).

Que dans ses paroles il s'abstienne du serment, parceque c'est se souiller soi-même par un discours agité, & celui à qui l'on parle, par le grand desir d'un mauvais doute (lui donner lieu de douter). Lorsqu'il questionne sur la vérité justice, (d'un fait), qu'il n'exige, n'approuve pas le serment, mais qu'il fasse différentes questions, montrant un front noir, (severe) & une vue longue: & qu'il n'augmente pas sur les autres le (poids) dont ils s'étoient déchargés (sur lui, selon ces) vers: ne renvoye pas au Divan les plaintes de celui, dont la justice (l'autorité justiciaire) doit venir du Divan. (Qu'il ne renvoye pas les affaires au Divan).

Qu'il ne donne pas le supplice de l'attente, à ceux qui demandent justice. Qu'il ferme l'œil au crime, qu'il agrée l'excuse, & vive publiquement de maniere, que l'homme ne pese (n'estime) pas la bravoure & l'excellence (la grandeur) selon le mal (que l'on peut faire aux autres) & la Religion (dont on est).

Prudent dans les affaires de ce monde, qui ne doit pas durer toujours, qu'il ne se conduise pas en homme timi-de,

*de, craintif. Qu'il perpétue avec amitié (douceur), au-
tant qu'il le pourra, le cours de la loi : si la vérité est pour
lui, que le tumulte soit blamé (éloigné de sa conduite) ; si
au contraire il ignore toujours (de quel côté est la vérité), plein de bonté pour le petit, le foible, qu'il confie
toutes les parties de l'administration à des personnes qui
travaillent avec zele & ayent les dispositions droites.*

*Qu'il confie la garde des chemins à des hommes vigilans,
pleins de cœur, & prenne connoissance (s'informe) de ce
qui se passe en tout tems. Qu'il choisisse pour examinateurs
(espions) ceux qui cherchent le bien, voyent de loin, parlent vrai, n'ont pas de cupidité (de passions). S'il ne lui
tombe pas sous la main des gens d'esprit de cette force,
que dans chaque affaire il charge (de l'exécution) celui qui
la connoît bien.*

*Qu'il prenne une marque (un état) juste de ce que doit
payer chaque culture ; qu'il fasse toujours la dépense moindre que la recette, & donne une portion de ce qu'il retirera aux misérables, sur tout à ceux qui n'ouvrent pas
les doigts par le desir (qui ne demandent pas).*

*Au tems (où l'on est) en armes, que par (amour pour le
repos,) il ne s'exempte pas d'être à cheval ; qu'il acheve
(se présente) avec la fleche & le fusil, & commande à
l'homme, par cette leçon (par l'exemple, ou, par là commande à l'homme d'agir comme lui.)*

*Qu'il prête doucement l'épaule (qu'il aide) à ce que
l'homme approche de lui, & que celui qui a la vue fine
soit en plus grande considération.*

*Comme (on voit) des hommes mauvais en dedans, d'un
naturel impur, qui parlent bien, prononçent purement,
& se vendent (pour crieurs) à ceux qui prisent, qui mettent le taux, l'enchere (aux marchandises, & par là en
augmentent le prix), le Chef des troupes doit mettre toute*

fon application, à augmenter la culture & la fertilité des terres: que de deffus fon cheval il donne mefure (équité) & bénédiction, & regarde l'action de fecourir les cultivateurs comme une maniere choifie de fervir Dieu.

Qu'il faffe agir avec équité les Aamel gouzars, & prenne de tems en tems connoiffance de ceux qui agiffent (fous fes ordres).

Faire un étang, un puits, un canal fouterrein, un jardin, un (Caravan) fera & autre lieu de retraite pour les voyageurs, qu'il s'occupe de cela comme de fon plus grand bonheur; & que pour la réparation des anciens monumens, il ouvre la main de l'application.

Qu'il ne choififfe pas (ne vive pas dans) les lieux retirés, qu'il n'ait pas le cœur brifé; c'eft l'état de ceux qui fe tenant debout habitent le defert (des hermites, fakirs): & encore, s'affeoir avec le bas peuple, & être dans la foule (trop fe familiarifer), qu'il regarde cela comme un meurtre; parceque la lumiere du vifage des ferviteurs ne voit pas (eft terne, felon ces) vers: ne vous affeyez pas avec tout le monde, & ne prenez pas le (ne vous expofés pas au) mépris de tout le monde; marchez dans la voie de l'intelligence; fuccez le mafch (efpece de grain) & non la baffeffe.

Qu'il ait de la confidération pour ceux qui ne fe déterminent qu'après bien du tems, & qu'il demande (follicite) pour ceux qui affis dans un coin, cherchent Dieu, les cheveux mélés, les pieds nuds.

Qu'il ne fache pas le Néaéfch (la priere) au foleil, le fervice (le culte) de la lampe du foleil, & le culte du feu.

Lorfqu'il veille, (élevé) comme une montagne, qu'il (commande) utilement. Qu'il mefure fon fommeil & fa nourriture; & faffe une attention particuliere au collet (au haut, au milieu) du jour, & au bord (à la fin) de la

*nuit (tems où le fommeil eft le plus profond, & la furpri-
fe plus à craindre). Que jour & nuit il prie de cœur.*

*Lorfqu'il eft débaraffé des affaires des gens du monde
(publiques), & du compte interne (des affaires qui le
regardent particulierement), qu'il regarde (life & médi-
te) profondément les livres de fcience, d'inftruction, & fe
faffe une affaire de cela. Si fon cœur ne les goûte pas,
n'y prend pas de plaifir, qu'il life le Mafchnavi Maanevi,
& fans livrer fon cœur aux apparences, qu'il porte le pié
à ce qu'il défire (s'inftruife folidement). Ayant appris
les hiftoires du Kaliléh vé damnéh, qu'il fe faffe, fe con-
ftruife un caractere lumineux: & ayant acquis la connoiffance de ce qui eft bas & de ce qui eft grand, élevé,
dans le monde, qu'il penfe que l'expérience de ceux qui
l'ont précédé eft la fienne propre. Qu'il tourne fa fcience &
la place dans la voie de la vérité & mette de côté les fables
de Dews. Qu'il lie (mette) fes penfées dans la connoiffance pure (du bien), & ait un confeiller (ou miniftre),
dans le journal du quel, pour agir, il fixe un regard
profond. Tout ce qui, à la balance divine de ce (confeiller), fera blamé, que celui-ci le lui dife en particulier:
& fi (le Général), lorfqu'on le lui fera connoître, s'enflam-
me, que le (confeiller) ne s'éleve pas (ne s'échape pas) en
reproches; parcequ'il y a longtems que l'homme eft fatigué
(dégoûté) de celui qui fachant ce qu'il faut faire, montre
ce qui eft droit, convenable, avec amertume, furtout
dans la colere, où, le tempérament échauffé, le bon fens
s'éloigne de la voie droite. Regardez comme quelque chofe de honteux de trop examiner les défauts de ceux qui
demeurent avec vous; de même fi quelqu'un a le cœur bru-
lant (eft échauffé), mais compte avec mefure fa refpiration
(fe retient), & celui dont la langue choifit ce qui eft utile aux autres (felon ce) vers: qu'on ne fe mette pas en colere en (recevant) le tribut (ou le rapport) d'un homme
qui dit du mal (ou qui parle mal).*

Qu'il s'affeye dans le chemin de la vue longue, pour que

ON n'eſt pas ſurpris, après cela, de voir le Miniſtre Aboul fazel ordonner au Général des Troupes de s'inſtruire par la lecture, d'écouter les avis d'un conſeiller fidele, de méditer les anciennes hiſtoires, de s'approprier l'expérience des autres, de contribuer à tous les établiſſemens utiles, de réparer les anciens monumens, d'entretenir la paix & l'ordre dans le civil comme dans le religieux. La libéralité, la nobleſſe de ſentiment, l'intrépidité, la vigilance, l'action; voilà ſon caractere: il commande par ſon exemple; l'autorité, la force ne doivent être employées que lorſque les autres moyens ne peuvent rien produire.

Fonctions & devoirs du FAUDJDAR.

Comme le maître du monde, pour la proſpérité du Royaume, établit, dans chaque canton de Soubah, le nom (l'Office) de Sepéh Salar, (donné) à la connoiſſance des caracteres & à la ſcience d'agir; de même, dans les différentes parties d'un Parganah, il place pour le garder un des (premiers) braves, juſte autant que (l'homme) peut l'être, qui connoît la droiture, & on l'appele ainſi (Faudjdar).

Qu'il ſe livre d'abord à ce qui regarde l'obéiſſance aux ordres (des chefs) & le ſecours (qu'il doit aux différens membres de l'État); & lorſque le cultivateur ou celui qui a un Djaguir refuſe d'obéir à un Aameldar integre, que par des paroles qui aillent au cœur, il le remette dans le chemin de la ſoumiſſion à ſes ordres. S'il n'obéit pas, ayant pris (le témoignage par) écrit des Grands (de l'endroit), que le (Faudjdar) donne ſon ſignalement (ou cet écrit) ſur la route, qu'il place près de lui un poſte de Troupes armées de boucliers, brûlantes, & qu'à tort & à travers (par toutes ſortes de moyens) il faſſe un tort lamentable à cet homme & à ſon bien: c'eſt la ſeule fois où il ne doive pas agir avec la balance (modération). Tant qu'une choſe peut ſe faire avec des fantaſſins, qu'il ne

commande pas de cavalerie. Qu'il ne mette pas son bras
(son appuy) sur une forteresse ; qu'il s'asseye (réside) où est
le trait du canon, de l'arquebuse (où il y a de l'artillerie).
Qu'il s'abtienne d'aller & venir dans les routes (ne fasse
pas des marches inutiles), & ait l'esprit occupé ; qu'il
pense la nuit, comme ne dormant pas & voyant (tout ce
qui se passe). Qu'il ne manque pas d'envoyer les vivres
(aux soldats). Lorsque des familles de rebeles s'enfu-
yent, dans la répartition du pillage qu'il ait égard à ceux
qui l'accompagnent, & reserve la cinquieme partie pour
des (hommes) purs : si dans une Aldée il reste quelque
chose, d'abord qu'il le compte. Qu'il prenne toujours connoissance, qu'il examine l'état du cheval & de l'armure
du soldat. Lorsqu'un (homme) n'a pas de fraîcheur (de
santé, de force), l'ayant montré à ceux qui sont avec lui,
briseurs de tête, qu'il l'acheve (le renvoye) ; celui qui sans
raison a été cassé du service du Serkar, intelligence sublime, qu'il le marque, & envoye un cahier en public, &
un soldat en secret à la Cour : qu'il présente l'état de ces
choses à la sainte (Cour), y apporte tous ses soins.

LES fonctions du *Faudjdar* font en petit ce que celles du *Sepéh salar* font en grand : le détail des soldats le
regarde.

Fonctions & Devoirs du MIR AADEL ET DU KAZZI.

Quoique rendre la justice, & recevoir les plaintes (de
l'opprimé), le secourir, soit ce qu'il y a de plus glorieux
dans l'état de ceux qui commandent, cependant c'est uniquement par la force que le soldat le plus courageux tremble (comme) l'homme sans secours, sans forces. Par exemple, un de ces cœurs chauds, & actifs, après avoir rassa-
sié (ou promené) ses yeux, a eu l'adresse de contracter un
mariage : mais n'ayant pas satisfait la (personne), comme il l'a promis, comme il en a fait serment, il étend
considérablement le fondement de l'examen (donne lieu à

un examen fort étendu). Celui qui les queſtionne ne ſait pas (leur état).......... le reſte comme ci-devant page 246, 247 &c.

L A *Légiſlation Orientale* étoit preſqu'imprimée, lorſque j'ai vu paroître le *Code des Loix des Gentoux, ou Régle-mens des Brames: traduit de l'Anglois, d'après les Ver-ſions faites de l'Original écrit en langue Samskrete.* J'a-vois demandé en Angleterre l'original Anglois, qui a paru en 1777. Les circonſtances ne m'ont pas permis de le con-ſulter : ainſi je me borne ici à la Traduction Françoiſe.

L'AUTEUR de cette traduction ne connoît pas les opi-nions, les uſages des anciens Peuples. Les réflexions qu'il fait dans ſon *Avertiſſement*, ſont peu philoſophiques. Il va même juſqu'à faire dire au *Code des Gentoux*, ce qu'il ne dit pas. Voici ſes expreſſions. „ Quoique nos Loix „ ſoient encore bien loin de ce droit naturel qui devroit „ leur ſervir de baſe, celles des Gentoux n'en approchent „ pas ſur certaines matieres. Sous le Deſpotiſme Orien-„ tal, la propriété des individus ne fut jamais ſacrée; & „ un article de ce Code dit en effet, que ſi, après la mort „ d'un homme, ſes héritiers laiſſent ſon terrein en friche „ l'eſpace de deux ou trois ans, chaque étranger eſt le „ maître de le cultiver, en donnant aux propriétaires une „ partie de la récolte ”.

L A propriété ne donne pas droit de laiſſer en friche un terrein deſtiné, par les diſpoſitions de la nature, à la nour-riture de l'homme. Celui qui le cultive, au défaut du propriétaire, ſe conforme à ces diſpoſitions ; ſon travail doit donc être payé : *en donnant au propriétaire une par-tie de la récolte*, il remplit toute juſtice.

M A I S la Critique du Traducteur François porte ici à faux. Il y a dans le Texte : ſi le propriétaire n'a pas fourni

ni aux avances pour la culture; & encore, au bout de huit à neuf ans, rentre t-il dans son bien.

Je fais une observation sur les traductions des livres Anglois. On sait que les Anglois, dans leurs ouvrages, défigurent les noms étrangers, par leur maniere surtout de marquer les voyelles. Tout homme qui traduit un livre Anglois en telle langue particuliere, doit donc mettre les noms étrangers comme on les prononce dans cette langue, & non pas comme ils sont dans l'ouvrage qu'il traduit. Cependant ceux qui nous donnent en François les Relations Angloises de l'Inde, écrivent par exemple *Bucshée, Gauzedy.Cawn, Mootis allée cawn, Chunda-Saib* &c.; ce qui rend ces mots méconnoissables à un François accoutumé à prononcer, comme dans le pays, *Bakhschi, Gazendikhan, Mortezalikhan, Schandasaheb* &c.

Je passe à l'ouvrage même traduit par les Anglois.

I. Ce n'est pas ici, comme on pourroit le croire sur le titre de l'ouvrage, un monument ancien, regardé par les Indous comme le Code de leurs loix, respecté comme tel par la nation, Original lui-même, ou copie d'un Original conservé précieusement par tel Prince puissant, consulté par tous les Brahmes, tous les Jurisconsultes de l'Inde, enfin, qui serve de Regle dans les Tribunaux. Un pareil ouvrage, mériteroit les respects de toutes les nations.

II. C'est un Recueil fait par onze Brahmes, gagnés par argent, & donnés pour très instruits; sur dix huit ouvrages, dont neuf sont des Traités généraux; un roule sur les devoirs des magistrats; deux, sur la justice; cinq, sur la propriété dont on peut hériter; un, sur le Talion. *Disc. Prélim. p. 57, 58. 60. Avertissem. p. 2.*

III. Ce Recueil ne présente pas les Loix de tout l'Indoustan: on en trouvera à la Côte Malabare & à la Côte de Coromandel, de contraires à celles qu'il renferme sur les successions, les héritages. Aussi les Brahmes rédacteurs *Code &c. p. 45—113.*

font-ils fimplement des Provinces du Bengale, de Bahar, de Oud. Il faudroit, pour completter ce Recueil, envoyer à Satara ou à Ponin chez les Marates; à Bedrour, chez le Canara.

Difc. Prélim. p. 57.

IV. Les Brahmes rédacteurs, gagnés ou intimidés, font leur extrait & leur traduction en deux ans, de Mai 1773, à la fin de Février, 1775. La traduction Angloife *Avertiffem. p. 2. Note.* marchoit en même tems, puifque M. Haftings l'envoye en Angleterre le 27 Mars 1775. C'eft aller bien vîte pour un ouvrage de cette importance. Et les difcuffions préliminaires que demandoit cette Traduction? On reçoit tout avec la meilleure foi du monde, de Brahmes, qui, par la *Code &c. p. 1-2. Difc. Prélim. p. 55, 56.* maniere dont ils rapportent la création, paroiffent plus crédules qu'inftruits, qui cherchent à plaire, en s'élévant contre les Princes Mufulmans, en affichant le Tolérantifme.

Préface p. 27.   V. Le Traducteur Anglois, M. Halhed, ne favoit pas *p. 17.* le Samskretam, lorfqu'il a traduit ce *Code*, qu'il nomme, *p. 29.* mal à propos des *Gentous*: ce dernier nom eft inconnu *p. 37, 38, 40, 41.* dans l'Inde. Peu au fait de la littérature Indienne, de la Mythologie, des Antiquités, des ufages du pays, il pa- *p. 24—32.* roît encore moins critique dans les raifons qu'il donne pour établir l'ancienneté des monumens d'où ce Recueil eft tiré. D'ailleurs il confond Perfan, Bengali, Samskretam, & n'a rien lu des traductions de livres Samskretams faites par Aboulfazel. Voici ce qu'il dit à l'occafion d'un facrifice des Indous, d'un ouvrage qu'il devoit mieux connoître.

p. 15.   „ Afin que les curieux fe forment une idée de ce Sa- „ crifice (l'*Afchomidéh djak*) des Gentoux, entendu d'u- „ ne maniere fymbolique, ou purement & fimplement, d'a- „ près l'explication, qu'en donne le chapitre du Code, je „ rapporte dans la note des détails tirés de la fameufe Tra- „ duction Perfanne faite par Darul-Shekuh, des quatre „ commentaires fur les quatre *Bedas*, ou livres facrés de „ l'Indouftan. L'ouvrage eft extrêmement rare, & peut

„ être d'une authenticité douteufe ; & c'eft par hazard que
„ je me fuis procuré ce petit effai ".

AINSI parle à Calcuta, dans le Bengale, au milieu des
Brahmes, M. Halhed. Il paroît ignorer que ce Darul-
Shekuh eft le Prince Dara Schako, frere ainé d'Aurengze-
be. Au moins il ne fait pas que ce livre fi rare eft l'OUP-
NEKHAT, que j'ai fait connoître dans le cours de cet ou-
vrage. M. Gentil, Colonel d'infanterie, chevalier de l'or-
dre royal & militaire de St. Louis, en a apporté du Ben-
gale deux Exemplaires. L'un eft à la Bibliothéque du
Roi; l'autre dans mon cabinet. L'endroit rapporté par M.
Halhed eft au *folio 26 verfo* de mon manufcrit, Section 2ᵉ,
qui a pour titre, *Oupnekhat Barhedarang az Djedjar
Beid : Afchmidéh Barham.*

VI. LE Code des Gentoux, donné par les Anglois, n'eft
pas un Traité de droit public, d'adminiftration. Les rapports réciproques du Prince (le Traducteur le nomme Magiftrat; ce qui ne préfente pas une idée jufte) & des fujets
n'y font pas expofés clairement. Le feul endroit où il foit
fait mention des revenus de l'Etat, eft à la page onze.
„ Le Magiftrat, y eft-il dit, ne percevra point le Tri- *Code p. 11.*
„ but fur fes fujets pendant 4 mois. Il leur permettra de
„ difpofer à leur gré de ce tems, en travaillant à leur fa-
„ tisfaction & à leur contentement, il les excitera à cul-
„ tiver & à améliorer leurs terres. Durant les autres huit
„ mois il percevra le droit établi pour chaque année". Du
refte dans cet ouvrage l'autorité du Chef eft exceffive,
quoiqu'il lui foit ordonné de fe choifir fept ou huit confeillers *parmi ceux .... qui auront mérité l'approbation* *p. 12.*
des Raïets. On l'exhorte, on le menace. Il lui eft en-
joint *de fe conformer en tout au Schafter.* C'étoit donc le
Schafter qu'il falloit donner.

DE même le Code parle clairement de propriétés en
biens fonds, en terres tranfmifes de pere en fils par droit
d'héritage, de poffeffions qui fe trouvent dans une famille

depuis le bifayeul & au de-là : mais il n'eft pas dit à quel titre ; fi c'eft par conceffion du Prince, ou par droit d'acquifition. Cependant, comme le texte porte „ que le „ *Magiftrat n'enlevera la propriété de qui que ce foit* ..... „ qu'il nourrira les *Raïets* de fon Royaume d'après les „ Réglemens du Schafter”; on peut dire que dans l'Inde il y a loi pour lui comme pour le peuple, que les propriétés y font refpectées.

Mais pourquoi les Anglois, que la nature de leur Gouvernement en Europe doit rendre plus attentifs à ces objets, n'ont-ils pas cherché dans les livres des Brachmes ces deux queftions. 1°. D'où vient dans l'Inde l'autorité du chef; quelle en eft la nature; jufqu'où s'étend-elle? 2°. Les terres y appartiennent-elles de droit aux propriétaires, ou fimplement par une conceffion plus ou moins longue?

Les Anglois, dans le Bengale, prétendent jouir des droits des Princes qu'ils ont dépouillés. Il faut donc repréfenter ces Princes comme maitres abfolus. Une juftice diftributive qui les faffe jouir paifiblement des fruits de leur invafion, voilà tout ce dont ils ont befoin. Et encore doit-on leur favoir gré de cet effort d'équité. Lorfqu'en 1757 il leur a plu, malgré la neutralité du Gange, de prendre les Comptoirs des François, qui venoient de recueillir, de nourrir, de fauver de la boucherie, fi je puis m'exprimer ainfi, les reftes épars, les membres palpitans des Colonies Angloifes, échapés au fer du Nabab Saradjeddaulah les principes dont ils font aujourd'hui parade, étoient bien loin de leur efprit, de leur cœur.

Malgré le vice inhérent à la Compilation Angloife, je rends avec le plus grand plaifir, juftice aux foins de M. Haftings, au travail de M. Halhed. Nous leur devons un Code dans lequel font traitées en 21 chapitres & dans le plus grand détail, les matieres qui font de la juftice diftributive, & que j'ai indiquées ci-devant. Les Indiens ont

donc des Loix, une Légiſlation bien formée. Bernier &
le P. Bouchet l'avoient dit ; & l'on repréſentoit toujours en
Europe ces peuples comme ſoumis *de droit* à un Deſpotiſme arbitraire.

Tandis que la plus grande Révolution qui ſe ſoit faite
ſur la terre, depuis que le monde exiſte, nous montre
dans l'avenir l'Amérique diviſée en vingt Royaumes floriſ-
ſants, ce que l'on appele les ſauvages, policés, les découvertes au Nord & au Sud facilitées, les rapports des deux
continens par l'oueſt plus aiſés, plus fréquens, & par là
l'eſpece humaine & ſes reſſources augmentées conſidérable-
ment, enfin les antiquités de cette vaſte partie du monde
ſur le point d'être découvertes ; il eſt digne des Anglois
d'employer leur autorité pour nous faire connoître les monumens de la Légiſlation du Bengale. Ce morceau important fera toujours honneur au zéle du Gouverneur Général, M. Haſtings, & à celui du Traducteur, M. Halhed.
Il eſt à ſouhaiter qu'ils ne ſe bornent pas à cet eſſai : je
puis m'exprimer ainſi, quand il eſt queſtion de ce qu'une
Nation puiſſance eſt en état de faire. L'hiſtoire, les langues, la géographie, l'hiſtoire naturelle, les arts ſont des
ſujets faits pour exercer les deux hommes rares dont je
viens de parler. Et ſi de pareilles découvertes ne ſont pas
le ſeul bien réel qui doive reſter aux Anglois de leurs conquêtes, ce ſera au moins le plus durable & le ſeul que l'humanité puiſſe avouer.

A D D I T I O N

en note, pour la page 146, ligne 20, après ces mots,
fon ayeul Omayoun.

Après la bataille de Juclik entre les troupes de Tocatmich Khan, Roi de Cap…chak, & celles de Tamerlan, ce dernier Prince, étonné que fon ennemi eût remporté quelqu'avantage fur lui, „ ordonna qu'on lui reprefentât les Emirs qui „ s'étoient trouvés à cette journée: & après avoir fû d'eux mémes les plus parti- „ culieres circonftances du combat, il les fit interroger dans le *Confeil de guer-* „ *re*, & il leur fit faire leur procès.

„ Berat Coja Coukeltach, qui dans cette occafion n'avoit donné aucune marque „ de valeur . . . . . eut la barbe rafée . . . . . on farda fon vifage avec de la cérufe & „ du vermillon, on lui mit fur la tête une Coëffe comme fi c'eût été une fem- „ me, & on le fit en cet état courir, les pieds nuds, par la ville.

„ Et au contraire Kutché Malek, qui avoit fait voir un courage héroïque à la „ pourfuite de l'ennemi, & avec treize hommes feulement avoit attaqué de nuit „ dans Yactchal près de Cogende trois cens Infideles de la fuite d'Ancatoura, & „ avoit délivré de leurs mains quantité d'habitans de Cogende & des pays d'alen- „ tour, qu'ils avoient fait efclaves, lefquels il avoit enfuite renvoyés à leur Pa- „ trie; Kutché Malek, dis-je, reçut en récompenfe de fes belles actions, un „ Pays qui fut érigé en Principauté, *qui lui fut donné en propre pour en jouir* „ *lui & les fiens à perpetuité* . . . . . . il fut encore honoré, pour comble de fa- „ veur, de l'ordre privilegié de Tercan" . . . . dignité comme l'ordre du Roi, & qui donne quantité de grands Privileges. *Hiftoire de Timurbec* &c. par Petis de la Croix, Tome I. pag. 447 — 449.

TABLE
DES
MATIERES.

D, avec le chiffre *Romain*, marque la *Dédicace*; *Pr*, avec le même chiffre, la *Preface*; le chiffre *Arabe*, la page du corps de l'ouvrage; le même chiffre ou une lettre entre deux crochets, les notes.

TABLE DES MATIERES.

Tt

TABLE DES MATIERES.

TABLE DES MATIERES.

TABLE DES MATIERES.

TABLE DES MATIERES.

TABLE DES MATIERES.

Xx

TABLE DES MATIERES.

TABLE DES MATIERES.

TABLE DES MATIERES.

TABLE DES MATIERES.

TABLE DES MATIERES.

Y y

TABLE DES MATIERES.

Dans un Ouvrage tel que celui-ci, dont l'objet eft proprement de montrer quels font en
Turquie, en Perfe & dans l'Indouftan, les principes fondamentaux du Gouvernement; dans
un pareil ouvrage, je n'ai pas dû entrer dans tous les détails d'adminiftration Politique &
Civile que préfentent les *Codes* connus dans ces vaftes Conti es. Je referve ce travail pour
un autre Ouvrage, dans lequel je ferai la Comparaifon des *Iafa* de Genghiskhan & des
Kavanim Ottomanian (*Biblioth. du Roi, Manufcrits Turcs, No.* 25, 29, 40.), avec les
Fetvas, ou Recueils d'ordonnances de Schah éjchan & d'Aurengzebe, Empereurs Mogols,
& avec ce qu'Abulfazel, dans le *Réh nama Akbari* (portion de l'*Akbar-namah*) & le *Code*
redigé dans le Bengale par l'ordre & le foin des Anglois, nous donnent des *Loix des Indous*. J'attends pour cela l'Original de ce dernier ouvrage. J'invite les voyageurs hommes
de Lettres, à s'occuper de ce plan, plus propre à faire connoître l'Afie, que ces Courfes
vagues & intereffées des Marchands & des Militaires. Il y a tel homme qui en faifant mille
lieues, n'en fait qu'une.

F I N.

www.ingramcontent.com/pod-product-compliance
Lightning Source LLC
LaVergne TN
LVHW050258060726
842525LV00002B/326